本书得到东华大学人文社科出版基金资助

动中国纺织产业对外投资与高质量发展研究

外的纺织

东华大学出版社·上海

图书在版编目（CIP）数据

向外的纺织：新时期中国纺织产业对外投资与高质量发展研究/赵君丽著. — 上海：东华大学出版社，2024.1
ISBN 978-7-5669-2319-6

Ⅰ.①向… Ⅱ.①赵… Ⅲ.①纺织工业—对外投资—产业发展—研究—中国 Ⅳ.①F426.81

中国国家版本馆CIP数据核字（2024）第014893号

责任编辑：周慧慧
版式设计：上海碧悦制版有限公司
封面设计：Ivy哈哈

向外的纺织：新时期中国纺织产业对外投资与高质量发展研究

XIANGWAI DE FANGZHI: XINSHIQI ZHONGGUO FANGZHI CHANYE DUIWAI TOUZI YU GAOZHILIANG FAZHAN YANJIU

赵君丽　著

出　　版：东华大学出版社（上海市延安西路1882号，邮政编码：200051）
本社网址：dhupress.dhu.edu.cn
天猫旗舰店：http://dhdx.tmall.com
营销中心：021-62193056　62373056　62379558
印　　刷：上海万卷印刷股份有限公司
开　　本：787mm×1092mm　1/16
印　　张：22.25
字　　数：531千字
版　　次：2024年1月第1版
印　　次：2024年1月第1次印刷
书　　号：ISBN 978-7-5669-2319-6
定　　价：78.00元

前言

中国纺织产业是传统制造业的典型代表，也是重要民生产业和具有国际竞争力的产业。自1994年以来中国成为全球纤维制品生产、出口和消费的第一大国，纺织品服装出口全球占比超过1/3。但是近年来，纺织服装产业面临国内综合成本上涨、劳动力短缺和资源环境约束等现实困难，国际比较优势削弱，出口受到挑战，中国纺织产业开始从第四次国际产业转移的"承接方"，转变为第五次国际产业转移的"投资方"，对外投资大幅增加；同时资源禀赋、比较优势的变化倒逼中国纺织产业高质量发展，高质量发展成为现阶段多重约束下的最优解。对外投资是促进产业高质量发展的重要手段，但研究对外投资与产业高质量发展的文献较少，学术界对产业高质量发展的评价指标体系也存在分歧。在此背景下，从理论和实证层面深入研究新时期中国纺织产业对外投资与高质量发展问题具有十分重要的意义。

本书以一个背景、两个因素、五大问题，基于新新贸易理论、外来者劣势、全球价值链等理论，遵循"理论分析—现状问题—实证分析—案例分析—应对策略"的研究思路，采用多重异质性模型、附加值贸易核算法、演化博弈等多种较前沿的研究方法，搜集整理大量的数据（包括纺织服装产业数据、900多家对外投资企业数据、100多家上市公司数据，9个典型案例），对中国纺织产业对外投资与高质量发展进行了系统、深入的理论和实证研究。本书在以下几个方面进行了创新探索：

（1）构建新时期纺织产业对外投资与产业高质量发展的理论框架。 从对外投资动机角度研究纺织产业对外投资与产业高质量发展的机理；采用数字化、绿色化、国际竞争力等指标构建纺织产业高质量发展的评价指标体系，对产业高质量发展进行了新的理论阐释和实证检验，有利于新发展阶段贯彻新发展理念，重构新竞争优势。

（2）**从微观经济学角度建立了纺织产业对外投资研究的新范式**。回答了中国纺织产业对外投资的五大资源配置问题（为什么投资、谁投资、投资什么环节、投资哪里、怎么投资）。

（3）**拓展对外投资研究的微观视角、产业链视角**。有别于传统对外投资研究主线，本研究从新新贸易理论、全球价值链理论、外来者劣势理论较新理论切入，对于卢卡斯之谜等国际投资理论进行新阐释，不仅打开了发展中国家跨国公司研究的产业链新视角，对丰富国际投资文献、产业链理论本身也有积极贡献。

（4）**深入区域价值链"黑箱"，从对外投资的角度创新提出纺织产业区域价值链的构建路径**。揭示了区域价值链构建的空间异质性特征，深化了区域价值链理论的研究，为构建"以我为主的区域价值链"提供了可行思路。

本研究有助于中国纺织产业对外投资时选择更合适的区域，优化产业布局，实现与东道国包容性增长；有助于构建新区域核心，建立以科技、时尚、绿色为特色的产业新定位，实现产业的高质量发展。本研究也可以为其他传统制造业"走出去"与高质量发展提供借鉴意义，为构建国内国际双循环相互促进的新发展格局和高水平对外开放提供重要的参考价值。

纺织产业是全球化程度最高的产业之一，全球化、开放性更是新型工业化的重要特征。当前全球化出现了许多新特点，包括 VUCA（Volatility 变化快、Uncertainty 不确定性、Complexity 复杂、Ambiguity 不明确）、BANI（Brittle 脆弱、Anxious 焦虑、Nonlinear 非线性、Incomprehensible 费解），外部环境的复杂性显著上升。主要经济体、跨国公司均摸索"市场开放"与"国家安全"的新平衡。在全球格局重塑的新背景下，未来研究展望如下：

一是技术革新与工业革命的新趋势对纺织企业全球化影响的研究。

历史上中国曾经一度引领全球纺织技术的前沿发展，早在1313年，王祯就记载了一种"纺麻线的机械"，接近英国18世纪的珍妮纺纱机。但是中国当时小农经济，农民束缚在土地上，无法离开土地为工业化大生产服务，技术创新如果无法得到市场回报就会成为无源之水，无法迭代持续。相比之下，英国工业革命同时伴随着亚当·斯密的市场经济思想和国际经济思想的影响，英国农民离开土地成为产业工人，加上英国整合全球资源，这是英国成为当时全球制造中心的重要原因。因此技术革命与工业革命的成功需要市场创新和组织变革，未来研究需要继续关注人工智能、数字化技术等技术变革新趋势，及其对于市场五大资源配置问题和全球产业组织影响。

二是结合"一带一路"倡议，对纺织产业投资开展更细致的国别研究。

丝绸之路体现了历史上中国纺织产业的"走出去"与"高质量发展"的探索之路。纺织产业可以成为"一带一路"倡议支点的原因，在于纺织产业是一国工业化的开端和跳板，是众多"一带一路"国家渴望实现工业化的重要领域，也是可操作性高、受欢迎和能产生显著共赢成果的产业之一。中国纺织产业对"一带一路"沿线国家的投资，实现与被投资国的包容性增长，反过来又会促进中国与"一带一路"沿线国家互联互通，强化中国与相关国家的经济纽带。建议未来的研究，可以围绕纺织产业"一带一路"沿线国家投资的过程中，关于当地员工的培训、就业、环境治理、低碳转型等负责任的对外投资方面展开细致的国别研究。

三是双循环新格局下全球化与国内产业发展相互促进方面的研究。 中国有全球领先的全产业链纺织工业体系，Shein、Temu在全球范围的成功得益于国内制造的有力支撑。发达的制造业有利于促进服务业的发展。建议未来研究可以关注全球产业链价值链重构下对外投资区位与模式的新特点，包括纺织服装产业全球供应链整合、与国内价值链整合新模式等方面进行更多的实证检验。

在本书写作和出版过程中，东华大学纺织服装产业研究所团队（包括我的博士、硕士研究生）、吴建环博士、东华大学出版社周慧慧老师提供了大量帮助，在此表示由衷的感谢！本书是国家社会科学基金（21BJY106）和教育部人文社会科学规划基金（20YJAGJW007）阶段性研究成果。同时感谢东华大学人文社会科学出版基金精品资助计划的资助！

由于本人学识有限，书中难免存在不足之处，敬请同行专家批评指正！

赵君丽

2023 年 12 月

于东华大学延安西路校区

目 录

第1章 导论 ... 1
1.1 基本概念的界定和问题的提出 ... 2
1.1.1 相关概念的界定 ... 2
1.1.2 问题的提出 ... 5
1.2 研究主要内容 ... 8
1.3 研究意义 ... 9
1.3.1 学术价值 ... 9
1.3.2 应用价值 ... 10
1.4 研究方法、研究思路与创新之处 ... 11
1.4.1 研究方法 ... 11
1.4.2 研究思路 ... 13
1.4.3 创新之处 ... 14

第2章 纺织产业对外投资与高质量发展的理论研究 ... 15
2.1 高质量发展理论 ... 16
2.1.1 产业升级理论 ... 16
2.1.2 数字化转型理论 ... 18
2.1.3 绿色化转型理论 ... 19
2.1.4 纺织产业高质量发展相关研究 ... 20
2.2 对外投资理论 ... 22
2.2.1 发达国家对外投资理论 ... 22

2.2.2　卢卡斯悖论 ……………………………………………… 24
　　　2.2.3　发展中国家对外直接投资理论 …………………………… 26
2.3　新新贸易理论与对外投资 ……………………………………………… 28
　　　2.3.1　企业异质性与对外投资 …………………………………… 29
　　　2.3.2　生产率悖论 ………………………………………………… 30
2.4　外来者劣势与对外投资 ………………………………………………… 30
　　　2.4.1　外来者劣势理论 …………………………………………… 30
　　　2.4.2　文化距离与对外投资 ……………………………………… 32
　　　2.4.3　制度距离与对外投资模式 ………………………………… 38
　　　2.4.4　投资动机与对外投资 ……………………………………… 42
2.5　全球价值链与对外投资 ………………………………………………… 43
　　　2.5.1　全球价值链理论 …………………………………………… 43
　　　2.5.2　全球价值链与国际分工 …………………………………… 45
　　　2.5.3　全球价值链地位变化与对外投资 ………………………… 46
2.6　对外投资影响高质量发展的理论研究 ………………………………… 48
　　　2.6.1　纺织产业对外投资的研究 ………………………………… 48
　　　2.6.2　对外投资影响高质量发展的机制研究 …………………… 49
　　　2.6.3　纺织产业对外投资与高质量发展相关研究 ……………… 50
2.7　文献述评 ………………………………………………………………… 51

第3章　中国纺织产业对外投资与高质量发展的现状与问题 …… 53

3.1　全球纺织产业转移的趋势 ……………………………………………… 54
3.2　中国纺织产业对外投资的历程 ………………………………………… 58
　　　3.2.1　中国纺织产业对外投资的环境 …………………………… 58
　　　3.2.2　中国纺织产业对外投资的阶段划分 ……………………… 63
3.3　中国纺织产业对外投资的现状 ………………………………………… 64
　　　3.3.1　对外投资的规模 …………………………………………… 64
　　　3.3.2　对外投资的四种模式 ……………………………………… 65
　　　3.3.3　对外投资的区位选择 ……………………………………… 69

3.3.4 对外投资的梯度差异 ………………………………………… 73
　　　3.3.5 对外投资的价值链环节 ……………………………………… 75
3.4 中国纺织产业对外投资的特点 ……………………………………… 79
　　　3.4.1 对外投资呈现多区域、多行业和多形式的特点 …………… 79
　　　3.4.2 棉纺和针织行业成为境外绿地投资热点 …………………… 79
　　　3.4.3 "中国＋周边国家"的制造基地对外投资模式 …………… 79
　　　3.4.4 通过并购等模式提升全球价值链地位 ……………………… 80
　　　3.4.5 通过多种融资模式和专业化服务支持企业对外投资 ……… 80
3.5 中国纺织产业对外投资的问题 ……………………………………… 81
　　　3.5.1 对外投资与产业空心化问题 ………………………………… 81
　　　3.5.2 单边贸易保护主义对纺织产业对外投资的限制 …………… 82
　　　3.5.3 制度距离和文化距离等带来的外来者劣势问题 …………… 83
　　　3.5.4 纺织企业的跨国经营能力缺乏 ……………………………… 83
　　　3.5.5 海外投资风险明显上升 ……………………………………… 83
3.6 中国纺织产业高质量发展的现状与问题 …………………………… 84
　　　3.6.1 中国纺织产业在全球价值链的地位 ………………………… 84
　　　3.6.2 纺织企业数字化转型现状与问题 …………………………… 90
　　　3.6.3 纺织企业绿色化转型现状与问题 …………………………… 92
　　　3.6.4 纺织产业的产业组织和国际竞争力 ………………………… 93

第4章　投资国因素与中国纺织产业对外投资的实证检验 …………… 101
4.1 投资国货币因素与纺织产业对外投资 ……………………………… 102
　　　4.1.1 研究假设 ……………………………………………………… 102
　　　4.1.2 货币因素与纺织产业对外投资的灰色关联度分析 ………… 104
　　　4.1.3 实证模型和检验结果 ………………………………………… 105
　　　4.1.4 结论与建议 …………………………………………………… 109
4.2 融资约束与中国纺织产业对外投资的实证检验 …………………… 110
　　　4.2.1 理论分析与研究假设 ………………………………………… 111
　　　4.2.2 变量选取与模型构建 ………………………………………… 112

		4.2.3 实证分析 ··· 118
		4.2.4 基础模型分析 ··· 120
		4.2.5 进一步分析 ··· 124
		4.2.6 结论及建议 ··· 127
	4.3 企业异质性与中国纺织产业对外投资的实证检验 ············ 130
		4.3.1 中国纺织企业对外投资"生产率悖论"检验 ············ 130
		4.3.2 多重异质性影响企业对外投资的实证检验 ············ 137
		4.3.3 多重异质性与企业对外投资的因果关系检验 ············ 144
		4.3.4 实证结论 ··· 146

第5章 东道国因素与中国纺织产业对外投资的实证检验 ········ 147
	5.1 东道国生产率阈值与中国纺织产业对外投资的实证检验 ······ 148
		5.1.1 基本理论模型 ··· 148
		5.1.2 东道国生产率阈值与东道国特征 ······················· 149
		5.1.3 实证模型 ··· 151
		5.1.4 变量的选取和样本的来源 ······························ 152
		5.1.5 实证分析及结论 ··· 155
	5.2 文化距离与中国纺织产业"一带一路"国家和地区投资的实证检验
		 ·· 160
		5.2.1 相关文献综述 ··· 160
		5.2.2 模型构建 ··· 161
		5.2.3 变量选取 ··· 161
		5.2.4 数据来源 ··· 164
		5.2.5 实证检验及结论 ··· 165
	5.3 制度距离与中国纺织产业对外投资模式实证分析 ············ 172
		5.3.1 实证研究思路 ··· 172
		5.3.2 研究假设 ··· 174
		5.3.3 数据来源及变量选取 ··································· 177
		5.3.4 模型设定 ··· 183
		5.3.5 独资条件下，制度距离对于绿地与并购选择的实证检验 ······ 184

5.3.6 合资条件下，制度距离对绿地与并购的选择的实证检验
.... 189

第6章 全球价值链与中国纺织产业对外投资的实证检验 197
6.1 中国纺织产业对外投资的价值链环节的区位分布 198
6.2 研究假设 198
6.3 模型的设定 201
6.4 数据来源与变量选取 203
6.5 实证结果 206
6.5.1 转移动机和制度质量对于对外投资影响的总样本实证结果
.... 206
6.5.2 对不同发展程度国家的样本检验 209
6.5.3 对不同价值链环节的样本检验 210

第7章 中国纺织产业高质量发展评价 215
7.1 中国纺织企业绿色化转型选择 216
7.1.1 绿色化转型的文献综述 216
7.1.2 基于演化博弈的理论模型分析 219
7.1.3 色纺行业绿色化转型的 Matlab 模拟仿真 224
7.1.4 绿色化转型结论与相关建议 230
7.2 中国纺织产业高质量发展综合评价 232
7.2.1 纺织产业高质量发展评价指标体系构建 232
7.2.2 指标选取和数据来源 233
7.2.3 计算方法和指标权重确定 236
7.2.4 纺织产业高质量发展评价结果及分析 238

第8章 中国纺织产业对外投资与高质量发展的实证检验 241
8.1 对外投资影响纺织产业高质量发展机制分析和研究假设 242
8.1.1 OFDI 影响产业高质量发展的理论基础与研究假设 243

8.1.2 OFDI 对于产业高质量发展的影响机制分析 ……………… 243

8.2 对外投资影响纺织产业高质量发展研究设计 …………………… 245
8.2.1 模型设定及说明 ………………………………………… 245
8.2.2 变量选择与描述 ………………………………………… 246
8.2.3 样本筛选与数据说明 …………………………………… 248

8.3 对外投资影响纺织产业高质量发展实证结果分析 ……………… 248
8.3.1 总样本分析 ……………………………………………… 249
8.3.2 作用机制检验 …………………………………………… 250
8.3.3 稳健性检验 ……………………………………………… 252
8.3.4 异质性检验 ……………………………………………… 254

8.4 结论与建议 ………………………………………………………… 257
8.4.1 研究结论 ………………………………………………… 257
8.4.2 政策建议 ………………………………………………… 258

第 9 章 中国纺织产业对外投资与高质量发展的案例研究 ……… 259
9.1 案例研究说明 ……………………………………………………… 260
9.2 案例 1：申洲国际对外投资的区位选择 ………………………… 260
9.2.1 申洲国际简介 …………………………………………… 260
9.2.2 申洲国际选择投资越南的东道国因素 ………………… 262
9.2.3 申洲国际在越南经营情况 ……………………………… 267
9.2.4 申洲国际对外投资越南遇到的问题 …………………… 268

9.3 案例 2：文化距离与红豆集团投资柬埔寨 ……………………… 269
9.3.1 红豆集团简介 …………………………………………… 270
9.3.2 红豆集团的对外投资历程 ……………………………… 272
9.3.3 对外投资国家的文化距离 ……………………………… 273
9.3.4 影响对外投资的其他因素分析 ………………………… 276
9.3.5 投资柬埔寨的建议 ……………………………………… 279
9.3.6 文化距离对企业对外投资选择的影响机理 …………… 280

9.4 案例3：山东如意对外投资模式选择 ······ 281
9.4.1 山东如意简介 ······ 281
9.4.2 山东如意对外投资进程 ······ 282
9.4.3 制度距离对山东如意转移模式的影响 ······ 283

9.5 案例4：鲁泰纺织不同价值链环节对外投资的影响因素 ······ 285
9.5.1 鲁泰纺织简介 ······ 285
9.5.2 鲁泰纺织对外投资的价值链环节 ······ 286
9.5.3 制度因素对鲁泰纺织不同价值链环节投资的影响 ······ 287
9.5.4 投资动机对鲁泰纺织海外投资的调节作用 ······ 289

9.6 案例5：产业集群对天生全球化企业催生作用的多案例分析 ······ 289
9.6.1 晋江市达丽服装织造有限公司 ······ 290
9.6.2 信泰集团 ······ 291
9.6.3 上海新业鸿刺绣服饰有限公司 ······ 292
9.6.4 案例对比分析 ······ 293

9.7 案例6：融资约束与雅戈尔、如意境外收购分析 ······ 295
9.7.1 雅戈尔境外收购分析 ······ 295
9.7.2 山东如意境外收购案例分析 ······ 301
9.7.3 雅戈尔和山东如意境外收购案例对比 ······ 307

9.8 新时期中国纺织产业对外投资与高质量发展机理 ······ 308

第10章 结论与政策建议 ······ 311

10.1 结论 ······ 312

10.2 中国纺织产业对外投资与高质量发展的政策建议 ······ 314
10.2.1 通过企业能力的动态切换提升，破解"三明治"困境 ······ 314
10.2.2 构建以我为主的区域价值网，重构产业的新竞争优势 ······ 315
10.2.3 积极从全球价值链的被治理者变为治理者 ······ 315
10.2.4 通过差异化的投资路径，促进区域价值网高质量发展 ······ 316
10.2.5 深化制度改革，打通产业转型升级与高质量发展的痛点堵点 ······ 317

  10.2.6　构建海外投资风险防控体系，促进海外投资和产业高质量发展 ⋯⋯⋯⋯⋯⋯⋯⋯⋯⋯⋯⋯⋯⋯⋯⋯⋯⋯⋯⋯⋯⋯⋯⋯⋯⋯⋯⋯ 317

10.3　研究不足和展望 ⋯⋯⋯⋯⋯⋯⋯⋯⋯⋯⋯⋯⋯⋯⋯⋯⋯ 318
  10.3.1　研究不足 ⋯⋯⋯⋯⋯⋯⋯⋯⋯⋯⋯⋯⋯⋯⋯⋯⋯⋯⋯ 318
  10.3.2　研究展望 ⋯⋯⋯⋯⋯⋯⋯⋯⋯⋯⋯⋯⋯⋯⋯⋯⋯⋯⋯ 318

参考文献 ⋯⋯⋯⋯⋯⋯⋯⋯⋯⋯⋯⋯⋯⋯⋯⋯⋯⋯⋯⋯⋯⋯⋯⋯ 319

附录　对外投资的问卷调研和访谈 ⋯⋯⋯⋯⋯⋯⋯⋯⋯⋯⋯⋯ 335

第1章

导 论

1.1 基本概念的界定和问题的提出

1.1.1 相关概念的界定

(1) 新时期

当前中国经济增长正处于从高速到中高速发展的"新常态",支撑中国经济增长的传统优势正在减弱,质量提升极为关键。随着中国经济进入新常态,质量已经成为中国经济社会建设的关键点和核心要素。党的二十大报告提出,高质量发展是全面建设社会主义现代化国家的首要任务。

从外部环境看,当前世界正经历百年未有之大变局,国际经济大循环动能弱化。2008年国际金融危机后,全球市场收缩,世界经济陷入持续低迷。全球经济增长率从2010年的5.4%下降到2022年的3.42%;全球贸易的增长率也从2018年的2.8%下降到2019年的2%。2020年世界经济增长率为−3.6%(图1-1)。

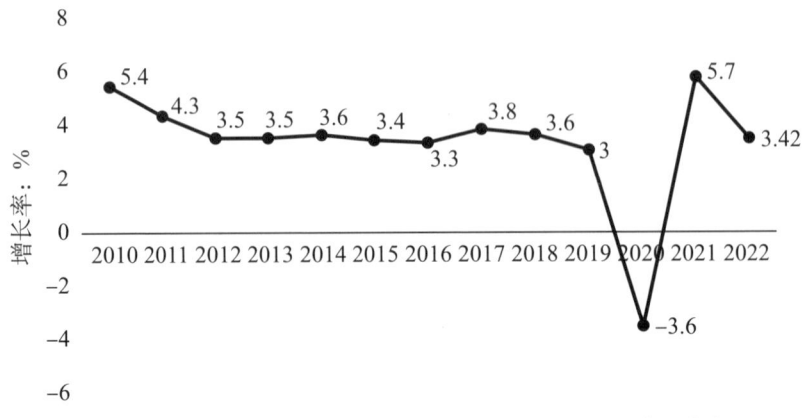

图1-1 2010—2022年世界实际GDP增长率(按照PPP计算)

资料来源:IMF。

注:2010—2019年数据按照PPP换算成实际值;2020、2021和2022年数据是IMF预测数据。

中国经济增长自2010年以来处于下行区间，经济增长率下滑，2020年虽然是全球唯一正增长的经济体，增长率下降到二十年以来的最低点2.2%（图1-2）。面对国内外环境变化带来的新矛盾新挑战，必须顺势而为调整产业发展路径，在努力打通国际循环的同时，推动对外投资质上的提升，高效利用全球资源要素和市场空间，完善产业链供应链保障机制，以国际循环提升国内大循环效率和水平，推动产业竞争力提升和产业高质量发展。

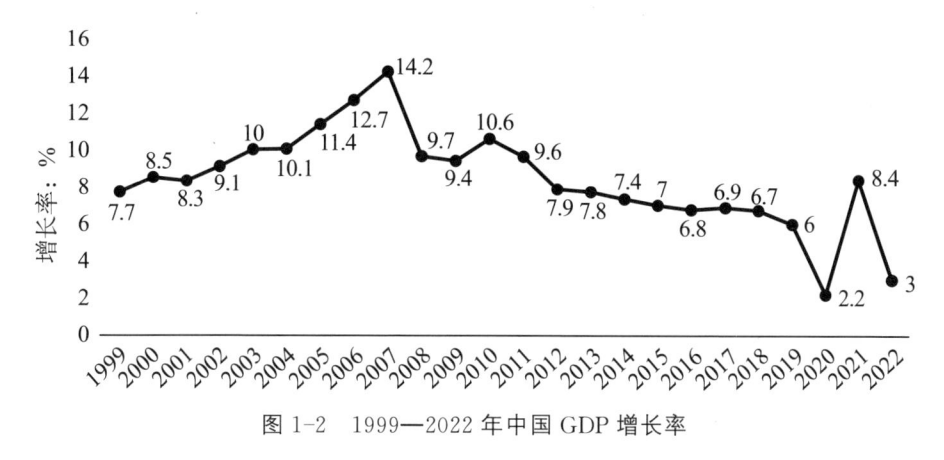

图1-2 1999—2022年中国GDP增长率

资料来源：中国国家统计局。

本文的"新时期"就是指在上述复杂的国内外发展环境下，中国进入高质量发展阶段的时期。

（2）纺织产业

本研究所指的纺织产业是"大纺织"的概念，包括纺织业和服装业两大类。之所以使用这个概念，是因为纺织业和服装业处于同一条产业链条的上下游，相互之间的联系比较紧密，两个产业正是在相互关联、相互促进中同步发展和提高。业界有"服装的灵魂是面料，面料的灵魂是纱线"的说法，故本项目把两个产业放在一起进行分析；另外国内外的理论界和实务界把纺织服装产业通常称之为"大纺织"，作为一个大的产业看待（赵君丽，2011）。其中，纺织业作为上游产业主要包括棉纺织、化纤、麻纺织、毛纺织、丝绸、纺织品针织行业、印染业、非织造布和纺织机械及器材行业。下游产业主要有服装业、家用纺织品、产业用纺织品等，通常把家用纺织品和产业用纺织品归在纺织产业，服装业主要包括梭织服装、针织服装、衣着附件、鞋类等行业。

（3）对外投资

本研究的对外投资主要指对外直接投资，以对外直接投资为主要衡量方法，故进一步对对外直接投资的概念进行界定。对外直接投资（Outward Foreign Direct Invest ment，OFDI），是指个人或者机构投资者用货币资金、实物或无形资产等从一个经济体向另外的经济体进行投资，期许在一段时间后获得收益的行为。对比来说，投资国进行 OFDI 意为直接投资流出，东道国进行 OFDI 意为直接投资流入。不同机构组织从不同角度对于 OFDI 的现代定义给出了不同的说法，其中具有代表性的解释如表 1-1 所示。

表 1-1　不同组织机构对对外直接投资的定义

组织机构	定义
国际货币基金组织	在投资者以外的经济经营企业所拥有持续收益的一种投资，其目的在于对该企业的经营管理具有有效的发言权
联合国贸发会议	一国/地区的居民和实体（对外直接投资者或投资企业）与在其本国/地区以外的另一国企业（境外直接投资企业、国外分支机构或者分支企业）建立长期关系，享有持久利益，并对之进行控制的投资
中国商务部、国家统计局、和外汇管理局联合印发的《对外直接投资统计制度》	对外直接投资是指中国国内投资者以现金、实物、无形资产等方式在国外及港澳台地区设立、参股、兼并国境外企业，拥有企业 10% 以上的股权，并以拥有或控制企业的经营管理权为核心的经济活动

资料来源：根据 IMF、UNCTAD、中国 2019 年《对外直接投资统计制度》整理。

本研究根据表 1-1 最后一行中国商务部、国家统计局及国家外汇管理局，在 2019 年 1 月联合颁布的《对外直接投资统计制度》的标准，对外直接投资是指中国国内投资者以现金、实物、无形资产等方式在国外及中国港澳台地区设立、购买国（境）外企业，并以控制该企业的经营管理权为核心的经济活动。

(4) 高质量发展

推动高质量发展，基本前提是科学把握高质量发展的核心内涵。高质量发展是一个看似简单却不易把握的概念，其本质性特征具有多维性和丰富性（金碚，2018；刘志彪，2018）。对应于人民日益增长的美好生活的需要，高质量发展是以新发展理念为指导的经济发展质量状态。创新是高质量发展的第一动力，协调是高质量发展的内生特点，绿色是高质量发展的普遍形态，开放是高质量发展的必由之路，共享是高质量发展的根本目标（任保平，2018）。也有学者从系统平衡观、经济发展观、民生指向观三个视角理解高质量发展的内涵（赵剑波，史丹和邓洲，2019），从经济高质量、社会高质量和治理高质量分析高质量发展的动力、机制和治理（高培勇等，2020）。本文的高质量发展立足我国高质量发展新目标和"双循环"发展新格局，基于纺织产业"十四五"发展规划，从数字化、绿色化、时尚引领、产品结构、产出质量等角度，研究新时期纺织产业高质量发展现状、问题和水平。

1.1.2 问题的提出

纺织产业是中国传统的支柱产业，也是重要的民生产业和科技绿色时尚产业。改革开放四十多年来，中国纺织产业已率先建成世界领先的全产业链现代制造体系，成为全球纤维制品生产、出口和消费的第一大国（徐迎新，2019）。

(1) 纺织产业出口增速下滑

作为全球纺织品服装的第一出口大国，中国纺织产业近年来的出口呈现波动变化（图1-3），特别是2015年中国纺织服装企业的出口额近10年来首次下降了4.9%，2016年纺织品服装出口额同比下降1.7%。而后有所回升，在2019年受到中美贸易摩擦的影响纺织品服装的出口又出现下降。但是从出口增速来看，2010—2022年中国纺织品服装的出口总额增长的速度从总体来呈现下降趋势（图1-4）。

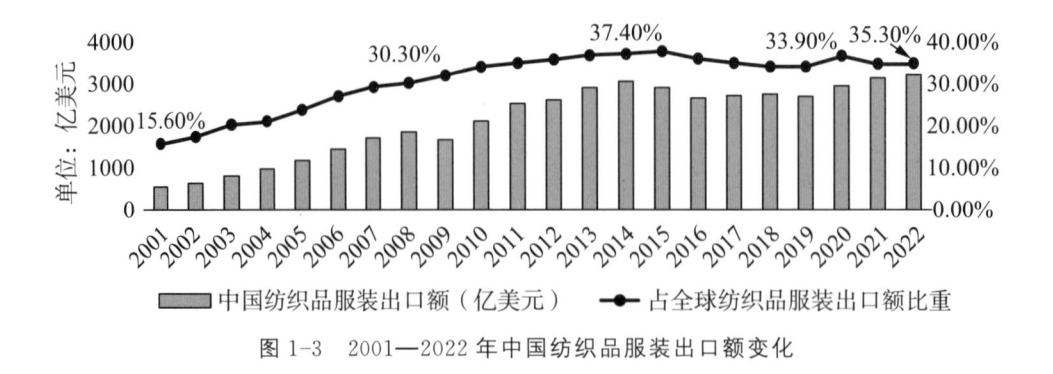

图 1-3　2001—2022 年中国纺织品服装出口额变化

资料来源：中国纺织工业联合会。

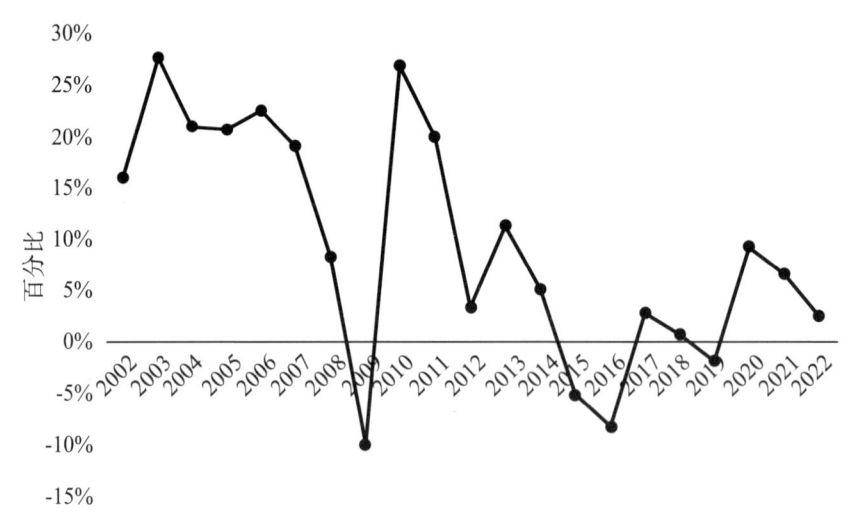

图 1-4　2002—2022 中国纺织品服装出口增速

资料来源：中国纺织工业联合会。

（2）纺织产业对外投资量的波动

根据英国学者邓宁（Dunning）的投资发展周期理论，中国正处于对外投资发展的第四阶段，将出现企业快速"走出去"，海外投资快速增长。在此阶段，中国纺织产业在全球价值链的角色也发生了重大改变，从原来的价值链中低端的"承接方"，逐渐成为"投资方"。

图 1-5　纺织产业对外投资金额

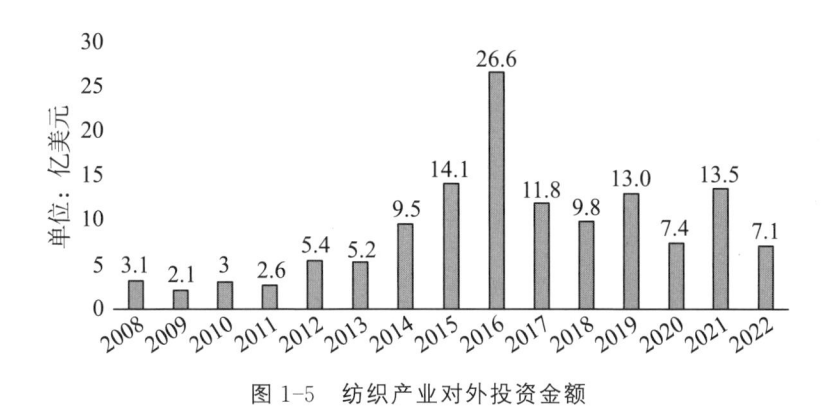

资料来源：商务部。

与纺织产业出口增速下降同时发生的是，中国的纺织企业对外投资加速，从金额上看，2012—2016 年期间中国纺织产业对外直接投高速增长（参图 1-5），累计 60.8 亿美元，仅 2016 年纺织服装产业对外直接投资的金额就占到 2012—2016 年纺织服装产业对外直接投资总存量的 43.75%。2016—2022 年纺织产业对外投资虽然出现波动，但均高于 2014 年之前。2003—2018 年，中国纺织产业对外直接投资累计达 97.96 亿美元，年均增速为 15.6%，占制造业对外直接投资累计总额的 5.2%（赵君丽等，2019）。

从对外投资的企业数量看，2005—2015 年中国纺织企业在全球 113 个国家进行了对外直接投资，共设立境外分支机构 1973 家，每年均有上百家纺织企业进行对外投资。

(3) 对外投资质的提升与中国纺织产业升级

由以上分析可知，在全球总需求增长乏力的背景下，中国纺织服装业在国内面临综合成本上涨、产业工人总量短缺和资源环境约束，比较优势削弱，出口增速下滑，纺织产业对外投资增加。2017 年中国非金融类对外直接投资同比下降了 29%，这是自 2002 年建立对外直接投资统计制度 16 年来，中国对外投资首次出现负增长，主要是由于非理性对外投资得到有效遏制，今后对外投资要注重"质"的根本性提升。对外投资"质"的提升一个重要方面是对外投资既要给东道国产生积极效益，也要促进国内经济发展、国内技术进步和产业升级，即产业的高质量发展。那么中国纺织产业对外投资的现状如何，处于何种发展阶段，如何利用所在国的成本优势和政策优惠，促进国内产业的高质量发展，成为了政府、协会、企业共同关心的问题。

1.2 研究主要内容

本文基于新新贸易理论、外来者劣势理论、全球价值链理论、产业升级理论，构建投资国因素、东道国因素"双因素"分析框架，建立纺织产业高质量发展评价模型，采用"理论分析—现状问题—实证分析—案例分析—应对策略"的研究思路，选取产业数据、企业数据和多个典型案例，从五大资源配置问题角度，对新时期我国纺织产业对外投资与高质量发展进行了系统研究。

主要内容一：对外投资与高质量发展的理论研究。

本文从新新贸易理论、外来者劣势理论和全球价值链理论三个较新的理论研究中国纺织产业对外投资选择；以数字化转型理论、绿色化转型理论、产业升级理论作为产业高质量发展理论基础；从对外投资的三种动机与高质量发展关系角度构建对外投资与产业高质量发展的理论框架。

主要内容二：中国纺织产业对外投资与产业高质量发展现状和问题。

运用多种统计数据分析纺织产业对外投资的规模、投资模式、区位选择、梯度差异、价值链环节的现状；归纳对外投资的特点和遇到的问题；从数字化、绿色化、产业发展、贸易结构、产出质量、全球价值链地位分析纺织产业高质量发展现状。

主要内容三：中国纺织产业对外投资与高质量发展的实证检验。

首先，从"双因素"角度实证检验纺织产业对外投资：推力因素（投资国货币因素、融资约束、企业多重异质性）与纺织产业对外投资关系的实证检验；拉力因素（东道国因素、外来者劣势）与纺织产业对外投资关系的实证检验。其次，从全球价值链视角对纺织产业不同价值链环节 OFDI 进行了实证检验。再次，从产业发展、数字化、绿色化、供给要素与供给体系质量、产出质量五个方面，构建纺织产业高质量发展的效率评价模型。接着，实证检验纺织产业对外投资与高质量发展之间关系。最后，通过多个典型案例研究纺织产业对外投资与高质量发展之间的机理。

主要内容四：新时期下中国纺织产业对外投资与高质量发展的政策建议。

在上述研究的基础上，提出新时期全球化背景下我国纺织服装产业高质量发展的全球定位、区域网络路径、支撑条件和对策建议。

1.3 研究意义

1.3.1 学术价值

当今世界产业转型升级和高质量发展的背景、内涵、目标等都发生了重大改变。本研究具有如下意义。

第一，构建新时期纺织产业对外投资与产业高质量发展的理论框架。本文从对外投资与产业高质量发展之间关系切入，构建对外投资与产业质量发展的理论框架，采用数字化、绿色化、国际竞争力等指标构建产业高质量发展评价指标体系，对产业高质量发展进行了新的理论阐释和实证检验，有利于新发展阶段贯彻新发展理念，重构产业的新竞争优势。

第二，从微观经济学角度搭建了纺织产业对外投资研究的新范式。从"为什么投资、谁投资、投资什么、投资哪里、怎么投资"五大经济问题入手，系统研究了对外投资问题，从微观经济学角度搭建了对外投资研究的新范式，具有重要的参考和借鉴价值。

第三，拓展对外投资研究的微观视角、产业链视角。有别于传统对外投资研究主线，本文从新新贸易理论、全球价值链理论、外来者劣势理论等较新理论切入，研究了发展中国家企业对外投资问题，对于卢卡斯之谜等国际投资理论进行新阐释，不仅打开了发展中国家跨国公司研究的产业链新视角，拓展对外投资研究的微观视角，对丰富国际投资文献、产业链理论本身也有积极贡献。

第四，构建投资国因素和东道国因素"双因素"分析框架。现有文献大都从某一个因素研究对外投资问题，本文从5大资源配置问题入手，构建了投资国因素和东道国因素"双因素"分析框架，对企业对外投资因素进行了全面分析。

第五，深入区域价值链"黑箱"，从对外投资的角度创新提出纺织产业区域价值链的构建路径。现有文献对于双循环格局下全球价值链重构问题，提出了"构建以我为主的区域价值链"的解决对策，但是没能深入区域价值链的"黑箱"，揭示其空间异质性特征。本文从对外投资角度创新提出构建区域价值链的两条路径，深入区域价值链的"黑箱"，揭示了区域价值链构建的空间异质性特征，深化了区域价值链的理论研究，为构建"以我为主的区域价值链"提供了可行思路。

1.3.2 应用价值

纺织产业是全球化程度最高的产业之一，也是中国对外投资最大的产业之一。我国经济发展进入新发展阶段后，纺织服装业在国内面临综合成本上涨、产业工人总量短缺和资源环境约束等现实困难，国际比较优势削弱，单一的出口模式受到挑战，对外投资大幅增加，2016年纺织产业对外投资金额达到最高，2017年纺织产业对外投资金额下降，主要是由于遏制全国非理性的对外投资，要求对外投资要注重"质"的根本性提升。对外投资"质"的提升一个重要方面是对外投资要促进国内技术进步和产业升级,即产业的高质量发展。

(1) 研究纺织产业对外投资问题,对于我国其他传统产业转型发展具有重要的参考价值,有助于我国纺织产业对外转移时选择更合适的区域,有效转移纺织等传统产业的过剩产能,提高全球资源配置效率,培养跨国企业集团,促进产业升级和高质量发展。

(2) 对于新常态下结合"一带一路"倡议,重构区域价值网,对于强化中国与周边国家的经济纽带,构筑中国与周边国家、非洲、拉丁美洲国家利益共同体,实现与东道国包容性增长,具有重要的现实意义,有助于构建新区域核心,破解中国在贸易、经济、政治等方面的困局。

1.4 研究方法、研究思路与创新之处

1.4.1 研究方法

本研究主要采用以下三种研究方法。

(1) 推力(投资国因素)因素与纺织产业对外投资的研究方法

①基于新新贸易理论,采用参数法和半参数法计算纺织产业全要素生产率,验证纺织产业对外投资是否存在"生产率悖论"现象,并进一步建立计量模型实证检验多重异质性与纺织企业对外投资之间的关系。

②构建了融资约束综合指标,综合运用 Probit 和 Logit 模型,探究融资约束对纺织上市公司对外直接投资的影响作用。

(2) 拉力(东道国)因素与纺织产业对外投资的研究方法

①基于 HMY 模型,计算东道国生产率阈值,通过 Probit 计量模型进一步实证检验东道国生产率阈值与对外投资的关系。

②基于外来者劣势理论，以正式制度距离与非正式制度距离为自变量，以投资动机为调节变量，采用二项逻辑回归模型进行实证检验制度距离对投资模式的影响。

(3) 采用多种指标多角度全面衡量纺织产业高质量发展程度

①采用全球价值链地位指数、出口复杂度、全要素生产率衡量纺织产业高质量发展程度。

②通过演化博弈方法分析纺织企业绿色化转型选择，并利用 Matlab 进行仿真模拟。

③构建纺织服装产业高质量发展评价模型。从数字化转型、绿色化转型、产业效率、产品结构、贸易结构等方面，构建纺织产业高质量发展的效率评价模型，通过熵值法综合评价产业高质量发展的效果。

(4) 对于纺织产业高质量发展与对外投资进行实证检验

①利用条件逻辑模型，研究了投资动机和制度质量对纺织企业的不同价值链环节投资的影响。

②建立面板回归模型，实证检验纺织产业对外投资对高质量发展的影响。

(5) 实地访谈和案例分析方法

运用实地访谈和案例分析方法，通过多个案例，如申洲国际、红豆集团、山东如意、鲁泰纺织、雅格尔，探讨新时期下中国纺织产业对外投资的区位选择、模式选择和价值链投资的机理，剖析企业对外投资与产业高质量发展之间的关系，与上述理论和实证检验相互验证。

1.4.2 研究思路

研究思路详见图 1-6。

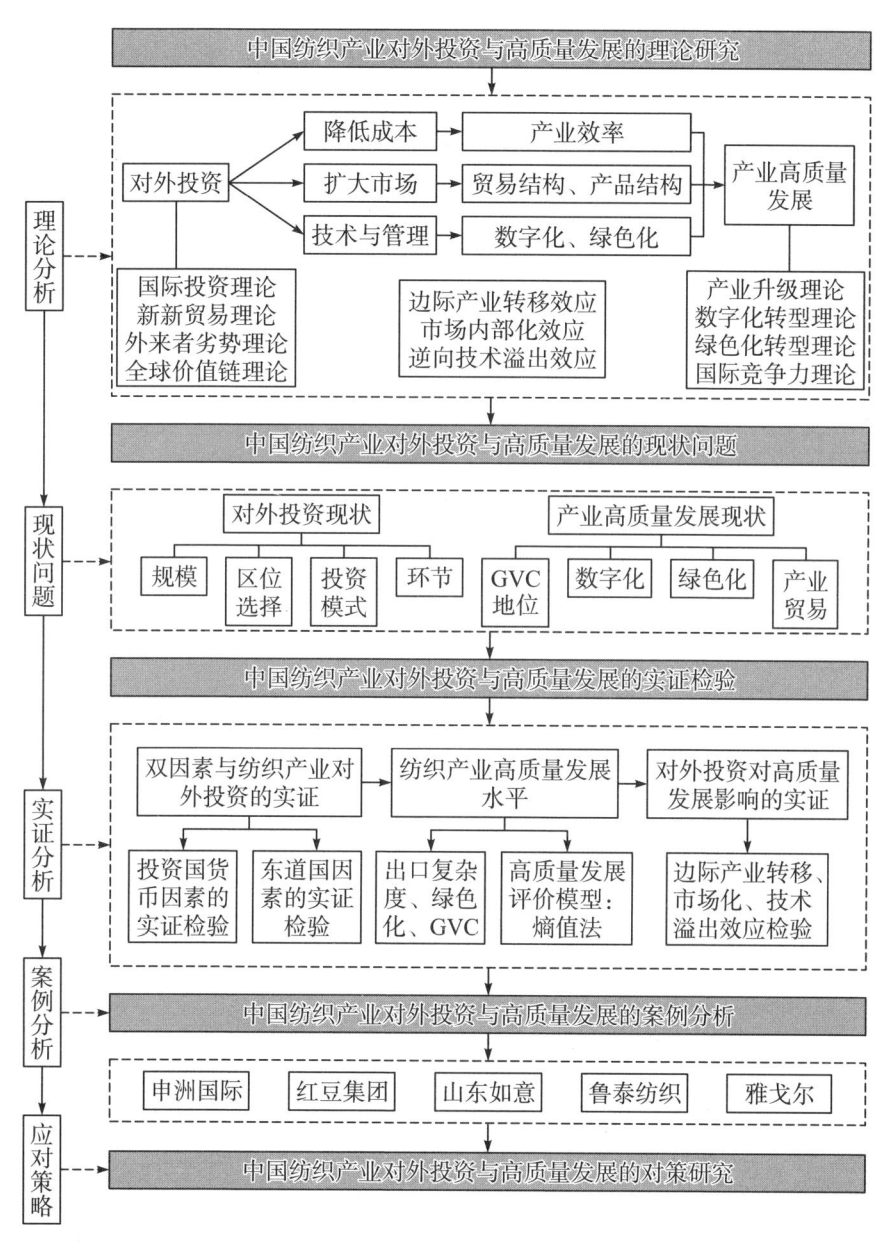

```
理论分析
    ┌─────────────────────────────────────────────────┐
    │  中国纺织产业对外投资与高质量发展的理论研究          │
    └─────────────────────────────────────────────────┘
         对外投资 ── 降低成本 ── 产业效率
                 ── 扩大市场 ── 贸易结构、产品结构 ── 产业高质量发展
                 ── 技术与管理 ── 数字化、绿色化
         
         国际投资理论         边际产业转移效应       产业升级理论
         新新贸易理论         市场内部化效应        数字化转型理论
         外来者劣势理论       逆向技术溢出效应       绿色化转型理论
         全球价值链理论                            国际竞争力理论

现状问题
    ┌─────────────────────────────────────────────────┐
    │  中国纺织产业对外投资与高质量发展的现状问题          │
    └─────────────────────────────────────────────────┘
         对外投资现状                    产业高质量发展现状
         规模 | 区位选择 | 投资模式 | 环节    GVC地位 | 数字化 | 绿色化 | 产业贸易

实证分析
    ┌─────────────────────────────────────────────────┐
    │  中国纺织产业对外投资与高质量发展的实证检验          │
    └─────────────────────────────────────────────────┘
         双因素与纺织产业对外投资的实证    纺织产业高质量发展水平    对外投资对高质量发展影响的实证
         投资国货币因素的实证检验 | 东道国因素的实证检验    出口复杂度、绿色化、GVC | 高质量发展评价模型：熵值法    边际产业转移、市场化、技术溢出效应检验

案例分析
    ┌─────────────────────────────────────────────────┐
    │  中国纺织产业对外投资与高质量发展的案例分析          │
    └─────────────────────────────────────────────────┘
         申洲国际 | 红豆集团 | 山东如意 | 鲁泰纺织 | 雅戈尔

应对策略
    ┌─────────────────────────────────────────────────┐
    │  中国纺织产业对外投资与高质量发展的对策研究          │
    └─────────────────────────────────────────────────┘
```

图 1-6 研究思路图

1.4.3 创新之处

本文在研究视角、理论和方法方面进行了创新探索。

研究视角方面，一是从微观经济学角度搭建了纺织产业对外投资研究的新范式。从微观经济学五大问题"为什么投资、谁投资、投资什么、投资哪里、怎么投资"入手，系统研究了对外投资问题，搭建了对外投资研究的新范式。二是拓展对外投资研究的微观视角、产业链视角。有别于传统对外投资研究主线，本文从新新贸易理论、全球价值链理论、外来者劣势理论等较新理论切入，研究了发展中国家企业对外投资问题，对于卢卡斯之谜等国际投资理论进行新阐释，不仅打开了发展中国家跨国公司研究的产业链新视角，拓展对外投资研究的微观视角，对丰富国际投资文献、产业链理论本身也有积极贡献。三是深入区域价值链"黑箱"，从对外投资的角度创新提出区域价值链的构建路径，揭示了区域价值链构建的空间异质性特征，深化了区域价值链的理论研究，为构建"以我为主的区域价值链"提供了可行思路。

在理论框架方面，一是从对外投资与产业高质量发展之间关系切入，构建新时期纺织产业对外投资与产业高质量发展的理论框架；二是，采用数字化、绿色化、国际竞争力等指标构建产业高质量发展评价指标体系，对产业高质量发展进行了新的理论阐释和实证检验，有利于新发展阶段贯彻新发展理念，重构产业的新竞争优势；三是构建投资国因素和东道国因素"双因素"分析框架，对企业对外投资因素进行了全面分析。

研究方法方面，采用多重异质性模型、附加值贸易核算法、演化博弈等多种较前沿的研究方法，实证检验了纺织产业对外投资与高质量发展的一系列重要问题。

第 2 章
纺织产业对外投资与高质量发展的理论研究

2.1 高质量发展理论

高质量发展的内涵在于"更高质量、更有效率、更加公平、更可持续"，其主要特征包括从"数量追赶"转向"质量追赶"，"规模扩张"转向"结构升级"（王一鸣，2020），促进产业结构迈向全球价值链中高端（任保平，2021）。从现有研究可以提炼出，高质量发展以"满足人民日益增长的美好生活需要"为根本目的，以"五大发展理念"为根本理念，创新、协调、绿色、开放、共享缺一不可。以"高质量"为根本要求，既涵盖微观层面的产品和服务，也涵盖宏观层面的结构和效率；既涵盖供给环节，也涵盖分配环节、流通环节和需求环节；既涵盖经济领域，也涵盖其他各个领域。以"创新"为根本动力，不断提升综合效率。以"持续"为根本路径，不断优化各种关系，即创新是第一动力、协调成为内生需要、绿色成为普遍形态、开放成为必由之路、共享成为根本目的的一组经济发展特性（黄群慧等，2023；尹艳林，2023）。本文从纺织产业高质量发展要求，包括产业升级、绿色化转型、数字化转型、产业竞争力提升角度等对高质量发展相关的理论进行梳理。

2.1.1 产业升级理论

产业转型升级分为产业间转型升级和产业内转型升级，本文研究的纺织服装产业转型升级属于产业内转型升级。

(1) 全球价值链与"嵌入式"产业转型升级

我国已深度融入全球价值链（Global Value Chain，简称GVC）（程大中，2015；江小娟和孟丽君，2021）。关于发展中国家参与全球价值链对产业转型升级影响的文献相当丰富，研究结论不一。有促进论（Gereffi, 1999; Kalinsky, 2000; 张辉，2004；金碚，2004；王俊，2013；Amiti et al., 2014; Sharma & Mishra, 2015; 盛斌等，2020）；低端锁定抑制论（Schmitz, 2004; 卢福财和胡平波，2008；张杰和刘志彪，2009；干春晖，2016；Kano, 2018; 袁冬梅等，2023）；不确定论（吕越等，2016；马晓东和何伦志，2018；余东华和田双，2019；Kano et al.，2020）。上述研究关注"嵌入式"产业的升级道路，忽略了"原生型"产业的升级情况，政策核心侧重出口导向战略，未考虑如何充分利用国内市场。

（2）国内价值链与"原生型"产业转型升级

刘志彪和张杰（2007）从定性角度肯定了国内价值链对产业转型升级的价值，具有属权性质。也有学者借鉴全球价值链的测算方法（Koopman et al.，2014），定量核算国内价值链嵌入程度和嵌入位置（苏庆义，2016；邵超对和苏丹妮，2019；黎峰，2020），强调国家边界，具有属地性质。多数学者认为参与国内价值链不存在 GVC 链主封阻所导致的低端锁定，对于强化内循环，推动我国制造业升级具有促进作用（Beverelli et al.，2017；魏龙和王磊，2017；袁凯华等，2019；赵蓉等，2021；赵迪，2023）；但也有学者认为仅参与国内价值链，对企业增加值率的提升有显著抑制效应（马丹等，2021）。事实上，参与全球价值链和国内价值链对产业转型升级的影响相互交织、相互作用，GVC 和 NVC[①] 协同发展可以实现"互补共赢"（赵桐和宋之杰，2018；盛斌等，2020）；但是另一方观点则认为在 GVC 未受到破坏时，NVC 的构建完善是对 GVC 的互补，在 GVC 受到破坏时，NVC 会对其产生替代作用（刘景卿和车维汉，2019）。特别是对于较早参与全球价值链，同时具有"原生型"产业发展基础的纺织服装产业来说，全球价值链的重构与国内价值链的延伸交互影响。

（3）纺织服装产业转型升级

学术界对纺织服装产业转型升级的研究，主要有以下三种视角：

第一，从全球价值链视角，一般沿着流程升级、产品升级、功能升级的思路，或者委托组装（Original Assembly Manufacturer，OAM）、委托加工（Original Equipment Manufacturer，OEM）、自主设计和加工（Original Design Manufacturer，ODM）、自主品牌生产（Original Brand Manufacturer，OBM）等升级思路分析（Gereffi，1999；Kalinsky，2003；黄永明等，2006；

---

① 即国内价值链（National Value Chain，简称 NVC）。

卓越和张珉，2008；Tokatli，2013；肖飞，2020）。第二，从国内价值链视角，认为纺织产业集群可以依托国内市场实现功能升级并主导国内价值链治理（钱方明和宁自军，2018）。第三，从纺织服装产业空间转型规律视角，代表性的研究有雁行发展模式（Akamatsu，1932）；托因模式和柯道夫模式（Kilduff，2005）；四次国际转移（Gereffi，1999）；第五次国际转移（Canan, et al.，2015）；纺织产业空间布局存在资源动因、市场动因、效率动因和战略动因（Bolisani，1996；黄先海，1998；Maccarthy，2003；Jacqueline，2015；Lu，2018；徐迎新，2020）。

2.1.2 数字化转型理论

当前对于数字化转型的研究处于起步阶段，并未形成统一的研究框架，因此现有文献对数字化转型的研究相当分散。本文从技术层面、宏观层面、产业层面、企业层面对数字化转型进行综述。

数字化概念最早是由 Boole G（1951）提出，他从技术层面出发，将数字化解释为用一连串数字展现信号、图形、声音以及物体的动作过程。最早德国在2013年率先提出"工业4.0"的概念，并指出数字化是"工业4.0"落地的抓手工业。4.0本质上是利用互联网，推进网络化的制造技术。尤其是工业4.0时代的商业模式，最重要的转变是"为购买产品的用户提供服务"。从宏观层面来说，李晓华（2016）认为数字化变革就是"新兴数字技术＋实体企业"，蕴含产业融合、创新驱动、新经济形态特征。

从产业层面看，传统产业正处发展瓶颈，世界发展主流趋势推动着传统产业向数字化转型发展（刘鹏飞、赫曦滢，2018；Kim, et al 2011），将产业数字化定义为数字技术和传统产业的融合发展。数字技术作为新的一种生产手段和工具，能够产生新的基础设施、要素和结构，推动价值重塑向价值创造发展（戚聿东、李颖，2018；焦勇，2020）。我国过多产业长期处于全球价值链中低端，导致出现"功能分工陷阱"问题（孙志燕、郑江淮，2020），在数字技术的支持下，传统产业能更好的提升产业效率、融合产业跨界、重构产业组织竞争模式和升级产业（Kim et al, 2011；韩晶等，2020；肖旭、戚津东，2019；戚聿东等，2020），从而改变这种局面。传统产业数字化转型也有助于供给侧结构改革和经济高质量发展（吕铁，2019），还能带来全球价值链地位的提升（李松庆和胡志菊，2022）。

从企业层面来说，认为企业数字化转型的核心就是利用数字技术进行整体性全面改造，改进生产流程、变革管理模式、优化营销方法，以释放数字对经济发展的放大、叠加和倍增作用（孟凡生、赵刚，2018；熊鸿儒，2019；王核成等，2021），企业数字化转型的核心是通过数字化的工具和平台推动组织变革，加快产品与服务创新，并以此改善经营绩效、谋求持续竞争优势（Nambisan. et al.，2017；熊兴等，2020）。

对于数字技术对于产业高质量发展的作用机制方面，学者们分别从不同的角度进行了分析。认为数字技术和数字化转型有不同维度，如开放性、可承载性以及生成性（Nambisan et al, 2019），或者进步性、创新性和创新范式（戚聿东等，2020）。数字经济对于产业高质量发展的推动机制表现为：节约成本、规模经济、精准配置、改变需求、提升效率、管理赋能、投资赋能、营运赋能与劳动赋能（祝合良和王春娟，2020；李春发等，2020；张夏恒，2020；黄勃等，2023）。

2.1.3 绿色化转型理论

(1) 绿色化转型的内涵

绿色化转型是指企业在绿色导向下，以绿色产品创新和绿色过程创新为核心，提高产品全生命周期和全生产过程绿色化程度，综合考虑经济效益和环境效益，实现绿色高质量成长的可持续增长模式，是从以资源消耗和环境污染为特征的传统发展方式转向能源集约使用、资源循环利用、污染物排放减少、环境影响降低、绿色全要素生产率提高、可持续发展能力增强的动态过程（李平，2011；郭克莎和彭继宗，2021；万攀兵等，2021；李俊夫，2022）。绿色转型不仅是指生产方式、生活方式的"绿色化"变革，更是一种更高级别的"价值取向"，其实现方式是通过生产、生活方式的绿色化转型，实现经济绿色增长，最终达成经济发展和环境影响的完全脱钩，实现经济社会的可持续成长（侯建等，2020）。目前，国内学者对绿色转型的概念界定尚未达成一致，仍处于探索阶段，主要的研究视角有过程观、模式观、发展观、脱钩观和维度观（李俊夫和李晓云，2023）。

国外有关绿色转型的研究整体上偏宏观和中观，主要研究视角有绿色政策对区域绿色转型的影响、发达区域低碳转型机制、发展中国家绿色转型政策等。比如，Fedoseeva和Zeidan（2018）研究以碳关税、碳边境调节机制为代表的贸易政策对区域碳减排和可持续发展的影响，Bauer等（2012）学者认为通过可再生能源技术可以推动能源转型进而实现国家或区域低碳转型，Brandi等（2020）学者则将环境条款纳入贸易协定以促进发展中国家的绿色转型。基于中国情境绿色转型的研究主要聚焦两个层面：宏观层面的区域绿色转型和微观层面的企业绿色转型。比如，金书秦等（2021）学者对区域绿色转型效率和转型特征进行了测量和描述，戴翔和杨双至（2022）提出企业绿色创新的驱动因素有绿色市场需求、数字化转型与赋能、创新战略、开放式创新等。

（2）传统产业绿色化的内涵

国际上对于产业"绿色化"的解释是通过减少材料使用成本，环境和安全成本，提高生产效率，从而实现绿色生产。可以从两方面来解释：一是生产绿色产品；二是生产制造使用了"绿色"方法（Agarwal et al.，2020）。绿色产业主要是指传统产业的绿色化，他不是替代现有产业，而是改造现有产业。绿色化创新的主要内容包括：生产过程绿色化，绿色产品设计，绿色包装，绿色营销。绿色产业发展是一个持续扩大工业规模，消除贫穷，并且创造就业的过程，使得生产和消费模式更加可持续（Yuan, et al.，2019）。总的来说，产业绿色化转型，就是要在产业的各个环节实现资源的有效利用促进经济的可持续发展。

2.1.4 纺织产业高质量发展相关研究

将高质量发展的内涵引申到纺织产业，结合我国纺织产业发展实际，可知纺织产业高质量发展的内涵是：在贯彻创新、协调、绿色、开放、共享的新发展理念的前提下，通过提质增效实现纺织产业更高水平、更有效率、更健康平稳的发展。同时，高质量发展的内涵决定纺织产业高质量发展的基本要求。在经济高质量发展的宏观背景下，推动纺织产业高质量发展有如下要求：一是要求巩固产业发展基础，优化产业基础配置；二是在巩固产业发展的基础上，增加创新要素参与，尤其是提升纺织产业应用工业互联网、消费互联网和生活互联网的能力，以增强纺织产业在生产规划、物流运输、产品供销、消费者服务与信息反馈和时尚化引领等方面的作用，促进产业整体数字化转型；三是提升纺织产业供给体系质量，促进产业协调发展，解决不充分不平衡问题；四是优化纺织产业产出结构质量，促进纺织产业向供应链更高端迈进；五是促进产业绿色发展，降低纺织产业污染物排放，增强产业环境治理效率，助力人与自然和谐发展（赵君丽和张文秋，2023）。

徐可和王瑞（2015）也提出了从增强环保理念、建立绿色管理制度，实施绿色工艺、实现循环经济清洁生产等方面促进纺织产业可持续发展，进而推动高质量发展。秦炜、陈晨等（2020）指出，纺织服装业高质量发展不仅要注重产业转型升级和产能效益，还应当针对质量管理制度建设、质量社会服务机制、企业管理机制、提高企业核心竞争力等方面开展产品质量提升工作。王巧婧、刘际宁等（2021）认为"高质量发展"强调质量而非速度，强调发展而非增长，全行业推动高质量发展，要加快科技创新成果产业化进程，稳步实现"高端化、集群化、品牌化"发展目标，推动发展方式转变，实现产业体系和产业结构的转型升级。杭彩云和胡娜（2021）突出强调了纺织产业高质量发展需要大量的技术技能人才，并认为与快速发展的智能制造业相比，传统纺织业在产业升级过程中明显存在人才储备不足、技术力量薄弱、设备更新慢等弱点。高勇（2021）指出虽然我国纺织产业升级步伐加快，从纤维、纺织品加工水平，到智能制造、以及绿色制造水平均有大幅提升，但是在纺织业转型的过程中，纺机企业自身的智造却呈现出明显的短板，要想进一步实现纺织产业的转型升级，必须加快纺机产品、专件、器材、配套件的性能提升。也有学者认为数字经济对于推动纺织服装业高质量具有积极的促进作用（孙瑞哲，2021；李秋珍，2022）。还有学者对纺织产业高质量发展进行了测算（王瑞荣，2022；赵君丽和张文秋，2023）。

2.2 对外投资理论

20世纪60年代，发达国家的跨国公司迅猛发展。跨国公司的对外直接投资行为逐渐成为国际资本流动的重要组成部分。各国学者专家从不同视角、不同方面对发达国家对外直接投资行为进行深入研究，出现了各种不同的理论观点。目前发达国家对外直接投资理论已经形成了成熟完善的理论体系。

2.2.1 发达国家对外投资理论

以发达国家对外投资为研究对象传统理论主要包括垄断优势论（Hymer，1976）、内部化理论（Buckley & Casson，1976）、边际扩张理论（Kiyoshi Kojima，1972）、国际生产折中理论（Dunning，1977）等，这些理论认为跨国公司进行对外直接投资选择时考虑垄断优势、较低的内部化成本、边际扩张、所有权优势、内部化优势、区位优势等观点。这些理论无法解释发展中国家对发达国家的投资现象，但在研究发展中国家对相对落后国家的投资时可以借鉴参考。

（1）垄断优势理论

美国学者海默（Hymer，1976）提出"垄断优势论"，该理论认为企业进行对外直接投资的必要条件是企业拥有自身垄断优势，并且该优势相对于东道国企业必须具有比较优势。海默利用厂商垄断竞争原理详细分析了美国跨国公司对外直接投资的动因，开创性地将不完全竞争与跨国公司对外直接投资相结合，认为在不完全竞争市场下，企业通过利用独有的垄断优势，开拓海外市场进行对外直接投资。之后海默的导师金德尔伯格对垄断优势理论进一步拓展，认为跨国公司在进行海外投资时主要竞争优势为资本优势、规模经济优势、技术优势及市场优势等，因此该理论也被称为"海默－金德尔伯格传统"。垄断优势理论研究的仅仅是具有明显垄断优势、规模庞大的美国跨国公司，而无法解释部分没有垄断优势企业的对外直接投资行为。20世纪80年代以来，随着越来越多跨国公司对外扩张，垄断优势理论的缺陷逐渐突显，因而一些经济学家开始从其他视角研究跨国公司对外直接投资行为。

(2) 内部化理论

英国经济学家巴克莱、卡森 (Buckley & Casson, 1976) 和加拿大经济学家拉格曼 (1981) 提出内部化理论，该理论将跨国公司对外直接投资行为看作是国际交易的内部化，主张以内部市场替代外部市场，从而节省交易成本，获取高额经营利润。内部化理论的关注点在中间产品市场，认为由于不完全竞争、信息不对称及中间产品价格不透明，中间产品市场存在交易成本高的情况。跨国公司通过并购和新建子公司，构建以跨国公司为核心的企业网络体系，在内部市场完成资源配置、控制和使用中间产品。内部化理论的不足在于无法解释企业并没有在国内构建内部化市场，以及跨国公司区位选择的问题，也不适用企业短期对外直接投资行为。

(3) 边际产业扩张理论

边际产业扩张理论认为，对外直接投资应该首先从投资国的边际产业，即在投资国已经处于比较劣势或即将处于比较劣势的产业，开始依次进行。根据小岛清 (Kojima, 1978) 的解释，这里所谓的边际产业可以作广义的理解。例如，与发展中国家相比，由于劳动力成本的提高，日本的劳动密集型产业处于比较劣势，因而是"边际性产业"；而同在劳动密集型产业中，可能某些企业首先处于比较劣势，因而成为"边际性企业"；在同一产品的生产过程中，可能某些生产阶段首先处于比较劣势，因而进入"边际性生产阶段"。也就是说，这些"边际性产业""边际性企业"，以致"边际性生产阶段"都可以作广义理解为"边际产业"。

(4) 国际生产折衷理论

以上三种理论无法解释跨国公司对外直接投资的方向选择问题，英国经济学家邓宁 (Dunning, 1977) 首次提出国际生产折衷理论，该理论认为企业在进行对外直接投资时应当具备所有权优势、内部化优势以及区位优势，分别回答了企业为什么进行对外直接投资、怎么进行投资决策以及选择哪里进行投资的问题。国际生产折衷理论对跨国公司对外投资形成比较完整的解释，一直被认为是较为完善的对外直接投资理论，其缺陷在于忽略了发展中国家对外直接投资问题。

2.2.2 卢卡斯悖论

根据新古典经济学理论，人均资本较低的国家具有较高的资本回报率，资本会从富国流向穷国以追求高资本回报率，直至人均资本均等化。Lucas（1990）指出通过计算得出印度资本边际产出应为美国的58倍，美国资本应流向印度，但事实上资本从富国流向穷国的规模非常小，远低于理论预测值，这就是"卢卡斯之谜"（Lucas Paradox），又称"卢卡斯悖论"。在之后的30年，随着经济金融全球化的进一步深化，国际资本流动规模进一步扩大，国际资本逆向流动却更加明显，成为一种普遍性现象。

Schularick（2006）分析比较金本位制时期的和1990年之后的国际金融一体化模式，指出尽管跨境投资比以往都要大，但这种增长并没有转移到发展中国家，也就是表明，资本无法从富国流向穷国的现象更加强烈。Gourinchas和Jeanne（2013）进一步发现，1970—2004年期间，外国资本不会更多地流向经济增长更多的国家，这与新古典主义中生产率增长较快的国家能够吸引更多的外国资本的理论相违背，并指出资本流动模式与国民储蓄和国际储备有关，他们将此难题称之为"国际资本配置之谜"（Allocation Puzzle），这是对"卢卡斯之谜"的又一步拓展和深化。Harub等（2019）分析2002—2014年期间跨国面板数据，证实"卢卡斯悖论"在金砖国家的存在，并指出资本流动取决于制度质量、集聚效应、贸易开放程度、汇率和通货膨胀的波动性。张兴华和张宇（2021）的研究则表明直接融资发展有助于消解资本流动的"卢卡斯悖论"现象，有利于提升资本配置效率。

对于"卢卡斯之谜"的解释，国外学者主要从理论假设条件、政府政策制度和资本市场完备程度这三个方面进行阐述。

一些学者通过放宽理论中的假设条件，考虑生产要素缺失的情况来研究各国资本边际产出之间的差异。学者们从人力资本、技术与对外投资之间关系入手解释外国直接投资（Foreign Direct Investment，简称FDI）流动，发现人力资本和劳动力质量是影响FDI的重要因素，也影响"卢卡斯之谜"存在的合理性（Lucas，1990；Eichengreen，2002；孙俊，2002；Ting Gao，2005；孙永平等，2008；石卫星等，2017）

另一些学者把"卢卡斯之谜"的存在归因于政府政策制度的质量上。发现良好的制度能够显著影响外来直接投资，但在这些制度中法律法规和政策的不可预测性、过重的监管负担、政府的不稳定性和承诺的缺失比起其他方面起着更重要的作用（Lucas，1990；Reinhart 等，2004；Nunnenkamp 等，2004；Lothian，2006；Daude 等，2007；Alfaro 等，2008；Kalemli，2010；李培，2017）从而解释了导致"卢卡斯之谜"的制度因素。

还有一些学者从资本账户开放和金融发展的角度探究国际资本逆流的原因。Reinhardt 和 Ricci 等（2013）通过实证检验指出当考虑到资本账户开放后，实证结论会更接近于新古典理论的预计结果。Wei 和 Ju（2016）通过构建一个以金融契约和企业异质性为特征的非新古典模型，在该模型中，商品自由贸易并不意味着各国资本回报相等。一个金融体系效率低下、资本与劳动力比率低且征收风险较高的穷国可能会经历金融资本的外流，但缺乏 FDI 的补充性流入。

考虑到政府资本管制的行为，刘莉亚等（2013）指出，资本管制仅能对国内产出造成冲击影响，不能对国际资本流动产生实质性影响。然而，李洁和张天顶（2014）采用 1980—2011 年 52 个国家跨境资本流动净额数据，利用贝叶斯方法指出资本控制对跨境资本流动具有负向影响效应。张天顶等（2014）通过考察 110 个国家 1981—2010 年年度数据，发现减少资本管制措施，即资本账户放开的穷国，能够积极吸引外来直接投资和证券直接投资。

在强调经济金融发展时，赵新泉等（2016）通过研究 1994—2011 年 59 个经济体的跨国面板数据，发现尽管金融发展能够有效促进 FDI 和金融资本的流入，但对发达经济体和新兴市场资本流动的影响有差异，不完善的金融体系使得新兴市场对外来资本缺少吸引力。王思卿、梅冬州（2020）通过对分类资本流动进行实证检验，发现股权类资本和债务类资本存在由穷国流向富国的情况，进一步指出金融发展程度是解释资本流动方向逆转的重要因素。杨继梅、马洁等（2020）通过实证分析进一步指出金融开放可能会导致国际资本逆流的发生，而金融发展水平的提高在一定程度上可以缓解资本逆流的失衡现象。

2.2.3 发展中国家对外直接投资理论

随着国际直接投资的快速发展，越来越多的发展中国家开始参与国际分工，对外直接投资问题日益显现。不同于发达国家跨国公司，发展中国家的跨国公司往往不具备垄断竞争优势，原有对外直接投资理论无法指导发展中国家的对外直接投资行为。在发展中国家对发达国家投资的研究方面，主要有：投资发展周期理论（Dunning，1981），小规模技术理论（Wells，1977），技术地方化理论（Lall，1983）和技术累积理论（Cantwell & Tolentina，1987），这些理论认为发展中国家开展对外直接投资活动时，利用自身小规模技术优势，学习当地先进的管理经验和生产技术，并对其不断吸收、改进和创新，使企业获取新的动力和竞争优势。这些研究进一步完善了现有国际直接投资理论体系。

（1）投资发展周期理论

邓宁（Dunning，1981）提出了面对发展中国家的投资发展周期理论（Investment Development Cycle，简称IDC）。该理论的核心观点是将一国的FDI和OFDI能力与其国内的经济发展状况相关联，即一国的净对外直接投资净额（Net Outward Investment，以下简称NOI）与人均国民生产总值（Gross National Product，以下简称GNP）存在因果关系。Dunning根据人均GNP的大小，将一国的吸收外资和对外投资状况分为五个阶段：

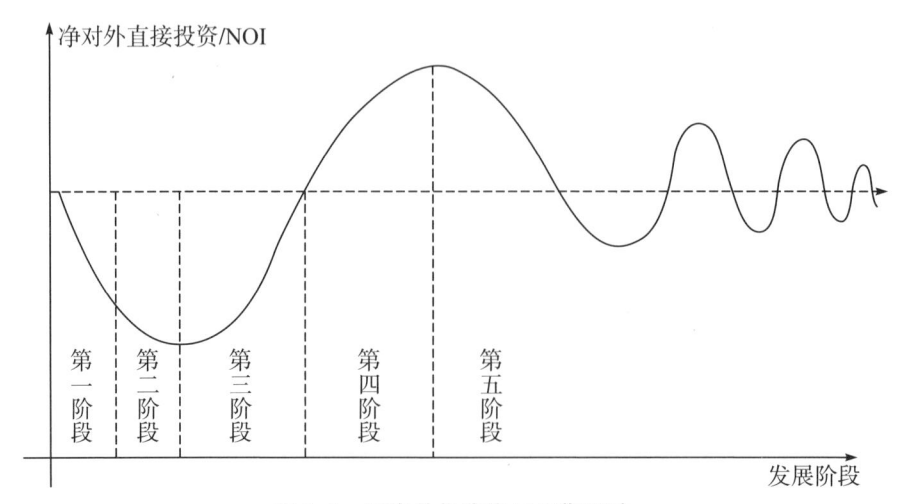

图2-1 邓宁的投资发展周期理论

资料来源：参考Duran&Ubeda（2001），Fonseca，Mendonca&Passos（2007）绘出。

第一阶段，年人均 GNP 在 400 美元以下，此时该国经济发展落后，几乎不具备所有权优势和内部化优势，区位优势也不明显，因此此时的净对外直接投资（NOI）为零或者负数，并且绝对值在增大。

第二阶段，年人均 GNP 在 400 美元—1500 美元之间，此时该国的区位优势有所改善，吸引外资增加，但对外直接投资较少，因此净对外直接投资（NOI）依然为负，但绝对值依然在增大。

第三阶段，年人均 GNP 在 2000 美元—4750 美元之间，此时，该国企业的所有权特定优势明显，OFDI 的增长速度大于 FDI 的增长速度，净对外直接投资（NOI）虽然为负值，但其绝对值在不断减小。

第四阶段，年人均 GNP 超过 5000 美元时，此时该国具有明显的所有权优势和内部化优势，并利用被投资国的区位优势，大量进行对外直接投资，且 OFDI 比 FDI 的增长速度很快，因此净对外直接投资（NOI）为正数，且在不断增大。

邓宁（Dunning，1988）又提出了第五个发展阶段，该阶段的净对外直接投资（NOI）的值为正，但绝对值在下降，说明 FDI 的增长要大于 OFDI 的增长。NOI 下降阶段结束后，开始围绕零水平开始上下波动。投资发展周期理论探讨了一个国家的国际直接投资流出和流入两个方面及其互动关系，揭示了对外直接投资的动态发展规律，阐述了一个国家逐步开展对外直接投资的能力生成与发展趋势，为分析新兴市场国家的投资发展周期提供了较为恰当的理论框架。

（2）小规模技术理论

美国经济学家威尔斯（Wells，1977）提出了小规模技术理论，该理论认为发展中国家的跨国公司比较优势主要来源于低成本生产。首先，小规模制造技术能够满足低收入国家小市场的需求，这种小规模制造技术正好匹配发达国家跨国公司规模经济所忽略的市场机会。其次，发展中国家对外直接投资的产品集中于富有特色的"民族产品"，这是因为发展中国家数量可观的海外移民为企业对外直接投资创造了稳定的需求市场。最后，发展中国家跨国公司由于规模小、劳动密集度高，因而具备低成本优势和低价产品营销战略的优势。小规模技术理论被公认为是研究发展中国家跨国企业对外直接投资的开创性成果，具有现实启示意义：发展中国家企业多是劳动密集型企业，从而具有小规模技术优势，能凭借产品低价优势获得国际竞争力，进行对外直接投资。

(3) 技术地方化理论

英国学者拉奥（Lall，1983）通过长期研究发展中国家跨国公司对外直接投资行为，首次提出了技术地方化理论。该理论认为发展中国家企业特征集中表现为规模较小、技术含量低、劳动密集度高，发展中国家企业的技术当地化与东道国当地的技术知识和要素价格相匹配。此外，发展中国家的企业能够对引进的技术和产品进行吸收改进，使其更好地满足当地市场的需求。不是简单复制、模仿发达国家的先进技术，而是在学习中主动改进技术和进行创新活动，从而使企业获取新的动力，保持竞争优势。正是由于这种优势，发展中国家的企业能够进行对外直接投资参与国际竞争。

(4) 技术累积理论

坎特威尔和托兰惕诺（Cantwell & Tolentina，1987）通过研究发展中国家对发达国家的对外直接投资行为，提出了技术累积理论，也称为技术创新产业升级理论。该理论认为发展中国家面临产业升级的压力，这种产业升级的迫切需求反映了发展中国家技术在不断提升，技术的提升是一个长期的过程。发展中国家跨国公司对外扩张就是一个技术累积的过程，跨国公司在海外投资设厂或开展对外直接投资活动时，能够有效学习当地先进的管理经验和生产技术，并对其不断吸收、改进和创新，为本国企业技术积累和国际化经营奠定基础。技术累积理论进一步认为，随着国际化程度的加深，发展中国家对外直接投资的产业种类会逐步转变，在一个长期的过程中推动发展中国家实现产业升级，该理论对我国新常态下结构升级和经济转型具有深刻的指导意义。

2.3 新新贸易理论与对外投资

国际贸易理论发展经历了传统国际贸易理论、新贸易理论以及新新贸易理论。传统贸易理论假定商品都是同质的,市场假定为完全竞争市场,不存在规模经济,主要解释了产业间贸易。20世纪80年代以来,新贸易理论打破了传统贸易理论关于完全竞争市场的假设,假定规模报酬递增和非完全竞争市场,将研究重点从产业间贸易转移至产业内贸易。20世纪90年代,企业微观数据出现,学者们发现企业国际化过程中并非所有的企业都参与国际贸易和投资,发现了企业竞争优势的内生性特征。Melitz(2003)打破了企业同质性假设,构建了异质企业贸易模型,并把生产率水平作为企业异质性的代表,将研究视角从国家和产业层面转移到企业微观层面,奠定了新新贸易理论的基础。

2.3.1 企业异质性与对外投资

随着新新贸易理论的提出和发展,企业异质性被广泛接受和检验,大量的实证研究表明,同一产业内部的不同企业差异十分显著。企业异质性更好地解释了为什么同一产业内部有些企业效益高,而有些企业却面临倒闭;有些企业开展了国际贸易,而有些企业只能在国内销售;有些企业选择对外直接投资,而有些企业仅仅对外出口。异质企业假设是新新贸易理论最重要的理论基础,也是当前国际贸易领域研究的热点问题,本研究将首先基于异质企业假设,尝试探索中国异质性企业国际化经营的行为特征。

随着技术进步与全球化,对外投资的研究从国家视角趋向微观视角,新新贸易理论的学者们研究了影响对外投资的企业异质性因素(Melitz,2003; Head & Ries, 2003; Helpman, Melitz & Yeaple, 2004; Eatonetal, 2004; Yeaple, 2009;洪联英和罗能生,2007;李春顶,2009;严兵等,2014;蒋冠宏,2015;崔远淼等,2018;汪高,2020),认为只有生产率高的企业才会选择投资,生产率越高的企业,对外投资的东道国数目越多,投资额越多,此结果对于中外企业数据均成立。一些学者进一步把影响企业投资的异质性因素由单一生产率指标发展为多重异质性因素(邱立成,杨德彬,2015;孙楚仁等,2021;赵君丽,闫园园,2018;刘晓宁,2018)。

2.3.2 生产率悖论

Melitz（2003）发现企业出口和生产率之间存在因果关系，存在"自我选择效应"，即生产率高的企业主动选择出口供应国外市场。异质性企业贸易模型被称为新新贸易理论的基准模型，其中"出口—生产率"关系是核心内容，引起学者们利用各国企业层面数据对出口和生产率之间的因果关系进行实证检验。国外文献通过对世界各国企业数据的实证分析，研究结果几乎都支持新新贸易理论的结论（Bernard et al.，1995，2003；AW et al.，2008；Clerides et al.，1998；Damijan，2004；Bigsten，2009；Camila et al.，2014）。

国内学者也开始运用中国企业数据检验"出口—生产率"关系，研究结果出现了分歧，得出两种截然相反的结论。一种结论是中国出口企业生产率高于内销企业（易靖韬，2009；叶蓁，2010；张杰等，2009；范剑勇和冯猛，2013；盛丹，2013；霍伟东等，2015），符合新新贸易理论。另一种结论是中国出口企业生产率低于内销企业，存在"生产率悖论"现象（李春顶等，2009，2010，2015；Lu，2010；刘海洋等，2011；汤二子等，2012；盛丹，2013；聂文星等，2013；常永胜等，2014；李建萍等，2014；赵君丽和王子嫣，2022），对新新贸易理论在中国的适用性提出了质疑。因此深入研究"生产率悖论"问题不仅有助于检验新新贸易理论在国内的适用性，也对中国经济转型具有重要的启示意义。本研究将以纺织企业为例实证检验纺织企业对外投资模式中，出口和对外投资是否存在生产率悖论问题。

2.4 外来者劣势与对外投资

2.4.1 外来者劣势理论

（1）外来者劣势的提出

虽然企业国际化经营可以为企业带来好处，然而 Hymer（1976）初次提出了"海外经营成本"这一术语，他认为企业在海外经营时，会产生当地企业所没有的额外经营成本。Zaheer（1995）首次用"外来者劣势"（Liability of Foreignness, LOF）这个概念来概括这种现象。

（2）外来者劣势的分类

Eden 和 Miller（2001）将 LOF 分为三个特定成本类别：不熟悉的成本，关系成本和歧视成本，这些成本是当地公司所没有的。不熟悉成本是缺乏国际经验和不熟悉当地商业环境而导致的成本；关系成本是由于缺乏东道国信任；歧视成本是民族主义倾向和东道国政府、供应商或消费者认为外国公司缺乏地方合法性造成的，因为他们认为强大的外国公司会威胁他们国家的技术和工业发展。

也有学者们认为文化、制度和空间距离决定了跨国公司的外来者劣势的程度（Ghemawat, 2001），而这三个因素的来源可以概括为合法性缺失和信息缺失（Kronborg & Thomsen, 2009；Elango, 2009）。合法性缺失又可以分为规制合法性缺失、规范合法性缺失和认知合法性缺失。规制合法性缺失在中国海外并购中，体现在部分国家对中国怀有敌意，面对快速增长的中国经济力量，这些国家通过国家安全法、反垄断法等法律，使中国企业在东道国遇到规制合法性缺失问题。规范合法性缺失可以衡量外国企业行为符合东道国居民共同遵守的价值观的程度，是一个深层次的社会问题，如官员腐败问题。认知合法性缺失是指由于东道国和母国的世界观，价值观等认知存在差异，使得东道国居民对外国企业在东道国经营产生不信任，从而增加企业的歧视成本和关系成本，进而引发了认知合法性缺失。合法性缺失将阻碍跨国企业的资源获取，从而提高企业的关系成本。信息缺失所导致的外来者劣势是基于信息不对称理论，企业在进行海外经营时，由于地理距离等因素影响，在收集商业信息时会出现遗漏或者不足，这将导致企业使用商业信息进行海外经营时可能出现误判，从而使海外经营造成不利影响。

（3）外来者劣势的克服

克服 LOF 方面，外国公司的额外成本可以通过它们拥有的优势来克服（Nachum, 2003；谢红军, 2022）。学者们从不同角度研究了外国企业如何克服外来者劣势问题，如组织学习理论，学习如何适应东道国的环境（Petersen and Pedesen，2002；杜晓军等，2015）、信息不对称理论（Calhoun，2002）、战略管理理论（Luo，2002）和进入模式选择理论，选择管理层的不同决策等（Eedn and Miller，2004；Lu and Huang，2008）。Hollender（2017）还提出企业海外经验作为一种资源和市场能力，也可以适当减轻企业的一些固有缺陷。吴冰等（2018）对外来者劣势理论进行了拓展，提出了新兴市场的中小型民营企业在进入国际市场前的前发外来者劣势的发生机制及对策。蔡灵莎等（2022）提出通过基于学习模式的双元视角探究组织学习和行业知识密集度对外来者劣势的负向作用。王欣等（2023）研究发现企业数字化有助于克服跨国公司的外来者劣势、建立后发优势，为 LOF 克服方式拓宽了新路径。

总之，企业在国际产业转移过程中会遭受"异国经营成本"（Hymer，1976），即外来者劣势问题（Zaheer，1995），包括外来歧视（Zaheer，1995）、地理距离（Calhoun，2002）、制度距离（Eden，2004）、心理距离和文化距离（Welch & Wiedersheim，1980；Black &d Mendenhall，1990；Calhoun，2002）等。本研究主要针对其中的文化距离、制度距离与纺织产业对外投资的选择进行了实证检验，所以下面对文化距离、制度距离的相关文献进行更深入的梳理。

2.4.2 文化距离与对外投资

（1）文化距离的定义

文化距离是指两个国家在价值观念和文化准则方面的差异程度。国家文化是同一国家成员共同分享并且决定其生活模式的一组准则、价值和优先事物的系统。不同国家的文化具有不同的价值观念、伦理道德、风俗习惯、思维方式和行为方式，这些差异通常用文化距离表示。霍夫斯泰德（Hofstede，1984）把这些差异总结为不同的文化维度，后续发展为六个维度，分别为：权力距离（PDI）、不确定性规避（UAI）、个人/集体主义（IDV）、男性/女性化（MAS）、长期/短期取向（LTO）和自身放纵/约束（IVR），每个维度定义详见下表 2-1。

表 2-1　霍夫斯泰德文化维度理论的定义

六个维度	定义
权力距离 (Power Distance)	社会阶层最底端人民对由于权力所引起的不公平现象的忍受程度以及其对不公平程度的预期。反映的是国家或地区在社会公平方面的追求程度，其大小一般与该国/地区对权力追求程度的高低成正相关
不确定性规避 (Uncertainty Avoidance)	社会对不确定的事或受到意外威胁等不利于自身的环境，是否可以通过正式、权威的途径有效控制不确定性发生。该维度反映的是人们对不确定的、反常的现象所表现的态度
个人/集体主义 (Individualism versus Collectivism)	在个人利益最大化以及集体利益最大化间的平衡。该维度反映的是社会对待个人和集体的注重程度
男性/女性化 (Masculinity versus Femininity)	社会所呈现的氛围是更偏向男性的果断、强硬、有竞争性还是更偏向女性的柔美、谦虚、内敛。该维度反映的是其在社会中起主导作用的是男性还是女性，是衡量男女分工的标准
长期/短期取向 (Long-term versus Short-term)	社会思想观念中对于满足延迟其物质、情感等的接受度，受传统文化影响的程度。该维度反映的是社会生活在未来多大程度受文化影响，实践证明长期取向和经济增长之间存在着密切联系
自身放纵/约束 (Indulgence versus Restraint)	社会对于人们生活的约束程度的大小。一般而言，放纵指数越大，则社会对于人们生活的允许越广泛，越不加干涉，给予的条条框框越少；相反，则对人们生活的管束越强烈

资料来源：根据霍夫斯泰德《文化的影响力》及彭麦克等学者的理论补充整理得出。

霍夫斯泰德对这些维度设计了问卷，一共有 33 个问题，涉及较为全面的社会生活，包括政治制度、宗教信仰、性别角色、家庭价值观、社会团体、民事参与、道德关注、价值观等指标，体现了世界上不同国家或地区的文化特征。利用因子分析法和聚类分析方法对调查数据进行处理，得出主要文化维度，并计算出每个维度的得分，用这些得分表示一国的文化水平，该文化水平并不表示国家文化的"优劣"或是"好坏"，只表示彼此所处的相对位置水平。根据 Hofstede 对文化距离 6 个维度的评分，Kogut 和 Singh（1988）提出如下公式计算国家间的文化距离指数：

$$CD_j = \sum_{i=1}^{6}[(I_{ij}-I_{ic})^2/V_i]/6 \qquad \text{式 (2-1)}$$

其中，CD_j 为东道国 j 与 c 国的文化距离值；I_{ij} 是东道国 j 在第 i 个文化维度上的数据；I_{ic} 是 c 国在第 i 个文化维度上的数据；V_i 是第 i 个文化维度的方差，$i=1$，2，……，6，该数值越小，说明该东道国与 c 国的文化差异越小。

(2) 文化距离与"外来者劣势"

多元文化的整合能够给企业带来收益，但是也需要花费额外的协调成本。当双边文化距离在适度范围内时，多元文化的相互学习和借鉴可能有助于营造创新型的氛围和增加企业对国际市场变化的反应能力，此时，多元文化整合的收益可能大于协调的成本，因而降低了企业风险。Morosini 等 (1998) 研究发现，多元文化的整合有助于企业开发多样化的产品，因而提高了企业跨国并购后的业绩。然而，当文化差异太大时，文化协调的成本可能大于文化整合带来的收益，因而增加了企业风险。Sirgal 等 (2012) 的研究发现文化差异的增加提高了跨国企业的经营成本，因而不利于跨国企业的进入。李德辉和范黎波 (2022) 发现由于较大的文化差异产生的文化摩擦会使得企业的海外并购耗费更长的交易周期，采用更多的全额现金支付方式或付出更高的溢价。文化距离对企业对外投资的影响机制，可从"外来者劣势"和"外来者优势"两个角度进行分析。

文化距离对一个国家对外投资区位选择决策具有重要的意义。著名的"七七定律"表示，许多跨国公司对外投资中有七成企业经营失败，七成中，70%的失败源于文化差异。本研究基于威廉森 (1975) 提出的交易成本理论来分析文化距离引起的交易成本的增加，主要从信息成本、管理成本和学习成本这三方面进行分析。

第一，信息成本增加。主要是由于获取信息成本和解释信息成本的增加所造成的。通常而言，文化包括某个群体所拥有的语言、价值观、宗教信仰以及生活习俗等 (赵向阳，2015)。比如语言障碍不利于国家之间的信息互通，会使得母国获取信息变得更加困难，而企业对外投资通常需要展开对东道国的市场调研活动以获取较为详细精准的市场信息，在此过程中会为搜集信息和做出决策等行为而买单。不同的价值观是造成文化冲突高频发生的根本原因（李彦亮，2006）。当母国和东道国彼此都对文化不敏感时，双方往往会依照本国的文化惯性去接受另一方传送的信息并在此基础上进一步理解信息，这就会造成信息误解，而且因为两国不能很好地理解彼此之间存在的文化差异而习惯把自身的文化价值体系放在首位，这使得双方不能达成互相信任的关系，当文化冲突发生时，彼此间的矛盾难以协调。由此可见，文化差异会导致母国在对外投资中的认知成本和不确定性增加，使获取到的信息的准确度和可靠性难以保证，进而使得对双方理解信息造成困难，整个过程中信息效率的下降和价值的破坏将致使对外投资利益的下降，因此文化距离对对外投资造成阻碍作用（Morosini，1998）。

第二，管理成本增加。企业对外投资需要考虑经营管理和决策方式等，境外设立的投资机构在经营时会面临和母国不同的企业组织架构、员工管理以及经营管理战略。一方面，因为语言、宗教和价值观等文化差异的存在，可能会使企业对外投资在管理上出现与当地员工关系不和甚至僵持，发生员工冲突或罢工等事件，影响企业业绩，阻碍企业发展，Kogut和Singh（1988）也认为文化距离越大，跨国企业的员工需求性差异越大，也会导致企业的管理成本增加；另一方面，企业对外投资会囊括来自不同国家的员工，因此可能会出现由于员工宗教信仰、生活习俗和行为规范等不同而造成的企业内部结构混乱、办公效率低下和内部协调困难等现象，甚至会出现员工之间格格不入的现象，从而导致企业无法正常在国际市场中运行，阻碍了企业对外投资全球化战略进程。由此可见，母国与东道国之间的文化距离越大，企业对外投资管理和协调需要的人力物力财力就越多，从而对对外投资造成阻碍作用（Weber et al，1996）。

第三，学习成本增加。企业对外投资一般具有市场、资源和战略资产寻求动因。其中，战略资产通常是指东道国企业的技术、管理经验、品牌和营销策划等（蒋冠宏，2012）。企业通过对外投资的方式来学习和获取东道国的战略资产，但是，这些战略资产通常是长期在东道国特有的文化背景下酝酿而成的，母国企业要想深入学习了解，需要攻克文化差异对其学习造成的困难,熟悉并掌握必要的文化背景。比较企业对母国先进企业和对东道国先进企业战略资产的学习,很明显企业对外投资对东道国特定战略资产的学习成本因为文化距离的存在而明显增加。由此可见,文化距离可能会造成企业对外投资战略资产学习成本的增加,从而对对外投资造成阻碍作用(CohenM. D, 1994)。

(3) 文化距离与"外来者优势"

文化距离对对外投资也会产生正向作用,即"外来者优势",主要表现为母国和投资国之间的文化距离有利于形成比较优势和带来投资机会。

第一,形成比较优势。文化对一个国家的政治、经济和社会等方面都有着重要的影响,也会对民众的价值观产生耳濡目染的影响。徐艳芳(2011)指出民众的主观意识是一个国家文化、制度、政策和战略等方面比较优势形成的重要来源。国际分工由自然条件促成,而其发展则取决于社会生产力。自然条件是某国或某地区本身客观存在并且不以人的意识而转移的因素,与此不同的是社会生产力是受人的主观能动作用影响,并且以人为主的因素。而众所周知,人的主观能动作用受文化和价值观等因素的影响,各国的这些因素不尽相同,因此各国的社会生产力必定存在差异性。刘晓旭(2009)认为文化比较优势会物化在商品的设计、工艺、包装和制作方式等环节之中,赋予商品多样化的形式和意义,增加了商品的文化价值,满足了消费者的差异化需求,提高了商品的市场竞争力,有利于推动经济的发展。文化距离越大,该国或地区可能形成的比较优势越大,而比较优势的形成促进了不同国家之间的对外投资和贸易往来。文化距离将使企业形成特定的比较优势,在生产、制造、销售、管理、员工的招聘与培训等方面可以相互学习、取长补短,某种程度上成为企业走出去的动机。而企业对外投资和跨国企业将进一步推进国际分工和国家或地区比较优势的发展,有利于推动企业发展互补性和合作性投资。

第二,带来投资机会。一方面,文化差异涵盖生活习俗、宗教信仰、行为规范、社会准则和市场需求等诸多方面的差异,这使得企业对外投资通常会发现某些东道国投资环境中存在新的商机,企业对外投资在前期需要对东道国进行市场调研，全面了解当地与本国的文化差异，做到尊重差异、理解差异和适应差异，进一步将差异变为己用，对企业产品和企业管理模式进行创新，从而更好、更稳定地经营跨国企业，从这个层面上来讲，文化距离给企业对外投资带来了更多的投资机会。例如李庭竹等（2023）研究发现语言、历史文化是驱动跨国公司海外 R&D 绿地投资的重要动力，地理邻近性失效。另一方面，文化差异囊括多个方面的差异，而不只局限在单方面因素上，企业对外投资可以仔细研究摸索是否能在那些差异性因素中进行市场细分，进而对东道国进行有效市场定位，减少企业对外投资成本，降低企业对外投资风险，企业根据细分好的市场再进一步确定对外投资方案、规模、进入模式以及后续的经营管理，等等。与此同时，不同的市场定位也将推动企业在产品和技术上的创新和改进，从而满足企业员工对生产上的需求和消费者对商品的差异化需求（李玉娟和董子婧，2023），从这个层面上来讲，文化距离可以促进市场细分，从而给企业对外投资带来了更多的机会。结合上述分析，可以得出文化距离对对外投资的影响机制。

如图 2-2，文化距离带来的负面效应有：信息成本增加、管理成本增加和学习成本增加。文化距离带来的正面效应有：形成比较优势和带来投资机会。文化距离与对外投资二者之间的关系取决于何种效应的作用机制更大。

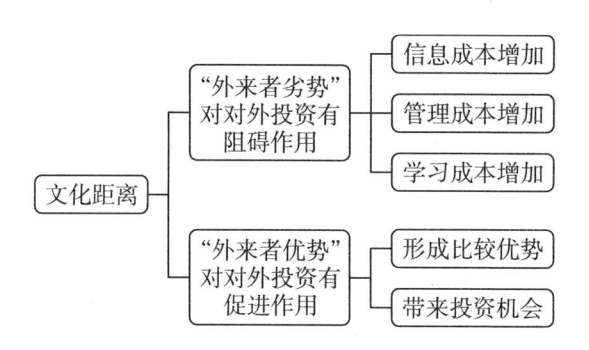

图 2-2 文化距离对对外投资影响机制图

2.4.3 制度距离与对外投资模式

（1）制度距离

所谓制度就是指一个社会的交易准则，并用以约束社会成员行为，保证社会有序发展的机制（North，1990）。当代制度理论（Scott，1995）表明，在制度同构的作用下（Dacin，1997），想要获得生存的组织必须遵守环境中通行的规则和信仰系统。Kogut 和 Singh（1988）使用 Hofstede（1980）的文化分类，形成了"文化距离"指数的概念，这个指数在后续一段时间的研究中成为国家差异的首选代表（Hennart&Larimo，1998；Li&Lam&Qian，2007；Lee，Shenkar&Li，2008；田辉，2015；孙朋军，于鹏，2016）。然而，"文化距离"指数并未深刻地捕捉到国家间制度差异的复杂性，特别是，它忽视了其他社会制度对经济环境、法律规范方面的关键作用。因此，Scott（1995）填补了非文化领域的制度距离界定。Kostova（1996）从 Scott 的研究出发将制度距离正式定义为两个国家在监管规制、认知和规范三个维度不相同的程度。Phillips 等（2009）进一步指出，制度距离除体现母国和东道国之间在管制、规范和认知三种制度环境上的差异性，还应当包括东道国制度环境差异上的强弱程度。

（2）制度距离的具体维度

关于制度距离的维度分类，国内外学者进行了长期的实践与探索，较为典型的分类方法有二分法、三支柱和四象限法。制度距离维度的测定最早来自 Scott 的三支柱法，随后 Xu 和 Shenkar（2002）在 Scott 的三支柱法上的基础上，从规制（Regulative）、规范（Normative）和认知（Congnitive）的角度将制度距离进行进一步的细分，规制距离以一国现行法律法规为基础，其目的在于监管社会秩序；规范距离规定了社会中活动的主体想要达到某种目的或理想所必须具备的合法性，这一合法性根植于一国社会的信念内；认知距离以一国的传统文化为基础，强调组织参与者的内部合法性问题。Phillips 等（2009）提将三支柱法进一步拓宽，将强弱程度纳入制度距离的划分，形成四象限法，即将制度距离进一步区分为高、偏高、偏低、低四种不同强弱程度，虽然四象限法关于制度距离的划分更加反映了母国与东道国间制度差异的程度与不确定性,但由于度量困难,因此应用价值较低。Estrin(2009)在综合三支柱法的基础上,将制度距离划分成两个维度维:正式制度距离与非正式制度距离。他认为应当建立更为广泛的制度距离概念,其中正式的制度距离与三支柱法中的规制距离相类似,而非正式的制度距离则涵盖了三支柱法中的规范和认知距离。制度距离的二分法由于衡量的便捷性在后来学者的实证分析中被广泛采用。Podda(2016)并未按照前人的二分法或三支柱法对制度距离进行划分,而是从腐败、法治、民主等5个维度对制度距离进行重新界定。在国外学者的研究中,三支柱法使用较多,中国学者对以上划分方法均有使用。潘镇等(2008)在结合国外学者划分经验和中国国情的基础上将制度距离进一步划分为法律、经济、企业运行、企业管理和文化五大维度。通过对文献的梳理可以发现,制度距离的划分是不断细化的,这说明关于国与国之间的制度差异的研究是不断深入和发展的(表2-1)。

表2-1 制度距离的构成维度

分类	制度距离名称	提出者	分类	制度距离名称	提出者
二分法	正式制度距离	Estrin 等 (2009)	五维度法 (国内)	法律制度距离	潘镇等 (2008)
	非正式制度距离			经济制度距离	
三支柱法	规制距离	Xu 等 (2002)		企业运行制度距离	
	规范距离			企业管理制度距离	
	认知距离			文化距离	
四象限法	高制度距离	Phillips 等 (2009)	九维度法	经济距离	Berry 等 (2010)
	中等偏高制度距离			金融距离	
	中等偏低制度距离			政治距离	
	低制度距离			管理距离	
五维度法	腐败距离	Podda (2016)		文化距离	
	法治距离			人口统计距离	
	民主距离			知识距离	
	监管质量距离			全球连通距离	
	产权距离			地理距离	

资料来源:作者整理。

关于对外投资的理论，从引起产业转移因素的角度出发，对外投资的理论可以划分为三个学派（胡安俊，孙久文，2014）：以完全市场（不存在信息不对称）、理性人假定、无转移成本为前提新古典派（Hayter，1997）；将企业行为理论引入区位论的行为学派（Pred，1967）；以及批判吸收新古典派和行为学派，将研究重点定位于文化和制度差异的制度学派（Martin，1999）。

（3）绿地和并购模式

本项目将从制度学派视角下，进一步研究制度距离与中国纺织产业对外投资模式的选择问题。Root（1998）把国际市场的进入模式分为三种，即出口、合同和投资进入，投资进入模式就是现在通常所说的对外直接投资模式，具体可划分成绿地和并购模式，合资投资和独资投资模式等。近年来随着像中国这样的新兴经济体的成长，从新兴经济体角度出发研究制度距离对新兴经济体国家出口、对外投资和国际化的文献也越来越多（Demirbag，McGuinness & Altay，2010；曹麦，苗莉青，2013；谢孟军，2015；李雪灵，万妮娜，2016；杜晓君等，2023）。因此本研究将重点研究直接投资的进入模式，探讨制度距离对于纺织产业进入东道国时的进入方式和股权选择问题的影响。

所谓进入方式，是指企业在进行具体转移时采用绿地新建还是并购。Arslan等（2015）采用146个来自丹麦、芬兰、挪威和瑞典的企业数据分析了发达经济体在对外投资的过程中，由于母国的制度环境质量较高，使得企业在对低制度环境东道国投资的过程中更偏向于绿地新建模式。而新兴经济体国家在向相对于本国制度质量更高的经济体进行产业转移的过程中，更倾向于通过并购的方式进入，以取得合法性与技术和管理的溢出（Gaffney et al.，2016）。Rottig（2008）通过对在美国直接投资的247个并购样本的研究发现，合法性威胁随着制度距离的增加而上升，为规避合法性威胁，相对于绿地投资而言，来美国投资的海外公司选择并购方式的概率会增加。从三支柱法中的规范和认知角度出发，Cezar等（2015）认为，规制和规范距离与企业选择并购模式的概率正相关。与上述研究不同的是，Keith等（2000）利用日本进入西欧的跨国公司为样本，成功预测了80%的企业进入模式，该文认为具有更多投资经验的高技术企业更偏向于进行绿地投资。

中国学者对制度距离和进入方式的研究也较为丰富。有些学者认为制度距离越大，企业越倾向于以并购形式进入东道国以降低风险（陈怀超等，2013；朱芳，2015；许立伟，2018）。然而有学者对此持不同意见，周经等（2015）认为随着正式制度距离的增加，中国企业更倾向于新建方式进入东道国，同时该文还区分了有经验投资企业和无经验投资者，并通过实证认为，富有经验的企业可以跨越非正式制度距离的隔阂。姜建刚（2023）发现与绿地投资相比，国家安全审查使中国跨国投资企业相对不愿意采取并购的设立模式。企业以绿地投资形式"走出去"比设立海外营销点、跨国并购和合资建厂等方式更容易获得组织正当性（杨立娜等，2021）。

（4）合资和独资模式

关于产业转移过程中，企业进入东道国时不同的股权策略的研究主要集中于合资还是独资的问题。在较早的研究中，如果东道国政局不稳，政府的执行效率较低，政府对经济干预强度越大、管束越严格，会使得企业为规避风险不采取全资的股权方式，转而选择合资以降低风险性（Hoskisson，2000；Yiu & Makino，2002）。而 Liou 等（2016）研究表明，企业由高制度环境国家进入相对较低的制度环境的国家时，大概率会采用低资源承诺即合资的方式进入，反之若企业由制度环境不完善的国家进入制度环境较为完善的国家时，大概率会采用高资源承诺即独资的方式进入。该文的研究还对以往的研究提出了质疑，认为两国之间较大的制度距离，驱动企业选择资源承诺较低的形式进入可能是由于两国间存在负向制度距离的情况（Dow & Larimo，2009）。相反，那些研究认为更大的制度距离推动企业选择需要更高资源承诺的进入方式的研究（Gaur & Lu，2007）可能是由于两国之间存在正向制度距离差异。Cuervo-Cazurra 和 Ramamurti（2015）利用逃避动机观察到监管制度质量和股权参与度之间呈负相关，这表明来自较差正式制度环境的企业在对外投资过程中倾向于选择更高的所有权。在股权策略的选择问题上，中国学者结合本国的情况，也做了相关研究。制度距离对股权策略的影响，是基于合法性的角度的（吴亮，吕鸿江，2016），随着母国与东道国制度距离的增加，中国企业更倾向于成立全资子公司（李康宏，林润辉，董坤祥，2015；张玉明，神克会，2015），正式制度距离和非正式制度距离抑制母公司持股比例对子公司财务绩效的正向影响（刘小元等，2021），企业国际化经验和以合资模式进入东道国能够缓解制度距离对企业社会责任表现的负面影响（孔维伟，2023）。

2.4.4 投资动机与对外投资

投资动机理论是国际贸易与国际商务中的重要理论组成部分，目前投资动机理论与企业对外投资模式之间的直接研究较少。邓宁较为全面地研究了企业对外投资动机，认为企业对外投资的动机可以大致的分为两类：资产开拓型和资产寻求型，具体包括资源寻求型、战略寻求型、效率寻求型和市场寻求型四种。随后，学者们对邓宁的投资动机理论进行了发展和扩充（Le & Sierra，2002；Makino，2004），相继提出了战略和资源互补动机等观点。在投资动机理论不断发展的过程中，利用对外投资动机理论框架研究企业对外投资的成果也丰富起来，特别是近年来像中国这样的新兴经济体的崛起，关于对外投资动机与中国企业转移的文献也越来越多。Buckley 等（2007）首先对中国对外投资的动机进行划分，他在文章中认为，中国企业具有自身独特性，其对外投资的动机也与发达国家的不尽相同，他将中国对外投资的动机划分为：市场寻求型、资源寻求型、战略资产寻求型三类，并验证了这三种投资动机对中国对外直接投资的影响。此后，中国学者对对外投资动机的划分基本遵循这三种模式。宏观方面，从静等（2014）基于东道国国家特征，使用2003—2011年中国对外投资的45个国家的宏观面板数据实证分析得出，中国企业当前的对外投资和转移活动以市场寻求动机为主，资源寻求动机次之，战略资产（技术）寻求动机较弱。罗群（2014）将制度理论与对外投资动机理论相结合，阐述了当前中国对外投资动机和东道国制度环境的作用下区位选择的不同，资源寻求动机下，企业倾向选择制度环境较差但资源丰富的地区如东南亚等；市场和战略资产寻求动机下，企业倾向选择制度环境较好、市场规模和技术水平较高的地区，如欧美发达国家。在微观方面，余官胜等（2014）使用119家对36个国家和地区进行海外投资的温州民营企业为样本，实证分析了民营企业进行海外投资的动机，结论表明民营企业对发达国家投资仅具有市场寻求动机，而对发展中国家的投资则以资源寻求为主要动机，制造业民营企业更是表现出混合动机的特征。蒋瑛等（2023）基于企业对外投资微观数据研究发现：企业更倾向投资与母国产业结构相似的国家。此外，也有学者从市场寻求的横向动机和成本驱动的纵向动机考察中国企业对外直接投资的行为，并发现中国企业对外投资是横向纵向相交叉的，这一点在中国企业向发展中国家海外转移中表现得尤为突出（余官胜，李会粉，2013）。

综上研究，可以发现文化距离、制度因素和投资动机都影响了企业的海外转移和投资。

2.5 全球价值链与对外投资

全球化的突出特点是贸易的一体化与生产的非一体化（Feenstra，1998）。生产的非一体化使原本在一个国家之内完成的商品生产过程发生断裂，生产过程分布到多个国家并且每一个国家在某种商品的特定阶段进行专业化生产，从而形成全球价值链。

2.5.1 全球价值链理论

全球价值链理论最早可追溯到波特（Michael Porter，1985，1990）的价值链理论，波特把企业看作一个完全企业（Complete Firm），拥有所有的商业功能，认为"每一个企业都是用来进行设计、生产、营销、交货等过程及对产品起辅助作用的各种相互分离的活动的集合，所有这些活动可以用一个价值链来表明"。同期，寇伽特（Kogut，1985）则认为企业是不完全企业（incomplete firm），在价值链中，单个企业仅仅从事某一特定的价值环节，如设计或营销。由此把研究焦点由企业转移到组织网络或链，进而产生了与此有关的势力、治理、链的动态变化等有趣问题。在波特等提出价值链理论后，Dewatripont等人（1995）探讨了企业将内部各个价值环节在不同地理空间进行配置的能力问题，认为生产者突破地域限制实现价值增值是国际贸易的一个重要方面。克鲁格曼的研究实际上把企业间价值链和区域、国家间价值链融为一体，这个研究的实质就是全球价值链的内涵，但克鲁格曼没有使用全球价值链这一提法。

进入20世纪90年代以后，以美国杜克大学格里芬（Gereffi）教授为代表的不少学者提出了全球商品链理论，但在整个20世纪90年代，格里芬等人的理论没有摆脱商品链这一概念局限，直到2001年，格里芬等学者在 *IDS Bulletin* 杂志上推出了一期关于全球链的特刊——《价值链的价值》（The Value of Value Chain），从价值链的角度分析了全球化过程，这期特刊在全球价值链的研究中起到了里程碑式的作用。在特刊中，许多学者从全球价值链的治理、演变和升级等多个角度对全球价值链进行了系统的探讨和分析，并由此建立起了全球价值链的基本概念及其基本理论框架。

此后，英国Sussex大学的发展研究所（Institute of Development Studies）将全球价值链定义为产品在全球范围内，从概念设计到使用直到报废的全生命周期中所有创造价值的活动范围，包括对产品的设计、生产、营销、分销以及对最终用户的支持与服务等等。联合国工业发展组织（UNIDO）在《2002—2003年度工业发展报告——通过创新和学习来参与竞争》中指出，全球价值链是指在全球范围内为实现商品或服务价值而连接生产、销售、回收处理等过程的全球性跨企业网络组织，涉及从原料采集和运输，半成品和成品生产及分销，直至最终消费和回收处理的整个过程。它包括所有参与者和生产销售等活动的组织与价值和利润分配。当前，散布于全球、处于全球价值链上的企业进行着从产品设计、开发、生产制造、营销、出售、消费、售后服务、最后循环利用等各种增值活动。总之,全球价值链是传统价值链演变的当代形态。

随着研究的深入和发展,价值链理论已经从描述性的、启发式的概念转化为分析性的研究工具,其核心要素包括进入壁垒与动态租(Dynamic Rents)、治理结构(Governance Structure)和系统效率(System Efficiency)等。学者们把全球价值链上企业的升级策略分为四种水平:企业内部升级、企业间升级、本地升级和全球经济中升级(Gereffi,1999);四个阶段:流程升级、产品升级、功能升级和链的升级(Schmitz & Knorringa,2000;Humphrey & Schmitz,2002;Gereffi & Lee,2016)。全球价值链不同环节企业之间的协整关系表现为五种治理模式:市场型、模块型、关系型、俘获型和层级型(Gereffi et al.,2005)。

2.5.2 全球价值链与国际分工

20世纪80年代特别是进入21世纪后,随着科学技术的飞速发展和经济全球化的持续深入,产品内分工逐步取代了产业间分工和产业内分工,主导了当今垂直专业化的国际分工格局。在新的全球分工体系之下,跨国公司不再是进行产品整体的生产,而是开始按照产品工序价值创造能力的大小安排生产,即形成了以全球价值链为基础的生产组织形式。由此可以认为,全球价值链式的生产是以产品内的分工化发展为前提。

随着分工和生产组织形式发生变革,有关对外投资的理论也有了新的进展。传统的对外投资理论如雁阵模式理论、产品生命周期理论、边际产业扩张理论以及国际生产折衷理论等主要涉及垂直顺梯度型和水平型国际直接投资,但是无法完整描述垂直型直接投资(赵张耀等,2005)。张少军(2009)认为,当垂直型直接投资实现的是同一产品的不同环节在各国的空间布局,如果称不同环节的生产带来的价值增值过程表现为价值链,那么认为这种垂直型直接投资为全球价值链模式的直接投资。

而随着以价值链为纽带的产品价值交换网络的形成,生产以及价值的分割使得各国（地区）可以更加充分地发挥其比较优势，由此通过中间产品的国际交换在不同国家（地区）间形成了一种产品内国际分工的新格局（刘友金等，2011）。这种分工不再是遵循最终产品的比较优势而是全球价值链上不同工序的比较优势，并且跨国公司会根据区位、成本等优势在全球布局产品工序，这使得发展中国家对发达国家的投资成为可能（张少军，2009）。

在全球价值链的模式下，对外投资也呈现出一些新的特征。一是部分发展中国家开始成为对外投资中的主体，孙黎和李俊江（2015）指出发达国家依托其丰富的技术资源、便捷的融资渠道和良好的制度条件吸引了发展中国家的直接投资，并且认为发展中国家去发达国家进行投资是为了购买发达国家市场的战略性资产，打破发达国家对发展中国家的低端锁定；二是对外投资的内容发生了变化，出现了劳动、资金、技术密集型特征并存的现象，劳动密集型投资主要是去发展中国家，而资金和技术密集型主要是去发达国家进行投资；三是服务业成为国际投资的重点领域；四是非股权投资成为对外投资的重要途径；五是对外投资中集群现象明显（傅强，2013）。

总之，全球价值链的分工不再是遵循最终产品的比较优势而是全球价值链上不同工序的比较优势，在全球布局产品工序，这种分工形式成为全球价值链模式的直接投资。

2.5.3 全球价值链地位变化与对外投资

尽管发展中国家会通过嵌入全球价值链的方式越来越多地参与到国际直接投资当中，但是魏巍（2016）通过分析不同国家的国际投入产出表数据发现不同发展水平国家在全球价值链中的位置存在较大差异，他发现高发达国家和发达国家在全球价值链中的位置基本固定，但是发展中国家和低发展中国家在全球价值链中位置变化明显。张铭和骆品亮（2023）研究发现 OFDI 对母国 GVC 参与度的提高和 GVC 链条的延长均起到了显著促进作用，但其显著提升了发达国家的 GVC 位置，对发展中国家 GVC 的影响并不显著。

(1) 全球价值链的地位的测量

对全球价值链地位的测量方法可归纳为四种。一是按照出口产品价格方法测算（施炳展，2010；胡昭玲和宋佳，2013）。二是按照出口产品技术复杂度测算（关志雄，2002；Hausmann et al.，2007；邱斌等，2012；黄先海等，2016；刘琳和盛斌，2017）。三是根据垂直专业化（Vertical Specializing，VS）指标测算（Hummels et al.，2001；刘志彪和吴福象，2006；潘文卿和李跟强，2014）。四是按照附加值贸易核算法测算（Johnson & Noguera，2012；Mcgregor et al.，2013；Koopman et al.，2014）。本研究利用第四种方法判断中国纺织产业在全球价值链的现状，下面重点阐述此方法的文献。

附加值贸易核算法的研究，最早要追溯到 Hummels，Ishii & Yi（2001）提出的垂直专业化指数（Share of Verticalspecialization，VSS），即出口品中所用进口中间投入品所占的比例，简称 HIY 法。一国的 VSS 越低，说明该国嵌入全球价值链的程度不高，反之亦然。HIY 法有两个重要的假设：一是在同样产品的生产过程中，无论该产品是面向国内还是国外市场，进口中间品的投入密度是相同的。二是所有进口中间品的价值完全由国外附加值构成。Daudin 等（2011）放松了 HIY 法的严格假设，提出测算进口品中包含的增值折返的 DRS（Daudin、Rifflart and Schweisguth，2011）方法来测算国际分工地位，该方法关注了进口品经过国外加工又返还国外的国内增加值的情形。Timmer 等（2014）也用基于增加值的方法，构建了全球价值链收益（GVC income）和全球价值链显性比较优势指数（Revealed Comparative Advantage Index，简称 RCA），通过比较其在全球价值链中的收益，来衡量一国在国际中的分工地位高低。但以上方法并未清晰阐释增加值的来源，直到 Koopman 等（2010）构建了 KPWW 方法。该方法将出口总值分解为五个部分，阐释了出口产品的增加值来源。2014 年，Koopman et al.（2014）基于国家间投入产出表构建了附加值贸易核算的框架，进一步细分了出口，算出了贸易总额中重复计算的部分，并对其来源、流向和目的地等进一步解释说明，更为清晰地描述了一国在全球价值链上的贸易分工，其中提出了"GVC 地位指数"

与"GVC 参与指数"的测量方法,为 GVC 地位的测量提供了新的理论依据。

针对纺织产业的全球价值链地位的测算,王飞(2014)运用附加值贸易核算法从国内和国际两个视角研究 1995—2011 年中国纺织服装业出口和电子行业出口的对比分析。研究发现,虽然中国的纺织服装业的出口第一的位置已经被国内的电子及光学仪器设备所取代,但从出口的份额和增长率的角度来看,纺织服装业仍然是中国主要的出口行业。从 RCA 指标来看,中国的纺织服装业在国际上的竞争力很强,除了略低于日本外,我国纺织服装业的增加值出口能力高于世界主要的出口国。但是从 VAX 指标(增加值出口占总出口的比例)来看,低于美国、日本和韩国。

(2)中国企业在全球价值链地位变化

目前中国制造业在全球价值链地位可归纳为三个特征:低端嵌入全球价值链、大多处于全球价值链中低端、利润分配不均且获利较少(王岚和李宏艳,2015;刘志彪,2008;吴小节等,2018;戴翔和马皓巍,2023)。

近年来,随着要素成本尤其是劳动力价格的快速上升,中国东部沿海地区发展劳动密集型工业的比较优势逐渐丧失,存在被其他发展中国家"挤出"全球价值链的风险(魏龙和王磊,2017)。中国与贸易伙伴在某行业全球价值链分工地位越接近,中国与该贸易伙伴发生贸易摩擦的频率越高,随着中国制造业在全球价值链上的赶超与攀升,中国与美国贸易摩擦的加剧有着内在的必然性(余振等,2018;王智新等,2023)。在全球价值链升级的过程中,竞争环境的变化和贸易环境的变化也是中国纺织产业对外投资的原因之一。

2.6 对外投资影响高质量发展的理论研究

2.6.1 纺织产业对外投资的研究

Gereffi(1999)认为世界纺织产业共发生了四次大的产业转移,有学者在此基础上进一步分析了纺织产业的第五次对外转移(Canan Saricam, et al., 2015)。国外学者通过对纺织服装业全球布点的分析,总结了纺织产业对外投资的四种动因,即资源动因、市场动因、效率动因和战略动因(Ettore Bolisani, 1996; Maccarthy, 2003; Jacqueline E. Burris, 2015)。国内学者对中国纺织产业对外投资的问题进行了分析,如缺乏跨国经营的人才、经验以及技术优势(俞涔,2008),缺乏海外销售经验(盛宝奎,2008),投资地政府腐败、法律不规范等制度因素(王瑾和李国胜,2012),纺织服装产业空间布局影响因素增加(吴爱芝、李国平和马笑天,2017)。政府需提供投资指导和政策支持(吴勇敏,范思齐,2018);行业组织应起到协调作用(唐志锋,2018);企业应组建海外投资股份制集团(唐志锋,2018);强化人才培养与风险防控,建立科研院所、培训机构和企业中的人才培养合作平台,整合会计师事务所和国际化律师事务所等专业机构,打造企业海外投资的风险防控系统(陈祎婷,2018)等;改善营商环境,降低供应链中断风险,挽留受关税影响大且带动能力强的企业,支持外资企业稳定发展,继续鼓励制造业企业开展资源、效率和技术寻求型对外投资(王永中和周学智,2021)等。

2.6.2 对外投资影响高质量发展的机制研究

对外投资带来的效率提高、技术革新、品牌效应等加速产业结构调整和经济转型升级,影响企业在产业链价值链中的地位,促进高质量发展。

对外投资在两个重要方面促进经济高质量发展:一方面是对外直接投资使得企业获得国外先进技术、管理经验,提高创新能力和国际竞争力,促进经济高质量发展(唐有川,2021;蒋殿春和彭大地,2023);另一方面是利用其他国家与本国经济发展水平的梯度位差,转移国内过剩产能,充分发挥投资目的地市场和劳动力等资源的作用,有利于中国国内产业结构的调整和升级(李逢春,2012;杜龙政和林伟芬,2018;Tang & Flora, 2020;张亮,2021;马宁宁,2023)。

对外投资对于高质量发展影响机制可以总结为:市场内部化效应、边际产业转移效应、逆向技术溢出效应和人力资本提升效应,降低交易成本、提高企业效率、缓解产能过剩、优化资源配置、提高科技水平和创新能力、提高中国全要素生产率、提升在全球产业链、价值链中的地位，促进高质量发展（James et al., 2015；潘素昆和王跃生，2018；田素华等，2019；Amin et al., 2020；邱斌和陆清华，2020；李杨和车丽波，2021）。

2.6.3 纺织产业对外投资与高质量发展相关研究

姜国庆和徐皎（2006）指出，实施"走出去"战略有利于改变过去纺织产业扩张靠高投入、高消耗的外延型增长方式，走依靠技术进步为内涵的集约式发展道路，由产业低端向高端转移，调整和升级产业结构；徐皎（2007）运用邓宁的投资发展阶段论、费农的产品生命周期理论、小岛清的比较优势理论详细论证了纺织产业对外投资与产业转型升级之间的关系。谢海（2018）认为垂直型对外投资可以降低出口替代效应，能够保持产业链和价值链的高位，从而实现产业高级化和产业链完整性。林涛（2019）提出加快对外投资，通过在全球生产链的重新配置，达到纺织服装产业升级，提升纺织服装供应链地位。Wang等（2009）以江苏纺织产业对外直接投资的案例为基础，分析了对外直接投资对江苏纺织产业结构调整的影响。刘小辰（2018）提出"走出去"将对提升我国纺织服装企业在全球供应链中的优势，实现产业国际布局与国内转型升级的良性互动发挥不可替代的支撑作用。柯毅强（2014）在对外直接投资理论体系下，从企业微观层面、产业内层面、产业间层面理论上分析了对外直接投资促进浙江省纺织服装产业升级的作用机理。赵君丽和王子嫣（2022）研究发现贸易摩擦增加，企业选择OFDI的概率增加，且集中表现于下游终端纺织产业。赵君丽和张文秋（2023）认为对外投资可以显著促进纺织产业高质量发展。

2.7 文献述评

综上，国内外学者们从经典对外投资理论、新新贸易理论、外来者劣势理论、全球价值链理论和产业升级理论等方面，对直接投资的模式、动因、区位选择、企业异质性、产业高质量发展等进行了广泛的研究，得出大量的研究成果。整体上看，随着技术进步与全球化，国际分工从产业间到产业内、再到产品内，对外投资研究的热点呈现了从传统的发达国家垄断优势理论，到微观企业的国际化决策，再到全球价值链下对外投资环节的演变，研究的视角从国家视角趋向企业微观视角。需要进一步深化的研究如下。

(1) 在微观视角的研究上，新新贸易理论的学者们研究了影响国际化决策的企业异质性因素，一些学者进一步把影响企业投资的异质性因素由单一生产率指标发展为多重异质性因素（邱立成，杨德彬，2015；刘晓宁，2018）。本研究将基于新新贸易理论和微观数据，进一步研究纺织产业内企业异质性对对外投资的的影响，丰富新新贸易理论和对外投资理论。

(2) 现有的外来者劣势的研究主要针对发达国家，少数学者研究了发展中国家对外投资的外来者劣势问题（Barnard，2010；张宇婷，2015；杜晓君，2016），但是研究发展中国家情况的文献偏少（Nikola，2012），针对中国对外投资的外来者劣势问题的研究仍较薄弱。本研究聚焦于纺织产业对外投资的外来者劣势的研究，是此类研究的有益补充，将丰富和深化该领域的研究。

(3) 全球生产网络下，企业选择将产品的不同的价值链环节分布在不同的国家地区，形成产业链的全球布局。中国纺织企业对外投资具有鲜明的区域选择特点，生产类投资项目主要投向发展中国家或欠发达国家；研发设计类企业大多在欧美等发达国家设立分支机构；而贸易销售类直接投资分布广泛（范毓婷，刘卫东，2018；Zhao，et al.，2019）。但是从全球价值链角度分析对外投资的文献比较缺乏，特别是对于企业不同价值链环节转移的影响因素的实证检验需要深入。

（4）国内外对对外投资与高质量发展的研究大多限于促进高质量发展的某个具体方面。对于纺织产业投资与高质量发展研究方面，现有的研究大都是以纺织产业投资对纺织产业的产业结构调整、创新能力提高、资源的重新配置、品牌影响力和竞争力的提升、价值链地位的提高等方面为切入点，并未明确将落脚点放在纺织产业的高质量发展上，或者只是提及纺织产业高质量发展的一个具体表现。

第3章

中国纺织产业对外投资与高质量发展的现状与问题

3.1 全球纺织产业转移的趋势

世界纺织服装产业到目前为止共发生了五次大的产业转移（表3-1）。18世纪英国诞生的现代纺织业，19世纪英国是世界纺织工业中心，20世纪世界纺织工业中心从英国转移到美国是第一次产业转移。20世纪五六十年代，世界纺织工业中心转移到日本为第二次产业转移。20世纪七八十年代，纺织产业从日本向韩国、新加坡、中国香港、中国台湾的第三次产业转移。20世纪90年代，纺织产业向中国大陆、马来西亚、泰国、菲律宾、印度尼西亚转移的第四次产业转移。21世纪初从中国部分向越南、柬埔寨、缅甸等国的第五次国际转移。

表3-1 国际产业转移与世界纺织制造中心

时间	制造中心转移	世界纺织制造中心的特点	产品开发及创新能力	主要产区
19世纪中期	英国	1830年发生技术革命即产业革命，以蒸气机的发明和广泛应用为标志，带来了纺织、机械制造的发展。18世纪，机器纺织是手纺车效率的250倍，棉纺业年平均增长率，1710—1740年1.4%，1740—1770年2.8%，1770—1810年8.5%。19世纪中期，棉纺织品的出口值占其总出口值的比重也不断上升，1819—1821年为66.6%，1844—1846年上升到71.4%	成为世界第一个实现工业化的国家、第一经济强国和第一个现代纺织制造中心，以棉、毛纺织物为主，现在依然是世界毛纺工业重要生产基地	西约克夏郡、苏格兰

续表

时间	制造中心转移	世界纺织制造中心的特点	产品开发及创新能力	主要产区
19世纪末至20世纪初	英国—美国	1900年美国棉花消费量和生丝消费量均超过英国，1913年在世界棉纺织总产量中，美国占了27.5%，英国只占18.5%。棉花资源优势以及开化纤工业化生产先河，以棉织物与化纤织物为主，取代英国成为当时唯一的世界纺织制造中心	发生了第二次技术革命——电力技术革命，率先在世界实现了大规模的工业化。纺织企业一般以年销售收入的5%—6%作为开发经费。在地毯、非织物和技术纺织品仍占据竞争优势	阿拉巴马州、南、北卡罗来纳州和弗吉尼亚
二战后至20世纪五六十年代	美国—日本	20年代初，日本纺织制造业产值占到工业总产值的一半，纺织品出口额1925年占其商品总出口额的63.7%，成为二战前后两次经济起飞的助推器。掌握大量的先进生产技术，产业创新能力增强，取代美国成为世界纺织制造中心	在引进的基础上改进和创新，利用各国技术之长，组成世界独一无二的日本产品系列。开发高附加值化学纤维织物	富川、石川、福井县，其中福井县素有"纤维王国"之称
1960—1970年和1980年	日本—NIEs	NIEs：主要指亚洲新兴工业化经济体韩国、中国台湾地区和中国香港地区。韩国主要生产化纤织物，产值占大邱全部纺织制造业产值的86.2%，中国台湾地区以化学纤维织物为主，中国香港服务型加工贸易发展迅速	我国台湾地区纺织企业一般建有研究所，建亚太化纤面料基地。韩国于1983年成立"纺织技术中心"，将技术、信息和时装设计列为优先发展目标，由"外围"迈入"次中心"地区	韩国大邱、庆北；中国台湾高雄、台南、台北

续表

时间	制造中心转移	世界纺织制造中心的特点	产品开发及创新能力	主要产区
其他纺织制造中心	德国	依托机械加工业和化学工业，纺织机械和染料工业具有较明显的优势，高档化纤产品为主，化学纤维织物占全部织物的60%	20世纪60年代以来纺织工业每年用于改造建设的投资为5.8—9.9亿美元，占销售额比超过正常的3.5%—6.5%（全国水平）	巴登符腾堡州、巴伐利亚州和北莱茵—威斯特法伦州地区
其他纺织制造中心	意大利	凭该国在欧洲地区劳动力低廉的优势以及先进的纺织品设计能力，以高附加值天然纤维制成品为主	企业用于研究开发经费一般占公司销售额的1%左右，技术型企业高达7%	伦巴第区、托斯卡纳区、威尼托区、皮埃蒙特区、等占全国总数的80%
其他纺织制造中心	中国	凭借廉价的劳动力和优势丰富的天然纤维原料及产业配套能力		浙江、江苏、上海、广东、福建、山东

资料来源：陈蓉芳．产业转移理论与国际纺织制造业中心的变迁．华东经济管理[J]．2005（12）：56—60，及作者整理。

欧美近代纺织服装产业的大规模转移，与20世纪60年代这些国家实行鼓励海外组装加工政策可能有显著联系。受到这类政策支持，发达国家企业把服装等行业最终加工或组装环节转移到邻近国家；墨西哥、拉美和东亚一些发展中国家和地方政府和企业，采取了配合和呼应政策，承接发达国家服装等行业的组装加工的外包生产活动。早期美国厂商把服装缝纫制衣工序转移到加勒比海湾国家和墨西哥。另外，东亚较早寻求开放发展道路的国家和地区如韩国、中国香港和中国台湾等，也成为发达国家纺织业工序外包合作基地的选择对象（Morawetz，1981）。20世纪50年代日本国内劳动力成本快速上升，日本厂商也开始向中国香港地区、中国台湾地区和韩国转移纺织、服装和鞋类产品生产。早期合作模式中，日本厂商提供机器、中间产品和流动资本等物流和金融方面支持,由上述东亚经济企业进行加工出口生产(Gereffi,1999)。纺织业全球价值链雏形在 20 世纪 60 年代后半期开始显现,20 世纪 70 年代得到初步发展。

在纺织业的国际产业转移过程中,拉美国家与美国这个最大的外包国具有地理临近的便利条件,美国厂商最初较多选择这一地区作为服装等行业海外加工的生产基地,但是后来情况表明,东亚三地(韩国、中国香港地区、中国台湾地区)在竞争中明显胜出。这些国家和地区 20 世纪 60 年代初制成品出口很少,如韩国 1961 年所有商品出口 4100 万美元,只有 600 万美元为制成品,并且其中还包括相当数量的鸭绒和海带;到 20 世纪 70 年代后期,美国商店出售成衣大约 80% 从我国香港地区、韩国和我国台湾地区进口。三地人口只有拉美的四分之一,但是仅衣服一项出口就大约相当于整个拉美国家的衣服出口的 12 倍(Morawetz,1981)。

20 世纪 80 年代初世界银行的一份专题报告,对韩港台与哥伦比亚进行比较研究,发现四点因素对东亚与拉美在服装加工出口方面绩效差异具有重要解释作用。一是质量控制能力因素。报告通过案例说明,一次通过媒体广泛宣传的重大质量事故,可能在国际市场对该国其他厂商质量控制能力形成负面预期,从而对该国扩大参与全球价值链带来不利影响。二是对纤维原料的配套性贸易政策因素。服装业纤维投入密度甚至高过劳动投入密集度,哥伦比亚对纺织纤维进口实行高关税,东亚对纤维原料进口一般没有限制,上游投入品高成本使哥伦比亚企业在参与服装业产品内分工上缺乏国际竞争力。三是基础设施条件差异因素。四是文化差异因素。该研究认为东亚人由于历史传统和文化背景因素作用,对追求货币财富有更大冲动和激励;该研究还援引物理人类学(physical anthropology)证据,认为东亚人手型小巧,加上日常用筷子、打算盘、文字书写需要较高精确度训练的文化传统积淀效果,劳动者在手工操作灵活性方面具有天然优势(Morawetz,1981)。

1978 年改革开放后,中国大陆承接了国际纺织产业的第四次产业转移,即通过承接港台的产业转移实现。20 世纪 80 年代初期,由于劳动力成本上升、货币升值及配额不足使得港台的纺织企业纷纷将生产基地迁往内地。由于广东省改革开放的政策优势,内迁的港台纺织服装企业最初主要集中于珠三角,而后随着江浙民营企业的发展,产业转移开始向温州、宁波为代表的长三角蔓延。产业转移过程也是珠三角和长三角纺织产业集群形成的过程,专业化的纺织产业集群极大地推动了当地经济的发展。与东部沿海地区相比,中西部地区没能有效地融入全球价值链中,纺织产业没有得到快速发展,因此纺织产业在中国存在着较大的产业级差现象。

总之,从国际产业转移的趋势看,当前纺织业的产业转移已经由中国向东南亚(印度、巴基斯坦、越南、柬埔寨等国)转移。内外环境的压力加快了中国纺织产业对外投资的步伐,中国纺织产业在对外投资的过程中需要注意的是如何建立和完善区域价值网,打造不可替代的优势环节,提高企业国际竞争力。

3.2 中国纺织产业对外投资的历程

本部分从中国纺织产业对外投资的宏观环境、投资环境、贸易环境、行业环境、投资发展阶段展开分析。

3.2.1 中国纺织产业对外投资的环境

(1) 对外投资的宏观环境

①国家层面鼓励和引导中国企业"走出去"。

早在 2000 年,中共中央政治局提出实施"走出去"战略是"关系我国发展全局和前途的重大战略之举"。2011 年,国家"十二五"规划要求加快实施"走出去"战略,鼓励制造业优势企业有效对外投资,创建国际化营销网络和知名品牌。党的十八大和党的十八届三中全会都要求加快走出去步伐,增强企业国际化经营能力,培育一批世界水平的跨国公司。2013 年,习近平总书记提出共建"丝绸之路经济带",中国政府在 2015 年 3 月正式发布《推动共建丝绸之路经济带和 21 世纪海上丝绸之路的愿景与行动》,推进"一带一路"建设。亚洲基础设施投资银行、丝路基金等新设金融机构和融资平台,加上之前的中非基金等,都是从国家层面鼓励和促进资本输出的顶层设计。

②政府陆续出台关于对外投资和对外投资的管理政策。

为鼓励和促进更多的企业对外投资,国内相关行政部门不断改善对外投资的管理政策,陆续出台了《关于做好境外投资审批试点工作有关问题的通知》等政策文件(表3-2),进一步地简化、规范了企业开展境外直接投资的相关手续,并使其流程化、制度化。2004年商务部公布《关于境外投资开办企业核准事项的规定》中明确指出,支持和鼓励有比较优势的各种所有制企业赴境外投资开办企业。除此之外,为了便于及时知晓中国企业进行境外投资的动态情况,实施协调与指导工作,中国商务部分别于2004年、2005年、2007年和外交部、发改委合作颁布了《对外投资国别产业导向目录》,并于2005年1月起开始实施《对外直接投资统计制度》,以便进一步强化企业对外投资的监管体系建设。此外,政府还颁布了一系列激励企业开展对外投资的制度文件,涉及财政金融、贴息优惠、简化外汇及人员手续等内容。

表3-2 中国关于对外投资和对外投资的政策制度文件

时间	机构部门	政策制度文件
2003	商务部	《关于做好境外投资审批试点工作有关问题的通知》
2004	国务院	《关于投资体制改革的决定》
2004	国家外汇管理局	《关于跨国公司外汇资金内部营运管理有关问题的通知》
2004	商务部	《关于境外投资开办企业核准事项的规定》
2005	商务部 国家外汇管理局	《企业境外并购事项前期报告制度》
2009	国家外汇管理局	《境内机构境外直接投资外汇管理规定》
2009	商务部	《境外投资管理办法》
2013	国务院	《政府核准的投资项目目录》
2014	发改委	《境外投资项目核准和备案管理办法》
2015	国务院	《中共中央国务院关于构建开放型经济新体制的若干意见》

资料来源:作者根据商务部、国家外汇管理局、国务院等发布的政策文件整理,不完全统计。

2009年，商务部制订了新的《境外投资管理办法》，大大简化对外投资批准手续，大部分项目由审批制改为便捷的备案制。2014年11月，国家发改委在2014年版本《政府核准的投资项目目录》中，取消了大部分境外投资的核准要求。除了投资部门的政策改革，与境外投资密切相关的金融政策也朝便利化方向发展。2011年来，人民银行不断试点和放宽人民币境外直投，改进内保外贷等融资条件，外汇管理局的境外投资用汇政策也不断放松。中国进出口银行、国家发展银行和各大商业银行都逐渐建立起支持中国企业境外投资的专门机构和团队。

③中国对外投资大幅增加。

当前，中国已是世界第二大经济体、第一大贸易国家、第一大外汇储备国家、第一大吸引外资国和第二大对外投资国。2022年，我国对外直接投资存量达2.75万亿美元，连续六年排名全球前三。截至2022年底，中国境内投资者在国（境）外设立了4.7万家对外直接投资企业，分布在全球190个国家（地区）。如图3-1，2002年以来，我国对外直接投资流量由27亿美元增加到2022年的1 631.2亿美元，增长了60倍；2022年对外投资流量为全球第2位，连续11年排名全球前三，连续七年占全球份额超过一成。

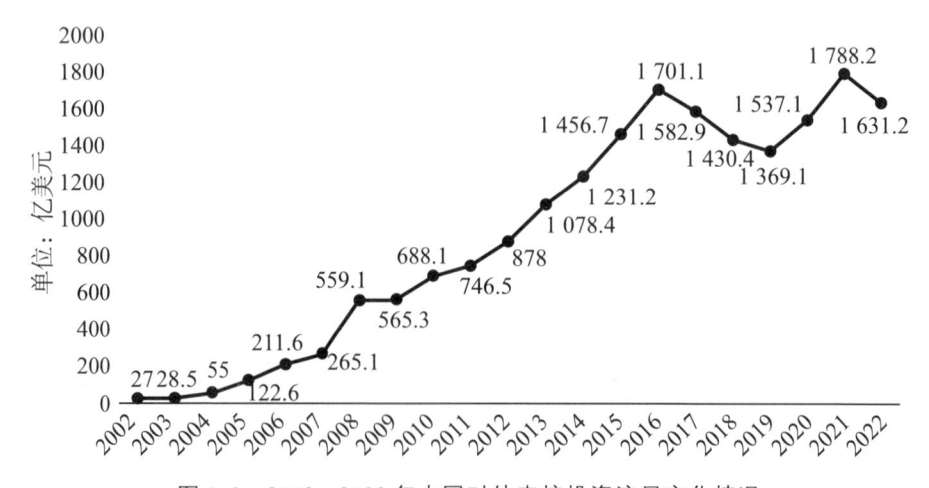

图3-1　2002—2022年中国对外直接投资流量变化情况

资料来源：中国国家统计局。

(2) 对外投资的投资环境

根据邓宁（Dunning）的投资发展周期理论，中国正处于对外投资发展的第四阶段，企业"走出去"将加速。

因国家统计局未公布人均 GNP，中国人均 GDP 和人均 GNP 差别不大，故使用人均 GDP 代替人均 GNP 来进行分析。如上图所示，2022 年中国的人均 GDP 为 85 698 元，按 2022 年 12 月 31 日外汇市场人民币汇率中间价 6.9746，折合成美元约为人均 12 287 美元。由第二章的邓宁的投资发展周期理论，中国属于邓宁的投资发展周期理论的第四阶段，此阶段的净对外投资（NOI）为正，且持续增长，说明中国充分发挥所有权优势、内部化优势和区位优势，海外投资快速增长。

图 3-2 中国 2015—2022 年人均 GDP 情况

资料来源：中国国家统计局。

(3) 对外投资的行业环境

中国纺织工业是世界最大的纺织经济体，中国纺织品，包括布、纱，（表 3-3）、化纤等和服装产量自 1994 年以来一直位居世界第一。其中布的产量从 2001 年的 290 亿米增加到 2022 年的 467.74 亿米；纱的产量大幅增加，从 2001 年的 760.68 万吨，增加到 2022 年的 2 720.251 万吨。2012 年以来，中国纤维加工总量一直位居世界首位，世界占比均超过 50%，全产业的纤维加工量占全球比重从 2000 年的 25% 提高到 2022 的 54.07%，2022 年中国纺织全行业纤维加工量6488万吨。2021年规模以上纺织企业为3.4万家，2021年，这些企业实现主营业务收入5.17万亿元。

表3-3　2001—2022年中国布和纱产量

年份	布产量（单位：亿米）	纱产量（单位：万吨）
2001	290	760.68
2002	322.39	850
2003	353.52	983.58
2004	482.1	1 291.34
2005	484.39	1 450.54
2006	598.55	1 742.96
2007	675.26	1 958.42
2008	723.05	2 055.72
2009	753.42	2 266.45
2010	800	2 572.82
2011	814.14	2 717.86
2012	848.94	2984
2013	897.59	3200
2014	893.68	3 379.2
2015	892.58	3538
2016	906.75	3 732.6
2017	691.05	3 191.39
2018	698.47	3 078.88
2019	555.19	2 827.16
2020	459.19	2 618.28
2021	501.95	2 873.71
2022	467.74	2 720.25

资料来源：中经网统计数据库。

但是纺织产业面临的挑战非常突出：（1）劳动力、土地等生产要素成本持续上涨；（2）节能环保降碳的法定强制性标准愈加严格，企业投入不断增加。(3) 过去几年棉花原料的行政计划性政策造成的国内外棉价差与下游产品国际市场化竞争之间的巨大矛盾。(4) 国际上,世界经济深度调整,消费品市场需求没有实质性增长。(5) 东南亚国家追赶加快,劳动力资源和区域贸易协定优惠优势凸显。因此,纺织行业的全产业链比较优势和竞争效率正受到严峻挑战。发达国家纺织服装品牌跨国公司很早开始全球产业链的调整,麦肯锡咨询公司2003年底对美欧29个服装品牌公司高层的调研显示,72%的公司会减少从中国的采购,而孟加拉国、越南、印度和缅甸成为采购转移的首选地。面临这些挑战,部分行业骨干企业加快全球布局,巩固和维护自己多年积累的制造优势和客户资源,并通过对外投资实现微笑曲线两端的国际化优质资源配置,不仅是企业自身发展壮大、保持资本增值的重要手段,也是中国纺织业整体上成功应对国内外各种挑战、拓展产业发展空间、建设纺织强国的重要途径。

3.2.2 中国纺织产业对外投资的阶段划分

中国纺织产业的对外直接投资发展大致划分为以下三个阶段。

第一阶段,20世纪50年代至60年代。这一时期,中国的纺织产业正处在起步发展阶段。20世纪60年代后期,非洲在中国政府的援助和支持下成立了一系列的纺织项目。此时,从性质上来说中国纺织产业对外投资仅仅是纯粹的政府行为,主要目的是援助,还未形成规模。

第二阶段,改革开放至20世纪90年代。这一时期,中国的纺织产业得到快速的发展。许多纺织企业将目光投向南美洲、非洲等区位,在当地投资建厂。例如,20世纪90年代末上海的华源纺织厂积极进行海外市场投资布局,先后在印度尼西亚、墨西哥、美国、加拿大等国家展开商产投资,不断拓展境外业务,成为中国纺织企业对外投资的先行探路者。

第三阶段,21世纪初到现在。中国政府在2001年提出了"走出去"战略,鼓励企业以海外投资、海外并购等多种方式走出国门。在政策支持下,中国企业对外投资和海外并购迅猛发展。2014年"一带一路"政策的指导,中国纺织产业的对外投资增加。

3.3 中国纺织产业对外投资的现状

3.3.1 对外投资的规模

(1) 对外投资的企业数量

本节将从对外投资的数据衡量纺织企业对外投资现状。根据商务部《对外直接投资企业(机构)名录》(以下简称《名录》)的统计数据，本项目整理了《名录》中2003—2015年的纺织服装企业在境外设立企业(机构)的信息，发现2005年以前设立的投资机构较少，2005年以后新增的投资机构数目增长迅速，如图3-3所示。除去在我国港澳台地区的投资，2003—2015年中国纺织服装企业在全球113个国家进行了对外直接投资，共设立境外分支机构2000余家。虽然2011—2013年份略有下降，2015年则又快速上升，总体上保持增长趋势。

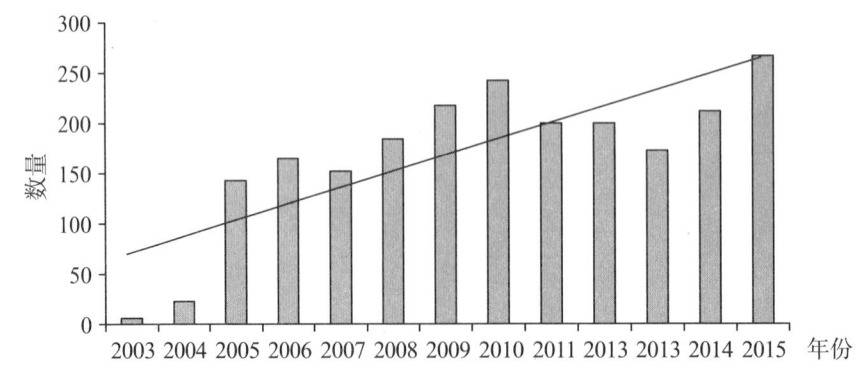

图3-3 2003—2015年中国纺织服装企业境外新设立投资分支机构数目

资料来源：商务部《境外投资企业(机构)名录》。

对外投资涉及的主要细分行业为棉纺、针织、毛纺、印染、化纤、服装、家纺、工业纺织和纺织机械等。根据2012—2015年中国纺织工业联合会的专项调研，中国纺织服装企业对外投资的类型主要为加工基地、原料基地、产业园区、市场渠道、股权收购、高端品牌与技术等。《名录》中一般是绿地新建投资，较少股权收购类型企业。

（2）对外投资的金额

从金额上，2015—2019年中国纺织产业OFDI流量经历了迅速上升、大幅下降到稳步上升的发展阶段（表3-4）。2016年中国纺织产业金额同比增长89.3%，为历年最高。2015—2019年纺织企业OFDI占制造业的比重呈波动的趋势，从2015年的7.03%上升至2016年的8.97%，随之有下降，直至2019年又上升至8.80%，2020年受疫情等因素的影响，对外投资下降了43.1%。

表3-4　2015—2022中国纺织业对外投资金额流量表（单位：万美元）

年份	纺织产业		制造业	纺织/制造业
	金额	同比	金额	占比
2015	140 520	47.96%	1 998 629	7.03%
2016	265 998	89.30%	2 904 872	9.16%
2017	118 420	−55.48%	2 950 737	4.01%
2018	98 200	−17.02%	1 910 768	5.14%
2019	129 500	31.87%	2 024 181	6.40%
2020	73 521	−43.10%	2 583 821	2.85%
2021	13 500	−81.64%	2 686 673	0.50%
2022	71 000	425.93%	2 715 370	2.61%

数据来源：商务部快报数据，中国对外投资统计公报。

3.3.2　对外投资的四种模式

（1）股权模式：合资模式和独资模式

企业在设立海外子公司或并购国外企业时，首先考虑的便是股权选择问题。所谓股权选择就是指企业是以独资还是合资的方式进入东道国，股权策略的不同意味着控制权的不同，不同程度的控制权则意味着不同程度的收益权。本研究以持股90%为临界点分为独资和合资，高于90%的股权就是独资，低于90%的股权就是合资。企业采取独资策略进入东道国时，所有的收益与风险都由母公司独自承担，因此独资对企业资产的要求非常高，没有一定的资产实力作为保障，独资很难实现；企业采用合资策略进入东道国时，可以降低在东道国面临的风险，但也要分享收益。因此可以说，独资是企业寻求资产扩张的结果，而合资则是企业为分散风险或学习东道国先进经验的战略性结果。作者通过收集 2000 年至 2015 年中国纺织上市企业海外子公司数据的过程中发现，在收集到的 100 家纺织企业海外子公司中，采取独资模式进入的共有 61 家，采用合资模式进入共有 39 家。采用独资模式进入的多以发展中国家为主，相反，采用合资模式进入的则是以发达国家为主。这可能是因为，大多数发展中国家存在制度环境不完善，甚至政局动荡的情况，独资模式可以保障企业在寻求人工和资源优势时，避免遭受东道国政治环境的影响；而发达国家相对于中国而言，政治环境、市场经济运行效率都比较完善，且管理经验和技术研发都比较先进，合资模式更有利于企业学习到先进的管理和技术。

(2) 绿地投资

绿地投资 (Greenfield Investment) 是指跨国公司依照东道国相关法律法规设立的合资或独资子公司。绿地投资可以直接带动东道国经济增长和就业人口的增加。发达国家的企业向经济落后、技术水平不发达的发展中国家转移时通常会采用绿地投资，旨在寻求廉价的资源、劳动力和政策优势，由于绿地投资直接有益于东道国经济的发展，因此往往会受到发展中国家政府的政策优待。传统的绿地投资模式是以北—南投资为主，但近年来随着以中国为代表的新兴经济体的出现，绿地投资开始出现南—南投资，甚至南—北投资。当前，中国纺织企业向海外转移使用绿地投资方式时，会产生两条路径：一条是以去东南亚为代表的发展中国家以获得资源和劳动力优势的路径；另一条是直接在发达国家设立子公司以打开市场，收集市场信息，推广品牌为目的的路径。作者搜集 2000 年至 2015 年中国 100 家纺织上市企业海外子公司数据发现，采用绿地投资模式的共 61 家，其中以绿地投资进入发达国家的共 28 家，剩余的 33 家企业则是进入发展中国家，可以看到中国纺织企业在海外转移的过程中是开拓市场与资源寻求并举的，既谋求海外市场的不断扩大、企业品牌的国际化，也注重生产成本的不断下降，国内产能的向外转移。

在企业海外投资的过程中，采用绿地投资的方式进入东道国可以将母国技术和管理优势很好地转移到子公司，便于母公司的垂直管理，但绿地投资也有着许多难以克服的缺点。绿地投资是在东道国直接新建企业，虽然受到东道国相关政策的优待，然而其建设周期一般较长，在陌生的市场环境中面临的生产经营风险较大，特别是母国和东道国在制度环境方面差异加大时，企业还会面临短时间内难以克服的制度距离压力，而这些风险和压力都是由跨国公司独自承担的。因此，采用绿地投资的方式进行转移对企业的资产能力要求较高，且需要企业做好前期的东道国环境和市场调研工作，将进入东道国时的沉没成本降到最小。

从绿地投资的纺织产业细分行业看，棉纺和针织企业成为中国纺织行业境外绿地投资的先行者，织造、印染、梭织、化纤等领域的海外投资项目也开始逐渐增多。由于过去几年国内棉花政策和进口配额限制，在一定程度上削弱了中国棉纺行业的国际竞争力，国内棉纺企业开始逐步摸索如何"走出去"，并因此成为纺织行业海外绿地投资的先行先试者。据估算，目前仅在越南投资的中国棉纺企业，如天虹纺织集团、山东鲁泰集团、百隆东方等，投资产能约300万锭。截至2018年年底，仅天虹集团一家在越南已拥有纺纱138万锭。除此之外，岱银集团在马来西亚有22万锭纺纱项目，科尔集团在美国开设的棉纺厂项目，江苏金昇在乌兹别克斯坦的棉纺项目，均已投产。

与此同时，考虑到缝纫环节的劳动密集型特点，针织服装加工也成为中国纺织业对外投资的热门先行领域。由于越南、柬埔寨、缅甸等国人工成本较低且贸易环境良好，申洲国际、即发集团、江苏东渡等大型针织企业均进行了较大规模的绿地投资和国际订单配置，将缝制等具有劳动密集型特点的生产环节，放在上述国家完成。近些年，迪尚集团、鲁泰、常州华利达等企业，也逐渐把梭织服装生产转移到东南亚及南亚海外基地生产。

除了棉纺、服装环节，越来越多的国内面料织造和印染能力也在加速向海外转移，同时国内化纤行业领军企业亦开始进行国际布局，其海外业务链条不断向上游产业发展。例如，慈溪江南化纤在美国南卡罗来纳州投资再生聚酯短纤维项目，恒逸集团在文莱投资新建千万吨炼油化工一体化项目等。

(3) 跨国并购

不同于绿地投资直接新建企业的形式，跨国并购是指企业依照东道国相关法律法规，在特定目的的驱动下，收购东道国企业部分或全部股权，以达到部分控制或全部控制东道国企业的行为。跨国并购不直接新建企业，仅仅是股权在收购方和被收购方之间的变动。在作者收集的100家上市纺织企业海外子公司中，采用并购模式进入的共有39家，其中28家进入了发达国家，从此可以看出，中国纺织企业采用并购模式进入的一般是以发达国家为主。这可能是因为，通过并购模式进入发达国家，可以利用东道国公司已有的营销网络和品牌优势，学习到先进的管理经验和研发技术。企业在转移到东道国时一般会面临制度环境方面的压力，并购模式则很好地解决了这一难题，企业可以通过东道国合作伙伴了解到东道国与母国在制度环境方面的差异，同时，并购所获得的成熟品牌已经被东道国消费者接受，不会产生排斥反应，有利于企业在东道国进一步的发展。

通过海外并购，可以带动纺织行业整体向世界纺织产业价值链的高附加值领域升级。在上游优质原料资源掌控方面，山东如意集团收购澳大利亚卡比棉田、富丽达集团并购加拿大纽西尔溶解浆公司是典型案例。在技术研发方面，金昇集团收购了世界纺机巨头瑞士欧瑞康的天然纤维和纺机专件业务，苏州天源服装公司利用美国最新技术在美国阿肯色州建设了全自动化T恤生产线。终端消费品牌并购领域，雅戈尔、如意、歌力思、安踏等企业集团，都有较为主动的尝试和突出表现。

然而，并购模式也有其弊端。首先，并购特别是合资并购意味着管理权和资产收益权的共享，这可能会带来子公司和母公司在管理制度上的差异，增加内部的制度冲突，如果不能得到妥善解决会直接影响到子公司的生产经营效率；其次，由于并购并不能带来东道国经济总量的增加，因此虽同为FDI的主要方式，但其受欢迎程度是低于绿地投资的，此外由于并购往往是发展中国家到发达国家，这在一定程度上会导致发达国家技术研发速度的降低与外溢，因此不少发达国家会对跨国并购的股权规模做出限制，一些核心的高科技行业甚至严禁国外企业的并购。最后，接受海外并购的东道国公司虽然具有成熟的品牌和管理优势，但往往存在资不抵债、经营不善的情况，因此，其接受并购很有可能是暂时的资金需求或者满足投资者退出的途径，在这种情况下，即使企业成功并购了东道国企业，后续的经营仍将会是重大难题。

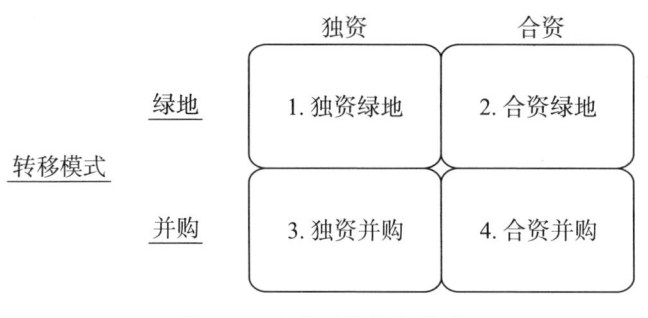

	独资	合资
绿地	1. 独资绿地	2. 合资绿地
并购	3. 独资并购	4. 合资并购

图 3-4　企业对外投资模式

资料来源：作者自绘。

通过对纺织企业近年海外转移的数据整理来看，纺织行业的海外转移对纺织企业母公司的资产盈利能力要求比较高，且企业寻求海外资产扩张的动机较强，因此在模式选择上，更倾向于在确定股权策略的基础上再决定具体的进入方式，本研究将研究样本首先区分为独资和合资两个子样本，在子样本下考察绿地和并购的选择问题，具体而言就是考察独资绿地与独资并购、合资绿地与合资并购间的选择。

3.3.3　对外投资的区位选择

(1) 转移区位主要集中在亚洲和欧美

从纺织产业对外投资的区位分布来看，中国纺织企业境外投资项目遍及全球100多个国家与地区，涵盖东南亚、欧洲、北美洲、澳大利亚、拉丁美洲、非洲等区位。从投资的企业数量看，在亚洲国家建立的海外投资纺织企业数目最多，如图3-5所示，除去在中国香港地区的纺织服装企业投资，亚洲是中国纺织产业投资数量最多的地区，约有79.47%的对外投资金额选择在亚洲，其次是欧洲，占比为8.77%，第三是北美，占比为6.71%，非洲为第四位，占比5.03%。非洲正在成为中国纺织产业对外投资的新热点区域，江苏阳光、无锡一棉、内蒙古鹿王等国内纺织企业，都已在非洲进行投资布局。

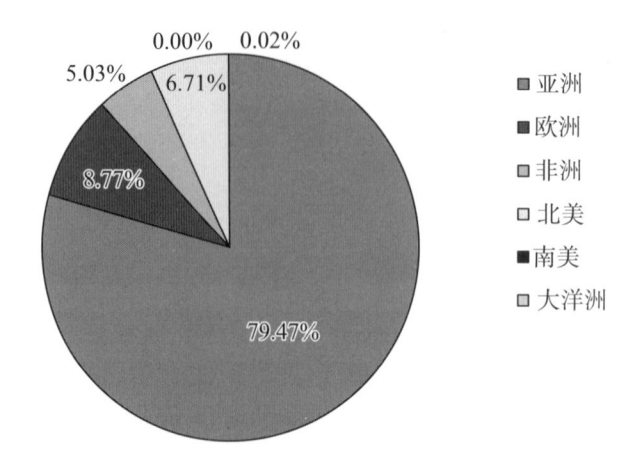

图 3-5 2015—2019 年年中国纺织企业对外投资的区位分布

资料来源：根据《对外直接投资企业（机构）名录》整理得出。

从吸引投资金额的国家和地区排名来看，越南排名第一，累计吸引投资总额 21.99 亿美元，新加坡第二，柬埔寨第三。埃塞俄比亚和埃及是中国纺织产业对非投资最多的两个国家，累计投资存量分别为 4.36 亿美元和 2.87 亿美元。随着"一带一路"倡议的推进，纺织产业对"一带一路"沿线国家和地区的投资明显增多。

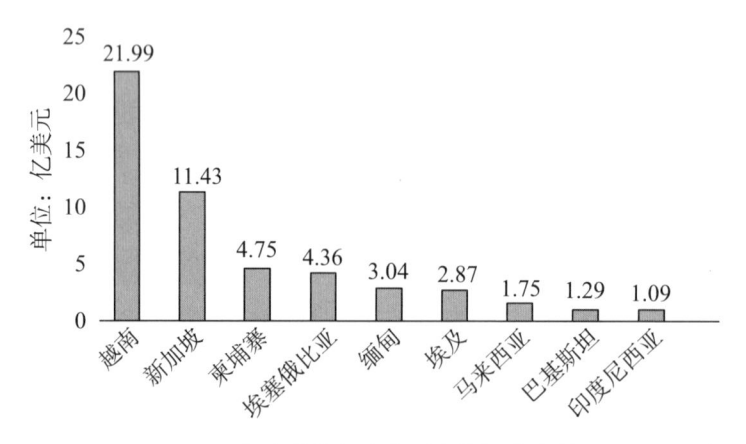

图 3-6 2013—2022 年中国纺织产业对主要国家和地区 OFDI 总额

(2) 共建"一带一路"国家占对外投资国家的 60% 以上

2013 年"一带一路"倡议的提出，使得越来越多的纺织企业将投资区位选在了这些与中国签订合作文件的"一带一路"国家。由商务部发布的《境外投资企业（机构）名录》（以下简称《名录》）包含了2015年及2015年前境内企业对外投资的备案情况，其中包含了境内企业对外投资主体名称，对外投资东道国和地区，对外投资设立的机构名称，企业在东道国和地区的经营范围及核准投资的日期等信息。由于更新版本的《名录》公布的信息不完整，因此本研究依旧采用2015年公布的《名录》数据，在其中筛选出2005—2015年我国纺织企业对外投资的相关数据来展开相关研究。

首先在核准日期中删除2005—2015年以外的数据，然后分别对境内投资主体名称和经营范围进行关键词的检索，通过汇总初步得到进行OFDI的涉及到纺织类产品的企业，然后在国家/地区一栏中筛选"一带一路"国家和地区，得到经初步筛选的投资"一带一路"国家的企业，接着在所得数据中一一筛选，将贸易、批发、零售类的企业剔除，最终得到2005—2015年对74个"一带一路"国家进行OFDI的，主营业务为化纤、棉纺、毛纺、丝绸、麻纺、印染、长丝、针织、服装等12个纺织行业的企业。

通过对《境外直接投资企业（机构）名录》企业筛选整理，发现2005—2015年我国纺织企业对外设立机构共1973家，对74个"一带一路"沿线国家和地区投资设立的企业（机构）数目高达1222家，平均占比为62%，说明我国纺织企业对外投资区位中60%以上，都位于"一带一路"沿线国家和地区，具体情况如表3-5所示。

表3-5 2005—2015年我国纺织企业境外投资企业（机构）数目统计表

年份	境外投资企业数目（所有国家）	境外投资企业数目（"一带一路"沿线国家和地区）	投资"一带一路"沿线国家和地区企业数目占比
2005	130	89	68%
2006	165	106	64%
2007	151	93	62%
2008	173	113	65%
2009	209	132	63%
2010	222	135	61%

续表

年份	境外投资企业数目（所有国家）	境外投资企业数目（"一带一路"沿线国家和地区）	投资"一带一路"沿线国家和地区企业数目占比
2011	156	84	54%
2012	183	118	64%
2013	160	93	58%
2014	193	110	57%
2015	231	149	65%
总计	1973	1222	62%

数据来源：根据《境外直接投资企业（机构）名录》整理得出。

(3) 对外投资的东道国比较集中

从对外投资企业数量看，纺织企业投资企业和机构数目最多的前20个国家占总体113个国家投资数目的74%（表3-6），反映出中国的纺织服装企业设立分支机构的国家比较集中。20个国家中有8个国家属于发达国家，在这8个发达国家所设立的纺织服装企业（机构）数目约占总体的38%；其余12个国家属于发展中国家，在这些国家所设立的纺织企业（机构）数目约占总体36%。

表3-6　2003—2015年中国纺织企业境外投资企业（机构）主要国家分布

投资东道国	所属大洲	分支机构数量	占总体百分比
美国	北美洲	392	18%
阿联酋	亚洲	153	7%
柬埔寨	亚洲	129	6%
俄罗斯联邦	欧洲	104	5%
日本	亚洲	95	4%
韩国	亚洲	93	4%
越南	亚洲	92	4%
意大利	欧洲	77	4%
英国	欧洲	58	3%
尼日利亚	非洲	58	3%

续表

投资东道国	所属大洲	分支机构数量	占总体百分比
缅甸	亚洲	48	2%
孟加拉国	亚洲	46	2%
德国	欧洲	43	2%
澳大利亚	大洋洲	41	2%
加拿大	北美洲	35	2%
南非	非洲	34	2%
印度	亚洲	32	1%
巴西	南美洲	28	1%
埃塞俄比亚	非洲	27	1%
智利	南美洲	27	1%

资料来源：根据《对外直接投资企业（机构）名录》整理。
注：以上所列示的国家为投资数量前20的国家。

美国是中国纺织服装企业投资数量最多的国家，2003—2015年间有近400家分支机构在美国设立，占境外投资的纺服装企业（机构）总数的约18%。美国良好的投资环境和较大的华人群体吸引了许多中小型纺织服装企业去当地设立分支机构，并且当形成一定规模的聚集后聚集效应吸引更多的中国企业去投资。除美国外，亚洲的阿联酋、柬埔寨、越南、日本、韩国等国家也分布较多，转移到欧洲较多的国家有俄罗斯、意大利、英国等国，非洲设立分支机构较多的有尼日利亚、南非和埃塞俄比亚，虽然目前来看在非洲国家的投资企业总量不算大，但是在非洲投资这几年有增长的趋势。

3.3.4 对外投资的梯度差异

按照对外投资企业数量的不同可划分出4个不同梯度，其中：1000家及以上为第一梯度，500—1000家为第二梯度，100—500家为第三梯度，0—100家为第四梯度。从对外投资企业的数量上看，中国纺织产业海外转移呈现出明显的地区梯度差异，通过对2005年至2015年对外投资的纺织企业数量的统计，浙江省和江苏省分别以2459家和1027家海外纺织企业遥遥领先于其他省市，位列第一梯度；山东省和广东省位列第二梯度；湖南、福建、江西、河南、辽宁、北京、天津 7 省市位于第三梯度；其余省市位于第四梯度。

表 3-7　纺织产业对外投资梯度分布表

名称	省份
第一梯度（>1000 家）	浙江、江苏
第二梯度（500—1000 家）	山东、广东
第三梯度（100—500 家）	湖南、福建、江西、河南、辽宁、北京、天津
第四梯度（0—100 家）	内蒙古、黑龙江、吉林、宁夏、山西、安徽、湖北、重庆、甘肃、青海、西藏、新疆、四川、贵州、云南、广西、海南、河北、陕西

资料来源：商务部历年《对外投资企业名录》整理。

从金额上看，2015—2019 年中国纺织企业 OFDI 金额地区比重构成，从中可以看出，中国纺织企业 OFDI 投资主体大部分都位于东部地区，占比 93.71%，西部、中部和东北三省所占的比例较少，分别占 3.55%、2.05%、0.70%。

表 3-8　中国纺织产业对外投资来源地区分布

纺织产业对外投资来源地区	对外投资占纺织产业总金额比重（%）
东部地区	93.7
西部地区	3.55
中部地区	2.05
东北三省	0.70

资料来源：商务部快报

图 3-7 是 2015—2019 年全国各省市纺织企业 OFDI 流量额，从图中可以看出，中国纺织企业 OFDI 投资主体主要集中在东部沿海城市山东省、浙江省、上海市、江苏省、福建省和广东省。其中，山东省的 OFDI 流量规模最大，金额达 357.72 亿美元，在中国纺织企业 OFDI 中起到了领头的作用。

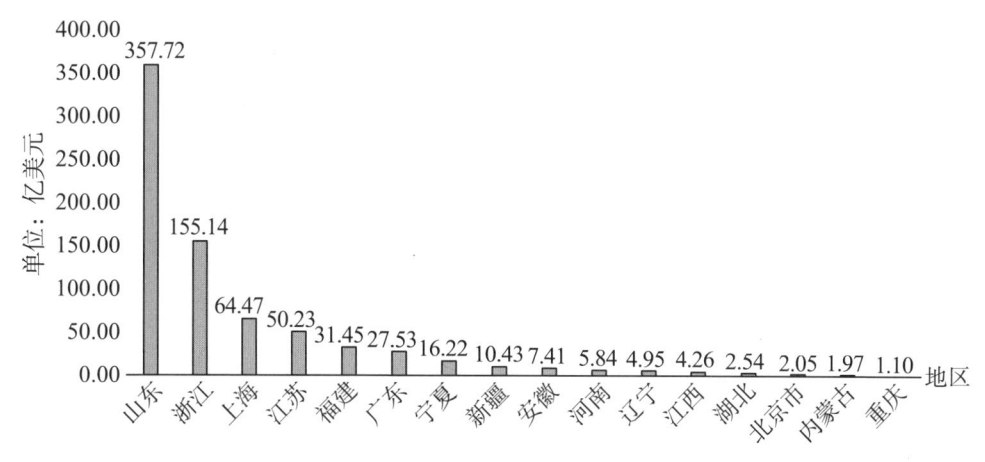

图 3-7 2015—2019 年全国主要各省市纺织企业 OFDI 总金额

数据来源：商务部快报数据。

注：本文选取的是 5 年投资总额超过 1000 万美元的地区。

通过对纺织产业海外转移的省份梯度划分可以看到，目前中国纺织产业转移的主力集中在东部沿海地区，以山东、浙江、江苏、上海和广东省最为突出，这几个地区也是中国纺织产业的集中地，最先受到国内成本上升和国际贸易收紧的冲击，最先谋求产业的海外布局以扩大经营规模和追求利润增长。

纺织产业对外投资过程中所呈现出来的地区梯度差异也反映出中国纺织产业发展不均衡的现状，在国家大力倡导产业东西部转移的浪潮中，大多数的纺织产业依旧集聚在东部沿海省份。这一方面是因为纺织产业属于对外贸易依存度较高的产业，对内转移不利于产品的出口，另一方面由于东部沿海地区已经形成较好的产业集聚效益，纺织产业相应的配套生产企业和设施已相当完善，单个企业在对内转移的过程中将面临重建成本高、配套设施不完善等阻力。

3.3.5 对外投资的价值链环节

中国纺织企业对外投资具有鲜明的工序化产业转移的特点。在纺织服装业的全球价值链中，除了行业本身生产制造环节外，还涉及研发、知识产权、品牌，以及批发零售和流通等环节（王飞和郭孟珂，2014）。纺织企业的转移不是全产业链的转移，而是将某个价值链环节或者某几个环节转移到海外，从价值链环节来看企业的对外投资不是在海外设立一个全产业链的企业，而是在海外建立生产工厂、销售机构或研发中心等，对全球资源进行整合。

(1) 划分方法和依据

通过整理《名录》中中国纺织企业对外直接投资企业（机构）的经营范围，发现企业的经营范围大致包含纺织服装的研发设计、生产加工、销售营运以及非营利性机构这四个不同环节，这样的划分和孟醒和董有德（2015）的做法类似，不过他们是对于《名录》所有企业进行分类，而本研究是对于所研究的纺织企业进行的划分，通过对一个特定行业类型企业的不同价值链环节划分，可以更加直观地看出这个行业中企业的发展情况。参照已有文献关于企业价值链环节的划分标准（徐康宁和陈健，2008；孟醒和董有德，2015），结合《名录》中纺织服装企业的经营范围特点，将中国纺织企业海外设立分支机构按照研发设计、生产加工、营运销售和驻外机构4个价值链的环节进行划分，见表3-9。

表3-9 纺织服装企业海外分支机构的经营范围与价值链划分

价值链环节划分	海外分支机构的经营范围
研发设计	服装设计、服装款式开发、纺织机械设计研发等
生产加工	毛绒、面料等纺织品的生产加工、纺织机械生产
营运销售	面料、服装、皮革等各类纺织品以及纺织机械销售
驻外机构	开发市场、收集信息、联络客户、承接订单等

资料来源：作者根据《对外直接投资企业（机构）名录》整理。

一家纺织企业在东道国进行投资可能只包含研发、生产、销售中的某一个环节；也可能同时包含其中两个到三个环节，既有生产也有销售，或既有研发也有销售，或是三个环节都有涉及。参照徐康宁和陈健（2008）的做法，若一家境外投资的企业（机构）涉及几个不同的价值链环节则分别将其计入不同价值链环节下各一次。

例如，青岛即发集团股份有限公司在越南设立的子公司即发成安（越南）纺织有限责任公司，其经营范围是纺织品、服装服饰制造加工和销售；织布、坯布染色、印花、服装水洗加工，那么认为该企业在越南投资的分支企业涉及生产加工和营运销售两个环节，所以为了统计不同价值链环节的企业分布数目，将该企业分别计入这两个环节各一次。

(2) 各价值链分支机构数量分布

按照上述方法进行统计，得到中国纺织企业境外投资的企业（机构）价值链环节共有2900多个，包括所设立的办事处、研发设计、营运销售和生产加工四个环节，图3-8。可以看到，纺织企业对外投资的营运销售环节最多，比生产环节的两倍还多，说明在2003—2015年期间的中国纺织企业对外投资主要是为了进行产品销售，扩大销售市场；在贸易关税壁垒环境下，纺织企业通过对外投资的方式直接将企业设立在目标销售市场，以此来减少贸易壁垒的影响。其次纺织企业转移较多的环节就是生产加工环节，而办事处和研发设计环节相对较少。

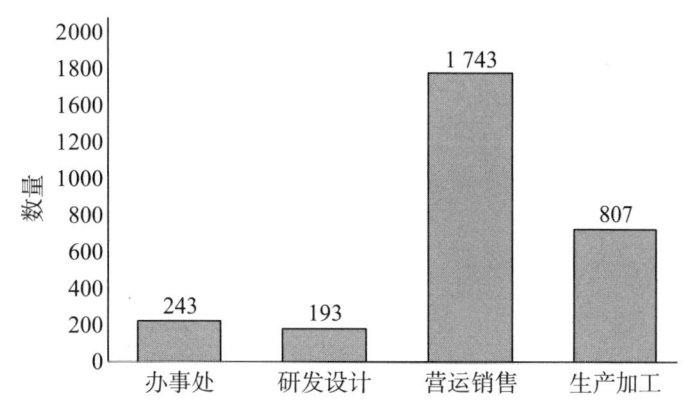

图3-8 中国纺织服装企业对外投资的价值链分支机构数目

资料来源：作者根据《对外直接投资企业（机构）名录》整理得出。

(3) 不同价值链的分支机构的数量时间变化趋势

从时间趋势来看，纺织产业整体上在2003—2015年期间对外投资数量逐年增加，但是2011—2013年间下降趋势明显。将对外投资的企业机构按照价值链环节来进行划分后发现各价值链环节的投资也遵循同样的规律，其中生产加工环节和营运销售环节表现较为明显。

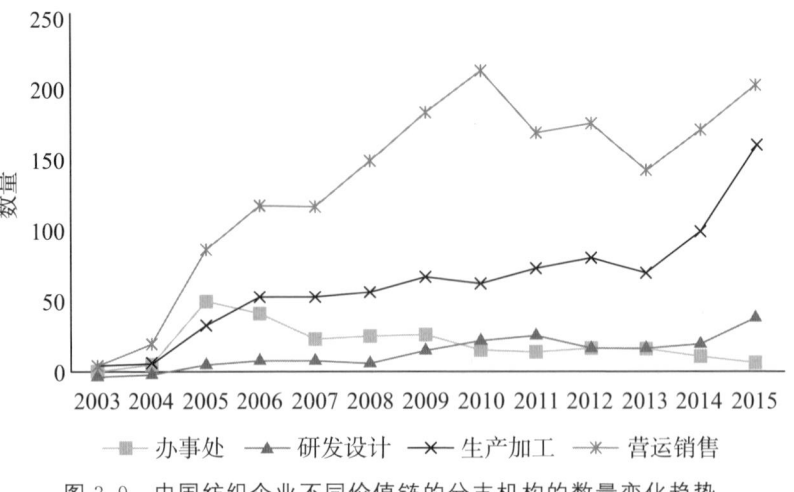

图 3-9 中国纺织企业不同价值链的分支机构的数量变化趋势

资料来源：根据《境外投资企业（机构）名录》整理。
注：因为 2015 年后商务部不再公布经营范围数据，所以最新数据只能到 2015 年。

如图 3-9 所示，营运销售环节的分支机构数量在 2005—2010 年期间都保持较快速度增长，但是 2011—2012 年期间下降较多，2012 年后对外投资的机构数目又回升并保持快速增长；而生产加工环节在 2012 年以前对外投资保持稳定缓慢增长，2012 年开始出现飞速增长；研发设计环节数量则是从无到有保持小幅上升的趋势，同样也是 2013 年后增长较快；而设立的办事处的数目在 2005 年后增长速度开始下降，之后保持平稳。

（4）产业链整体转移趋势增强

在产业转移的过程中，产业集群和产业链整体转移趋势增强。例如，百隆东方在越南投资建厂不久，位于产业链下游的申洲国际、山东鲁泰等面料和即发、东渡等针织服装大型企业跟随建厂，当前越南纺织工业园区中天虹集团（纺纱）、鲁泰集团（纺纱、色织面料、制衣）、百隆东方（纺纱）、申洲国际（针织服装、面料）、青岛即发（针织、梭织、无纺布和服装）、华孚色纺（纺纱）、华利达集团（面料、服装）、华纺集团（服装面料、染整）等众多中国纺织企业已经入驻，通过垂直产业链的合作，产业集群和产业链配套能力增强。

3.4 中国纺织产业对外投资的特点

3.4.1 对外投资呈现多区域、多行业和多形式的特点

中国纺织行业对外投资呈现多区域、多行业和多形式发展的态势。纺织企业对外投资覆盖了整个纺织服装产业链,从上游的棉花、麻等原材料,到棉纺、毛纺、化纤等中间产品,再到服装、家纺产品等最终消费品,甚至还包含了纺织机械等纺织类相关商品。据不完全统计,中国纺织业对外投资存量超过110亿美元,分布在超过100个国家和地区,涵盖东南亚、北美、欧洲、澳大利亚、非洲等重点区域,主要投资企业来自浙江、江苏、山东等沿海省份。纺织业对外投资形式包括了绿地投资、股权并购、资产收购和合资等典型对外投资形式。

3.4.2 棉纺和针织行业成为境外绿地投资热点

过去几年棉花收储政策导致国内棉价比国际棉价平均高出30%,严重削弱了中国棉纺行业的国际竞争力,2012、2013年中国分别进口棉纱线153万吨和210万吨,同比增长分别高达69%和37%。这种情况下,国内的棉纺企业开始成规模地进行海外投资,天虹、百隆、华孚、新大东、裕纶等企业在越南的棉纺投资合计已超过100万锭,岱银在马来西亚、科尔在美国的棉纺项目也进入投产阶段。无锡一棉在非洲埃塞俄比亚投资30万锭纺纱项目。由于缝纫环节的劳动密集型特点,针织服装加工也是纺织业对外投资的热门行业。

3.4.3 "中国+周边国家"的制造基地对外投资模式

中国纺织产业要通过对外投资实现产业链的跨国整合和价值链的全球突破。通过绿地投资、合作进行生产力的跨国布局,打造"中国+周边国家"(重点是东南亚和南亚地区)的制造基地布局模式,维持和提升中国纺织工业

在全球供应链中的国际领先优势。

东渡集团就是其中的典型企业：自 2003 年开始战略布局，东渡在国内苏南张家港本部、苏中（2005 年）、苏北宿迁泗阳（2013 年），国外马来西亚（2003 年）、越南和柬埔寨（2008 年）建立了数个生产基地（其中越南为了防控风险，采用将订单外包当地工厂的方式进行），东南亚三国的用工人数已经约 2 万人，2014 年东渡超过一半的服装产量都已由东南亚国家生产，但对技术、环保要求很高的面料工厂和研发中心仍布局在国内。江苏华瑞集团也表示国内和东南亚各一半的产能对企业较为理想，1998 年他们就到柬埔寨设立服装工厂，2002 年在越南也进行了投资，目前运营状况都比较良好。

3.4.4 通过并购等模式提升全球价值链地位

纺织企业通过并购等模式对产业链两端的原料资源、设计研发、品牌和市场渠道，进行全球范围内的垂直延伸和掌控，带动行业整体上朝世界纺织产业价值链的高附加值领域渗透。上游原料、品牌技术的跨国并购日益增多，对国外优质设计资源、市场渠道资源的掌控也多有成功探索。例如，在上游原料资源掌控方面，2012 年如意用约 15 亿元收购澳大利亚卡比棉田农场和轧棉厂。品牌并购方面，2007 年雅戈尔收购 SMART 和 XINMA 股份，2009 年中银绒业收购英国邓肯纱厂，2010 年如意收购日本上市公司瑞纳株式会社且在英国、意大利、德国、印度等国进行了一系列的品牌收购，2013 年万事利收购法国丝绸企业 MARCROZIER 并邀请原爱马仕丝绸控股集团 CEO 加盟万事利集团进行品牌运营，2014 年玛丝菲尔收购意大利 Krizia 品牌。

3.4.5 通过多种融资模式和专业化服务支持企业对外投资

纺织企业对外投资跨国布局日趋理性，对境外融资、综合成本、投资安全和全程风险管理非常重视。境外投资的融资成本问题是产业境外投资的热点问题，企业的境外投资并购都在充分利用当前美元融资成本较低的时间窗口。例如，岱银在马来西亚棉纺项目的 6000 万贷款是由新加坡和我国香港的银行共同提供的，项目的综合融资成本比国内显著降低。

同时，企业也越来越重视投资并购的专业尽职调查和可行性分析，对劳动力充足程度和成本、劳动生产率、原料供应、产业链配套、基础设施、销售市场、管理人才等诸多因素统筹考虑，计算综合成本，注重发挥投资目的地的真正优势。此外，投资安全和风险防控是企业最为关注的因素，全面了解投资地的法律制度、政治和工会环境、文化风俗，以及选择恰当的投资交易架构、税务安排和管理团队非常重要。例如，目前自主品牌国际化最为成功的江南布衣，其海外渠道建设就采取了灵活选用当地有实力的代理商为主、稳步推进直营店建设为辅的方式。江南布衣之所以依靠各国的合作伙伴和代理商进行零售网络布局，是因为考虑到各国市场差异较大，公司的国际化管理人才储备也未能尽善尽美的显示，鉴于海外当地公司更加了解市场，了解品牌进入所需的条件和必要行动，因此请当地合作伙伴帮助江南布衣品牌进入市场的成功概率很大。

3.5 中国纺织产业对外投资的问题

3.5.1 对外投资与产业空心化问题

对外投资会不会造成中国纺织产业流失和产业空心化？中国纺织工业最大的挑战之一是中国纺织业大批优秀产业工人正在老去的问题。"90后"和"00后"进车间当工人的积极性极低。在这种大背景下，很多服装加工环节转移到越南、柬埔寨和缅甸等国是可以理解的，其根本动力不仅仅是为了较低的劳动力成本，而是为了有充足数量的劳动力。但东盟十国一共只有6.3亿人口，且各国的差别分化又较大，能够从事纺织服装生产的合格劳动力数量不宜高估，较低成本的持续时间也不容乐观。据即发集团介绍，其越南工厂的工人月工资已从2005年的60美元涨到2014年的250美元，生产效率差不多是国内工人的80%～90%，柬埔寨工人虽然工资在120美元/月，但生产效率只有国内工人的50%（徐迎新，2015，2019）。另一方面，产业的时尚设计、科技研发与产品创新、流行引导、品牌的国际和互联网营销等各个环节都需要大量高质量的受过高等教育的人才。相比东南亚、中南美、非洲区域，中国的纺织专业人才储备量高很多，具有优势。

3.5.2 单边贸易保护主义对纺织产业对外投资的限制

部分欧美国家以威胁国内市场公平竞争、危害国家公共安全等为由，普遍加大对中资企业海外投资的审查和监管力度，设置新的限制性规定。例如，美国政府对华经贸政策转向保护主义、保守主义和本土主义。反映在专门审查外国投资的法案上，其对来自中国的投资管制在持续增强。

2018年8月，时任美国总统特朗普签署生效《外国投资风险评估现代化法案》（Foreign Investment Risk Review Modernization Act，以下简称FIRRMA），其旨在加速完成强化外资监管，对美国外资安全审查制度中的实体和程序规则进行了多方位改革。FIRRMA对中国企业对外投资的影响体现为：一是外资安全审查将对中国企业进一步施压。美国外资安全审查对象理论上应该聚焦"投资项目"，而非"投资者本身"。实践中，投资者的背景，尤其是其国籍、企业所有权归属与股权构成、与母国政府的关系以及高层管理人员背景等都是重要的审查因素。中国投资遭遇了罕见的数次"总统否决"。二是赴美投资将更加困难。此次FIRRMA的颁布使外资审查程序更为复杂并对美国投资行为的"流产"可能性加大。三是引发其他国家效仿，形成连锁反应。随着中国企业全球化的发展，欧盟已经有所跟进，通过了外国投资审查制度，加强对中国企业投资的审查和监管力度。

中国纺织企业在美国直接投资大多寻求战略资产，包括技术、品牌和人才，也有接近消费者和巩固市场份额的动因。中国在欧美国家的直接投资近年来上升显著。对美国的投资，2011—2015年平均每年增长30%，年度投资额从2011年的不足50亿美元增长到2015年的150亿美元，2015年，中国对美国直接投资年度流量首次超过当年美国对中国直接投资流量。中国对美国的直接投资增多引发了美国的忧虑，而加强投资管制正是为了防止技术外流和打压中国企业。这是中国纺织企业转移到美欧等发达国家时不得不考虑的外部不利环境。

3.5.3 制度距离和文化距离等带来的外来者劣势问题

外部环境方面，企业对外投资的过程中会遭受"异国经营成本"（Hymer，1976），即外来者劣势问题，包括外来歧视、地理距离、制度距离、心理距离和文化距离等。中国纺织企业对外投资面临投资地政府腐败、法律不规范等制度因素；遇到基础设施不健全、信用环境不稳定、经济不平衡、政治性风险等问题，使对外投资决策复杂（陈祎婷，2018）。不少低成本国家和地区的地缘关系复杂、宗教民族冲突严重、政局不稳定，特别是中亚、南亚和非洲一些地区，无形中提高了对外投资的风险与成本。海外投资也会遇到社会动乱、罢工等经营风险事件，企业需要有预案。此外，由于可能存在的双重外汇管制，即中国资本项下的外汇管制和东道国的外汇管制，对外投资企业将面临额外的外汇财务风险。

3.5.4 纺织企业的跨国经营能力缺乏

内部环境方面，中国纺织企业所拥有的核心能力和战略资源欠缺，影响了企业国际扩张的内生动力。国内学者对中国纺织产业对外投资的问题进行了分析：如缺乏跨国经营的人才、经验和技术优势（俞涔，2008）；缺乏海外销售经验（盛宝奎，2008）；投资地政府腐败、法律不规范等制度因素（王瑾和李国胜，2012）；纺织服装产业空间布局影响因素增加（吴爱芝，李国平和马笑天，2017）等。与资源类或基础设施类投资企业相比，纺织企业的规模实力偏小、抗风险能力差。

3.5.5 海外投资风险明显上升

一方面，部分欧美国家以威胁国内市场公平竞争、危害国家公共安全等为由，普遍加大对中资企业海外投资的审查和监管力度，设置新的限制性规定；另一方面，境外监管法规日益繁杂，对公司治理、反洗钱、反恐、反逃税、行贿以及知识产权保护等方面监管约束日益严苛，审查标准更趋严格。微观层面，企业信用风险显著上升。过去几年中资企业"走出去"失败率较高,投资并购领域存在决策盲目性,产生"跟风炫耀"及"蛇吞象"等现象,对并购标的价值缺乏理性评估,出现非理性投资,经营整合能力较弱。

3.6 中国纺织产业高质量发展的现状与问题

本文从中国纺织产业在全球价值链的地位、数字化、绿色化、产业组织和贸易结构几个方面对中国纺织产业高质量发展的现状问题进行分析。

3.6.1 中国纺织产业在全球价值链的地位

(1) 纺织产业全球价值链特点

纺织产业链比较长,从原料开发到纱线设计与生产,再到设计、裁剪、缝制、检验、最终成衣,以及对服装的营销零售构成了纺织服装的产业链(Appelbaum & Gereffi, 1994),图 3-10,纺织服装的产业链主要可以分成五个部分,即原料供应环节、各部件供应环节、生产环节、出口环节以及营销环节(张少军,2009)。

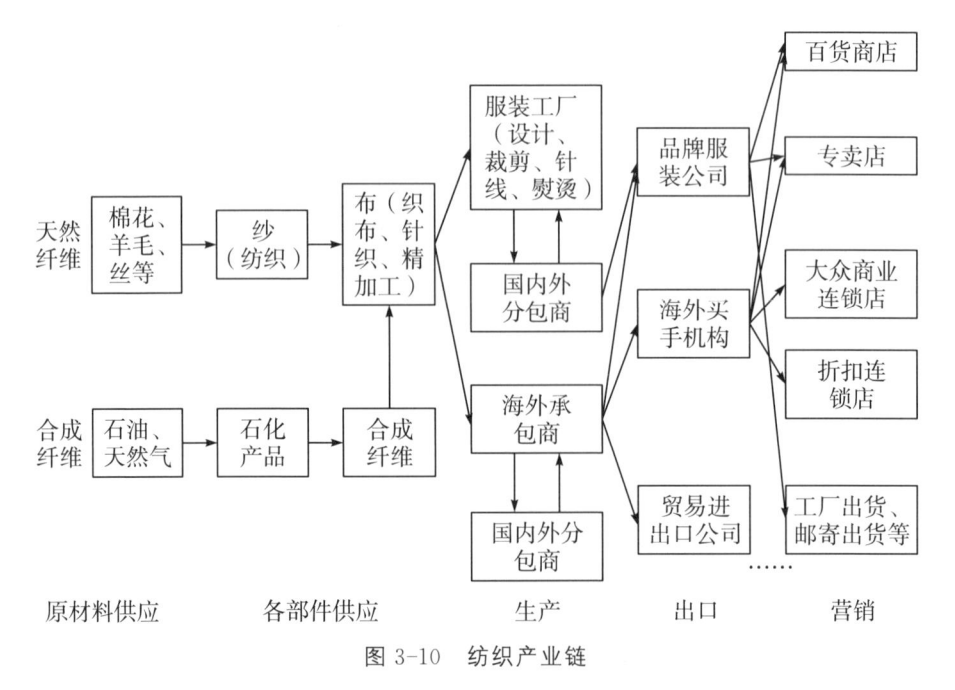

图 3-10 纺织产业链

资料来源:Appelbaum & Gereffi, 1994。

作为全球化程度比较高的产业，纺织产业价值链的全球分布特点显著，各国企业根据自身的比较优势专业于价值链的某一个或某几个环节，形成了以发达国家跨国公司为主导的，广大发展中国家从事附加值最低的缝合制作环节，由于各个环节进入壁垒和竞争程度不同，附加值不同，形成了从设计研发、纺织加工、缝合制作、生产协调、品牌营销的"高—低—高"的"U"型微笑曲线。

（2）中国纺织产业在全球价值链地位的测算

全球价值链分工条件下，大量的原材料和中间品在不同分工国家之间频繁流入流出，一国的出口通常可以分解为两部分，一是国内贸易增加值（Domestic Value-added，DV），即包含在出口品中的国内成分，实现的是出口国的贸易增加值。二是外国贸易增加值（Foreign Value-added，FV），即包含在出口品中的进口（资源品、中间品进口）成分，实现的是进口国的贸易增加值。因而，在传统出口额中，只有国内贸易增加值才是本国参与国际分工获取的附加价值。

此外，由于产品出口后可能表现为三种情形：一是被进口国直接消费，从而直接实现国内增加值；二是进口国再次加工并出口到第三国，从而间接实现国内增加值；三是进口国再次加工并出口回出口国，该部分是通过出口国进口而实现的，故被称为增值折返或复进口。因而，出口产品中的国内增加值部分（DV）又可以分为直接出口增加值（direct value-added，dv）、间接出口增加值（Indirect value-added，iv）及增值折返（re-import，ri）三部分。

在研究贸易增加值核算的基础上，Koopman，Powers &Wang and Wei（2010）构建了 KPWW 方法，该方法将出口总值分解为五个部分，阐释了出口产品的增加值来源。2014 年，Koopman 等（2014）又进一步细分了出口，算出了贸易总额中重复计算的部分，并对其来源、流向和目的地等进行了进一步的解释说明，更为清晰地描述了一国在全球价值链上的贸易分工，对以增加值法测度分工地位具有重要意义。本研究采用 Koopman 等（2014）的方法测算 GVC 参与度指数（GVC-Participation Index），以及测算一国某产业在全球价值链上所处的国际分工地位的指标——GVC 地位指数（GVC-

Position Index)。具体测算方法如下：

$$GVC\text{-}Participation_{ir} = \frac{IV_{ir}}{E_{ir}} + \frac{FV_{ir}}{E_{ir}} \qquad 式（3-1）$$

$$GVC\text{-}Position_{ir} = \ln\left(1 + \frac{IV_{ir}}{E_{ir}}\right) - \ln\left(1 + \frac{FV_{ir}}{E_{ir}}\right) \qquad 式（3-2）$$

其中，IV_{ir} 表示 r 国 i 产业出口到别国的中间品贸易额——间接增加值，这个指标用附加值贸易（Trade in Value Added，TiVA）数据库中出口总值中的间接国内增加值（IDC）来表示；FV_{ir} 表示 r 国 i 产业的最终产品出口中包含的外国进口中间品的价值，用 TiVA 数据库中的总出口中的国外增加值（FVA）表示；E_{ir} 表示 r 国 i 产业以增加值计算的出口总额，用 TiVA 数据库中的总出口（EXGR）表示。$\frac{IV_{ir}}{E_{ir}}$ 表示 r 国 i 产业的总出口中间品增加值的比重，称为 GVC 向前参与指数，$\frac{FV_{ir}}{E_{ir}}$ 表示 r 国 i 产业的总出口中国外增加值所占比重，称为 GVC 向后参与指数。

该指标的构建思路是，当 i 国 r 部门在全球价值链的位置靠近上游（研发、设计、市场营销、售后服务等），即更多的是为他国提供中间品，而不是从他国进口中间品，则 GVC 地位指数＞0，表示该部门的国际分工地位更加有利，其出口创造的国内增加值相对较高；反之，如果 i 国 r 部门处于全球价值链下游环节（零部件生产、成品组装等），即更多的依靠从他国进口中间品，而不是为他国提供中间品，则 GVC 地位指数＜0，表示该产业在国际分工中处于不利地位，其出口部门创造的国内增加值越低。

因而，GVC 地位指数实际上是基于增加值的视角而构建，其内涵在于，一方面从贸易对经济增长贡献的角度，刻画了出口部门对国内增加值贡献的差异，国际分工地位越高的出口部门，对于经济增长的贡献越大，而国际分工地位越低的出口部门，对于经济增长的贡献越小。另一方面，从贸易增长的动力角度，较低的国际分工地位意味着出口国的出口增长更多建立在中间产品进口的基础之上，属于外源型贸易增长模式；而较高的国际分工地位意味着出口国的出口增长更多建立在国内生产能力基础之上，属于内生型贸易增长模式。

(3) 中国纺织产业全球价值链地位的变化

本章数据来自 OECD-WTO 联合发布的附加值贸易 TiVA 数据库 2018 年版。TiVA 数据库包含一系列衡量国际贸易流量和最终需求的附加值指标，旨在更好地追踪全球生产网络和供应链，该数据库数据来源于 OECD 国际投入产出（ICIO）数据库，2018 版数据库涵盖了 64 个国家，包括 2005—2015 年出口、进口和最终需求中的增值来源，并根据 ISIC 第 4 版，将制造业分为了 9 大类。本研究选取 TiVA 数据库中的"纺织品、皮革及制鞋业"作为对纺织行业的总称。中国纺织产业全球价值链参与度和全球价值链地位测算的结果如表 3-10 所示。

表 3-10　中国纺织产业全球价值链参与度和全球价值链地位指数

年份	前向参与度	后向参与度	GVC 参与度	GVC 地位指数
2005	0.458	0.175	0.633	0.216
2006	0.459	0.168	0.626	0.223
2007	0.476	0.153	0.629	0.247
2008	0.47	0.14	0.61	0.255
2009	0.476	0.112	0.589	0.283
2010	0.447	0.122	0.568	0.255
2011	0.447	0.131	0.578	0.246
2012	0.461	0.123	0.585	0.263
2013	0.463	0.119	0.582	0.269
2014	0.468	0.115	0.583	0.276
2015	0.494	0.102	0.596	0.304

资料来源：根据 TiVA 数据库数据测算。

通过计算 GVC-Participation 和 GVC-Position 两个指标，2005—2015 年期间中国纺织产业的 GVC 参与度指数一直较高且稳定在 0.5—0.7 之间，说明中国纺织产业参与全球价值链分工体系的程度一直较深。且向前参与指数一直高于向后参与指数，即中国纺织产业出口中的国内增加值率高于国外增加值率，国内增加值为中国纺织产业总出口的主要价值来源。但是 GVC 参与度总体上呈下降趋势，特别是 2010 年下降幅度比较大，随后缓慢上升，但是直到 2015 年依然没有达到 2008 年的水平。中国纺织产业的 GVC 地位指数总体呈现上升趋势，国际分工地位向全球价值链上游攀升的趋势较为明显，GVC 地位指数呈现"S"型曲线增长（图 3-11），先上升，但在 2010 年和 2011 年下降，随后 2012 年到 2015 年都呈现上升趋势。

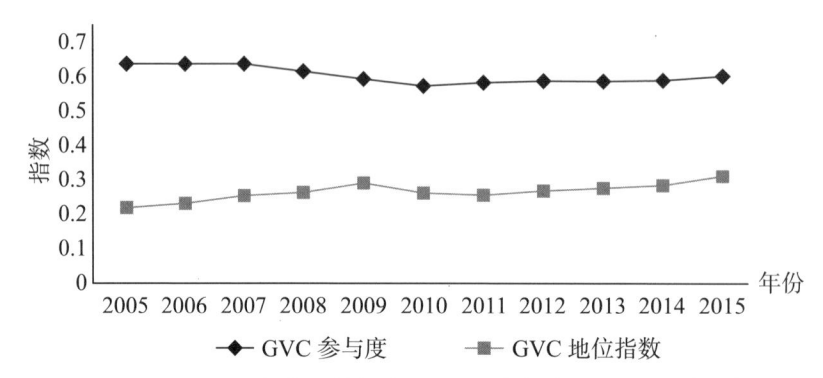

图 3-11　2005—2015 年中国纺织产业 GVC 参与度和 GVC 地位指数变化

资料来源：根据 TiVA 数据库数据测算。

从国际比较看：中国纺织产业的全球价值链参与度在全球是第 19 位，并不高（表 3-11）。但是中国纺织业在全球价值链中的地位出现了显著的攀升，2005 年时，中国纺织业 GVC 地位指数排在第五位，在 2015 年时已经跃升至第一位（表 3-12），这意味着中国的纺织产业在全球价值链地位上有很大的提升。

表 3-11　2015 年纺织业全球价值链参与指数排名前 30 位国家（地区）

排名	国家（地区）	全球价值链参与指数
1	南非	0.7072
2	中国香港地区	0.6537
3	美国	0.6468
4	北美	0.6388
5	比利时	0.6353

续表

排名	国家（地区）	全球价值链参与指数
6	印度尼西亚	0.6345
7	中国台湾地区	0.6339
8	新西兰	0.6334
9	马耳他	0.6265
10	新加坡	0.6143
11	西班牙	0.6130
12	丹麦	0.6125
13	加拿大	0.6078
14	德国	0.6050
15	马来西亚	0.6040
16	越南	0.6012
17	墨西哥	0.6002
18	智利	0.5970
19	中国	0.5958
20	瑞士	0.5944
21	希腊	0.5935
22	捷克共和国	0.5856
23	韩国	0.5848
24	俄罗斯联邦	0.5819
25	日本	0.5816
26	奥地利	0.5790
27	印度	0.5777
28	荷兰	0.5761
29	法国	0.5691
30	芬兰	0.5662

资料来源：根据 TiVA 数据库数据测算。

表 3-12 2015 年中国与其他部分国家制造业细分行业的 GVC 地位指数

行业	中国	澳大利亚	巴西	俄罗斯	美国	日本	印度	德国	韩国
全制造业	0.252	0.274	0.265	0.251	0.190	0.174	0.090	0.022	−0.066
食品、饮料和烟草	0.391	0.323	0.384	0.312	0.361	0.249	0.490	0.085	0.184
纺织品、皮革和鞋类	0.304	0.063	0.189	0.092	0.247	0.132	0.194	0.061	−0.013
木材、纸制品、印刷出版	0.318	0.221	0.254	0.255	0.252	0.237	0.235	0.084	0.069
其他制品	0.307	0.166	0.209	0.225	0.219	0.225	0.106	0.101	0.082
化学品和非金属矿产品	0.274	0.171	0.217	0.280	0.173	0.122	−0.016	0.008	−0.159
基本金属和金属制品	0.300	0.371	0.251	0.222	0.226	0.143	0.015	0.049	−0.057
机械设备制造	0.303	0.106	0.181	0.190	0.150	0.192	0.026	0.048	0.027
电气光学设备	0.176	0.037	0.182	0.130	0.084	0.173	−0.056	0.011	−0.105
运输设备	0.268	−0.020	0.183	0.130	0.189	0.202	0.066	−0.013	0.006

数据来源：根据 TiVA 数据库数据测算。

3.6.2 纺织企业数字化转型现状与问题

随着中国互联网和物联网技术的愈发成熟，中国传统纺织企业的数字化发展是必然趋势。李文瑞等（2018）认为纺织企业智能化发展有三个环节：企业与物联网和互联网互相连通；构建企业数据智能系统；实现智能化数据管理及运用。缪顾贤等（2020）以长三角纺织服装产业为研究对象，提出数字化建设路径，包括搭建互联网平台以及有效使用数字化技术等，认为数字化技术可以从设计、管理、制造、营销以及服务五大方面提升纺织服装的智能化升级,并以此构建纺织服装产业数字化转型指标。

吴静等(2020)发现制造业数字化程度较低,且仅有行业领头企业进行数字化转型。张夏恒(2020)则从企业层面发现许多中小企业还未重视数字化转型,因而数字化基础过于薄弱,阻碍了企业的数字化转型之路。基于上述研究,上市公司是纺织产业的优秀领头企业,本文选取纺织企业上市公司数据分析纺织产业数字化转型现状。

本文构建企业数字化转型水平指标,模型建立如下:

$$Dig_{ir} = x_1 INF_{it} + x_2 DS_{it} + x_3 DP_{it} + x_4 FDM_{it} \quad 式(3-3)$$

上式为企业数字化转型水平指标 Dig 测算方法,INF 为数字化基础设施,以企业是否有邮箱、网站表示;DS 为数字化研发投入,以研发投入占营业收入比重表示;DP 为数字化人员投入,研发技术人员占比表示;FDM 为财务数字化管理,以企业是否使用 ERP 等系统表示。下标 it 表示 t 年 i 企业,x_1、x_2、x_3 和 x_4 为权重,通过层次分析法获得。本文选取了 58 家上市公司数据,采用熵值法,进行测算,结果如下,可以看出,2013—2019 年纺织企业数字化水平在逐年提高。

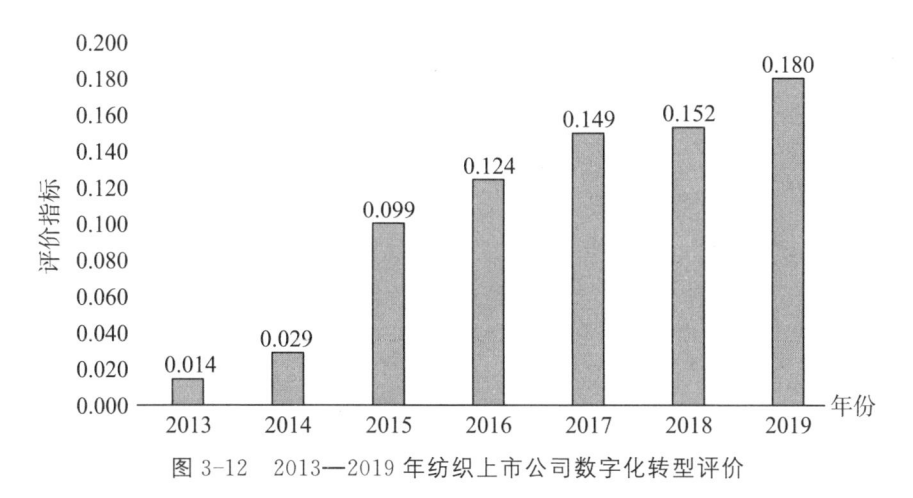

图 3-12 2013—2019 年纺织上市公司数字化转型评价

资料来源:作者根据 58 家纺织服装上市公司计算。

我国在数字化发展方面发展较快,但产业的数字化转型过程中仍存在许多问题。刘鹏飞、赫曦滢(2018)总结出产业数字化转型过程中现存五大问题亟需解决,分别是网络安全问题、数据流量处理问题、数据孤岛问题、数据迁移问题和生态圈建设问题。李君等(2019)通过对近 90 000 家工业企业数据进行统计分析,发现我国大多数工业企业数字化转型难以实现"综合集成"。祝合良、王春娟(2020)认为数字化顶层设计、产业体系、公共服务体系和人才方面都存在很大的强化空间。除此之外,工业企业数字化采购销售渗透率低、数字平台缺乏创新也是产业数字化转型大问题(杨卓凡、2020)。

3.6.3 纺织企业绿色化转型现状与问题

纺织行业绿色制造体系建设正在加快推进,在节能减排、污染防治、资源综合利用、引领绿色消费方面已经取得了积极进展(孙瑞哲,2021)。由于我国是一个纺织大国,且纺织产业属于污染密集型产业,存在极高的废水、废气排放量。表 3-13 是纺织产业废水、废气、固体废物排放情况,可以发现三废的排放量逐年下降,其中氨氮排放量下降最快。

表 3-13 纺织产业绿色化转型情况

年份	工业二氧化硫排放总量(单位:吨)	化学需氧量排放量(单位:吨)	氨氮排放量(单位:吨)	一般工业固体废物产生量(单位:万吨)	工业废气治理设施本年运行费用(单位:万元)
2012	414 637	293 368	30 588	1 105.4	140 514
2013	383 413	271 645	26 811	1 121.1	148 787
2014	356 035	258 304	25 541	1 137.8	164 326
2015	349 593	227 852	26 218	1 175.9	187 857
2016	130 740	116 823	6324	1 618.6	322 616
2017	72 636	114 595	5356	1 428.2	386 470

续表

年份	工业二氧化硫排放总量（单位：吨）	化学需氧量排放量（单位：吨）	氨氮排放量（单位：吨）	一般工业固体废物产生量（单位：万吨）	工业废气治理设施本年运行费用（单位：万元）
2018	46 501	105 919	4842	1 405.6	399 334
2019	34 588	96 511	4605	1 443.4	443 395

资料来源：中国环境数据库。

注：表中数据为四个纺织子行业（1.纺织业、2.纺织服装、服饰业、3.皮革、毛皮、羽毛及其制品和制鞋业、4.化学纤维制造业）统计值总合。

但是纺织服装产业绿色化转型也存在一些困境，主要有以下三点：一是技术装备相对落后，废弃物合理处理问题亟待解决；二是纺织服装产品使用寿命短，废弃品处理不当导致环境污染加剧；三是自主品牌建设薄弱，区位优势发挥不足（吕智萍，2017）。李生校和高迪（2018）指出印染业亟需解决的三大问题：一是环境污染问题。如以清洁能源替代传统能源，印染污水与印染污泥实现集中处理，优化生态环境，建设全国绿色印染基地；二是价值提升问题。实施创新驱动发展战略，普遍应用国际先进的设备和工艺，提高印染产业的附加值；三是地位提升的问题。李一（2018）指出纺织产业经济发展面临着水资源消耗大和水环境污染重的双重困境，脱钩既是打破经济增长与水资源环境耦合关系的必然选择，也是促进水资源消耗下降、水环境污染减排和纺织产业绿色发展的内在要求。

3.6.4 纺织产业的产业组织和国际竞争力

（1）产业组织

纺织工业是中国最大的实体经济之一。从企业规模看，纺织企业数量众多，2012—2016年，纺织规模以上企业数量处在传统工业前列。2019年中国纺织全行业纤维加工量5370万吨。2016年规模以上企业（三类纺织企业）数量有37 974家，占全国规模以上制造业企业数量的1/10（表3-14）。2019年规模以上企业（包括纺织业，纺织服装、服饰业，皮革、毛皮、羽毛及其制品和制鞋业，化学纤维制造业）为 41 572 家，2019 年，这些企业实现主营业务收入超过 61 320.3 亿美元。

表 3-14 2012 年和 2016 年纺织工业规模以上企业性质状况

单位：家

项目	2012 年			2016 年		
	国营控股	外商投资和港澳台投资	私营企业	国营控股	外商投资和港澳台投资	私营企业
纺织业	242	3152	13 573	186	2361	13 614
纺织服装、服饰业	155	4588	7789	163	3243	8922
化学纤维制造业	46	289	1305	43	255	1260

资料来源：中国工业统计年鉴。

纺织产业中所有制结构，其中私营企业数量占比最大，约为 84%，其次是外资企业，国有企业占比最小。上市公司是纺织服装优秀企业的典型代表。2017 年与纺织服装有关的 A 股上市公司有 199 家，主营纺织服装 A 股公司有 166 家。

表 3-15 2017 年纺织服装类企业在沪深两市和新三板的数量与规模情况

	数量	数量占比	市值（万亿元）	市值占比	股本（股）
沪深两市 A 股	3485	—	56.71	—	6121637064804
新三板挂牌企业	11 630	—	4.94	—	—
与纺织服装有关的 A 股公司	199	5.71%	2.22	3.91%	232005417121
主营纺织服装 A 股公司	166	4.76%	1.54	2.72%	156212019267
主营纺织服装挂牌企业	166	1.43%	0.0382	0.77%	—

资料来源：证监会、上市公司年报。

产品结构上，三大终端产业纤维消耗占纤维加工总量比重中（图 3-13），服装纤维消耗占比最高，2016 年占比达 45.47%，其次是家用纺织品，产业用纺织品占比最小。但是从发展趋势看，服装和家用纺织品纤维消耗比重在下降，产业用纺织品纤维消耗占比在增加，产业用纺织品又称为技术纺织品，技术含量高，说明我国纺织产业产品技术含量在逐年增加。

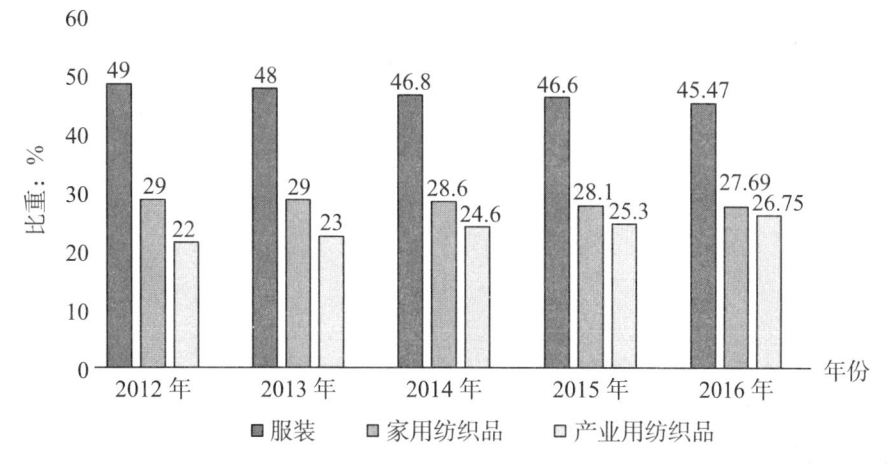

图 3-13　2012—2016 年三大终端产业纤维消耗占纤维加工总量比重（%）

资料来源：中国纺织工业联合会。

从纺织企业区域分布看，企业数量、主营业务收入、利润总额、出口交货值东部 10 省占比均最高，占比约 3/4；其次是中部省份；西部和东北占比较小（表 3-16），产业分布呈现东强西弱的不平衡状态。

表 3-16　2015 年各地区规模以上企业主要经济指标

区域	企业数量	主营业务收入	利润总额	出口交货值
东部 10 省	29 423 个	53 076.8 亿元	2 823.5 亿元	7 845.4 亿元
东部占比	75.90%	75.10%	73.10%	83.20%
东北 3 省	910 个	1 257.0 亿元	42.4 亿元	231.5 亿元
东北占比	2.30%	1.80%	1.10%	2.50%
中部 6 省	6785 个	12 765.5 亿元	761.9 亿元	1 103.3 亿元
中部占比	17.50%	18.10%	19.70%	11.70%
西部 12 省	1626 个	3 614.2 亿元	232.6 亿元	245.4 亿元
西部占比	4.20%	5.10%	6.00%	2.60%

资料来源：纺织工业统计年报。

(2) 国际竞争力

①市场占有率。中国纺织工业是世界最大的纺织经济体，产业规模世界第一。如表 3-17 所示，2012 年以来，中国纤维加工总量始终位居世界首位，世界占比均超过 50%，并呈逐年增长态势。2022 年中国纺织全行业纤维加工量 6488 万吨，全球占比达 54.07%。

表 3-17 中国纤维加工总量及其占全球比重

年份	中国纤维加工总量（万吨）	中国纤维加工总量占全球比重（%）
2012 年	4530	51.11
2013 年	4850	52.37
2014 年	5000	51.86
2015 年	5300	53.01
2016 年	5420	53.47
2017 年	5030	68.34
2018 年	5320	68.91
2019 年	5730	70.48
2020 年	5800	53.21
2021 年	6000	53.10
2022 年	6488	54.07

数据来源：中国纺织工业联合会。

纺织产业作为中国传统支柱产业，为国民经济建设做出了突出贡献，在工业化进程中发挥了主体产业、创汇产业、就业产业和先导产业的作用。如下表，中国纺织品服装出口也占全球首位，2022 年出口额 3 233.4 亿美元，占全球比重达 35.3%。在全球纺织工业体系中，中国纺织工业已经成为支撑世界纺织工业体系平稳运行的核心力量。

表 3-18　2001—2022 年中国纺织品服装出口额及占全球纺织品服装出口额比重

年份	中国纺织品服装出口额（亿美元）	占全球纺织品服装出口额比重（%）
2001 年	543.2	15.60
2002 年	630.2	17.40
2003 年	804.8	20.30
2004 年	973.9	21.00
2005 年	1 175.4	23.85
2006 年	1 440.6	27.19
2007 年	1 715.5	29.40
2008 年	1 857.7	30.30
2009 年	1 670.9	32.20
2010 年	2 120.0	34.30
2011 年	2 541.2	35.20
2012 年	2 625.6	36.00
2013 年	2 920.8	37.10
2014 年	3 069.6	37.40
2015 年	2 911.5	38.00
2016 年	2 670.9	36.20
2017 年	2 745.1	35.20
2018 年	2 763.7	34.30
2019 年	2 711.2	33.90
2020 年	2 960.0	36.9
2021 年	3 154.7	34.9
2022 年	3 233.4	35.3

数据来源：WTO、中国纺织工业联合会、国家发改委。

(2) RCA 指数

显性比较优势指数（RCA 指数）是用来衡量一个国家产品或者产业在国际市场上竞争力的指标，由美国经济学家 Balassa 提出，该指标可以定量地描述一个国家内各个产业（产品组）相对出口的表现，可以判定一国的哪些产业更具出口竞争力，用公式表示为：

$$RCA_{ij} = \frac{X_{ij}/X_i}{Y_{wj}/Y_w} \qquad 式（3-4）$$

其中 RCA_{ij} 表示 i 国 j 产品的显性比较优势指数，X_{ij} 表示 i 国家 j 产品的出口额，X_i 表示 i 国的总出口额，Y_{wj} 表示世界 j 产品的出口额，Y_w 表示世界的总出口额。一般认为，RCA 指数大于 1 表示该产品在国际贸易中具有比较强的竞争力，反之，RCA 小于 1，说明该产品在国际市场上不具有比较优势，国际竞争力相对较弱；如果 RCA＞2.5，则表明该国服务具有极强的竞争力，如果 1.25≤RCA≤2.5，则表明该国服务具有较强的国际竞争力，如果 0.8≤RCA≤1.25，则表明该国服务具有中度的国际竞争力，如果 RCA＜0.8，则表明该国服务竞争力弱。

本文将利用显性比较优势指数对比分析中国以及与中国签订自由贸易协定（FTA）的国家各自在纺织服装产业所具有的优势，为对外投资、贸易、区域经济一体化下，中国纺织产业构建区域价值网提供参考。以 2019 年数据为基础，对中国、新西兰等 20 个国家进行 RCA 的测算（表 3-19），进而分析其各自产品优势。

分产品来看：首先看天然纤维品类（HS50－HS53），在这几类产品中，中国和越南等国家在天然纤维类原材料方面具有较强的国际竞争力，具体来看在蚕丝品类（HS50）上，中国（3.78）和越南（3.90）具有极强的国际竞争力；羊毛、动物细毛或粗毛（HS51）品类方面，新西兰（13.72）和澳大利亚（12.55）则具有极强的国际竞争力，与其具有大面积牧场资源有关；在棉花品类（HS52）上，在国际竞争中具有优势的国家分别是中国、越南、巴基斯坦，都是农业比较发达且盛产棉花的国家；其他植物纺织纤维（HS53）品类上，中国、菲律宾和柬埔寨具有较强的国际竞争优势。

化纤及工业用纺织品类产品（HS54—HS57 及 HS59）上，中国、越南和泰国具有较强的国际竞争力，具体来看，化学纤维长丝（HS54）和化学纤维短丝（HS55）方面，韩国、中国、泰国、印度尼西亚和巴基斯坦具有较强的竞争优势；特种纱线、地毯等其他铺地制品和工业纺织制品方面（HS56、HS57、HS59），中国和越南的 RCA 值比较高。

在纺织服装及饰品类产品（HS58 及 HS60—HS63）上，中国、越南、柬埔寨和巴基斯坦等国在这几类产品上具有较强的竞争优势，HS58 品类，中国和柬埔寨的 RCA 值超过 2.5，表现出极强的国际竞争力；HS60 和 HS61 两品类，RCA 值超过 2.5 的国家分别是中国、越南、巴基斯坦和柬埔寨；在HS62 品类上，缅甸表现出极强的竞争优势，RCA 值远超 2.5。

表 3-19 2019 年中国和各国纺织服装产品竞争优势比较

项目	冰岛	韩国	新西兰	瑞士	澳大利亚	新加坡	中国	泰国	马来西亚	智利
HS50	/	0.66	0.04	0.17	0.03	0.09	3.78	0.41	0.02	0.00
HS51	0.89	0.23	13.72	0.19	12.55	0.02	1.42	0.27	0.17	1.03
HS52	0.00	0.26	0.03	0.16	1.43	0.02	1.97	0.66	0.49	0.07
HS53	0.00	0.13	0.30	0.13	0.01	0.01	2.39	0.42	0.10	0.06
HS54	0.01	1.92	0.06	0.18	0.03	0.20	3.28	1.23	0.62	0.09
HS55	/	1.67	0.15	0.11	0.02	0.12	2.61	2.77	0.76	0.39
HS56	0.70	0.98	0.25	0.25	0.14	0.10	1.70	1.69	0.74	0.16
HS57	0.00	0.05	2.04	0.39	0.16	0.03	1.44	0.86	0.10	0.19
HS58	0.01	0.85	0.08	0.38	0.02	0.08	3.19	1.53	0.12	0.02
HS59	0.00	1.73	0.31	0.72	0.06	0.18	2.34	0.53	0.27	0.09
HS60	0.00	2.59	0.01	0.10	0.01	0.10	3.88	0.84	0.61	0.10
HS61	0.04	0.13	0.15	0.27	0.03	0.15	2.55	0.67	0.39	0.16
HS62	0.02	0.16	0.18	0.45	0.04	0.15	2.40	0.31	0.13	0.19
HS63	0.06	0.30	0.38	0.13	0.12	0.08	3.26	0.50	0.22	0.25
HS50—HS63	1.73	11.67	17.69	3.64	14.65	1.32	36.20	12.68	4.75	2.79

项目	哥斯达黎加	印度尼西亚	越南	缅甸	菲律宾	秘鲁	巴基斯坦	老挝	文莱	柬埔寨
HS50	0.00	0.05	3.90	0.36	0.01	0.11	0.16	0.03	0.03	0.00
HS51	0.00	0.01	0.04	0.05	0.00	5.90	0.17	0.00	0.00	0.00
HS52	1.09	1.59	4.01	0.51	0.01	0.22	4.44	0.02	0.00	0.07
HS53	0.24	0.37	0.59	0.06	2.15	0.01	0.93	0.08	0.00	1.31
HS54	0.79	1.84	1.58	0.03	0.07	0.05	0.70	0.00	0.00	0.21
HS55	0.18	7.11	1.29	0.25	0.14	0.52	6.91	0.52	0.01	0.12
HS56	0.35	0.69	1.08	0.04	0.80	0.93	0.68	0.04	0.01	0.00
HS57	0.00	0.42	0.81	0.00	0.01	0.04	3.48	0.00	0.00	0.10
HS58	0.40	0.42	0.68	0.17	0.72	0.16	1.71	0.02	0.00	2.32
HS59	0.63	0.66	1.97	0.08	0.11	0.01	0.30	0.00	0.01	1.24
HS60	0.00	0.33	2.29	0.48	0.02	0.66	0.82	0.01	0.20	5.18
HS61	0.21	2.00	5.02	6.18	0.67	1.77	3.36	0.97	0.04	6.77
HS62	0.09	2.39	5.14	8.82	0.43	0.12	4.60	2.23	0.01	0.81
HS63	0.15	0.32	2.00	0.23	0.34	0.17	5.88	0.24	0.02	2.65
HS50－HS63	4.14	18.21	30.41	17.28	5.49	10.66	34.14	4.18	0.34	20.78

资料来源：作者测算。

整体来看，20个国家包含发达国家、发展中国家，其中东盟十国也都在其中。从价值链的角度来看，发达国家处在微笑曲线的价值两端，掌握着高附加值环节，可是从出口国际竞争力来看，发达国家在国际上的竞争力正在逐步的减弱，发展中国家，尤其是东南亚国家竞争力在增强。从HS50－HS63品类来看，中国的RCA值均超过1，且大部分的值超过RCA2.5，在国际竞争中表现出较强的优势，同样表现出色的国家还有越南；发达国家只是在个别品类上表现额较为出色，例如新西兰和澳大利亚在羊毛、动物细毛或粗毛品类上就具有极强的竞争优势。通过以上分析也可以看出，纺织服装产业正呈现出转移的趋势，东南亚将会成为未来重要的中心。

第4章

投资国因素与中国纺织产业对外投资的实证检验

4.1 投资国货币因素与纺织产业对外投资[①]

据商务部统计，截止到 2017 年 12 月末，我国纺织企业在境外设立的投资分支机构已有 2000 余家，并且 OFDI 规模达到 8.3 亿美元。我国纺织产业对外直接投资过程中，存在融资难和融资成本高的问题，受到金融机构的贷款利率的约束（李超，2006）。

本研究与现有文献的不同之处是：第一，本研究文基于转移国的货币因素视角分析其对纺织产业对外投资的影响，我国纺织产业是传统产业和民生产业的代表，市场化程度高，民营企业多，实证研究发现纺织产业对外投资的规模很大一部分受到融资成本的影响，本研究的分析对金融支持民营经济、金融服务实体经济具有重要的现实意义。第二，实证方法上，在建立回归模型前，本研究运用灰色关联度模型筛选出强关联度因素。

4.1.1 研究假设

国内外学者在研究汇率变化对对外投资的影响结果主要有以下三种结论：一是人民币汇率水平与对外投资正相关（田巍、余淼杰，2017）；二是人民币汇率水平与对外投资负相关（张纯威，石巧荣，2016）；三是人民币汇率水平与对外投资在不同时期存在不同的关系（Blonige，1997）。本研究以我国的人民币汇率（年均价）作为解释变量之一，考察我国纺织产业对外投资与人民币汇率变化之间的关系，并提出假设 1。

假设 1：人民币汇率对我国纺织产业对外投资有显著性影响且为正相关。

多数学者认为金融机构的贷款利率对对外投资有显著性影响（潘益兴，2010），且可贷资金理论认为，利率是借贷资金的价格，即对外投资时筹集资金的成本，利率上升会使得投资成本上升，从而减少对外投资额（王晓博，2002）。Keynes（1930）认为是否进行投资，取决于新投资的预期利润率与利

[①] 本节内容部分选自赵君丽，丁洁丽. 投资国货币因素对纺织产业对外直接投资的影响研究 [J]. 武汉纺织大学学报，2019（10）：10—15。

率的关系，当前者大于后者时，投资是值得的，反之是不值得的，即投资是利率的减函数。本研究以金融机构年贷款法定基准利率表示借贷资金的价格，考察我国纺织产业对外投资与金融机构贷款利率之间的关系，并提出假设2。

假设2：金融机构的贷款利率对我国纺织产业对外投资有显著性影响且为负相关。

温磊（2013）通过实证研究证明了通货膨胀率的上升会提高我国对外直接投资的规模。本研究选用居民的消费价格指数表示我国的通货膨胀率，考察我国纺织产业对外投资与通货膨胀率之间的关系，并提出假设3。

假设3：通货膨胀率对我国纺织产业对外投资有显著性影响且为正相关。

近年来，我国为刺激投资和消费，采用稳健的货币政策，货币市场资金存在供过于求的现象，使得作为资金价格的利率呈下降状态（李超、周诚君，2008），从而促进了对外投资的规模（王晓博，2002）。本研究选取货币供应量作为解释变量之一，考察我国纺织产业对外投资与货币供应量之间的关系，并提出假设4。

假设4：货币供应量对我国纺织产业对外投资有显著性影响且为正相关。

外汇储备是指为了应付国际支付的需要，各国所集中掌握的外汇资产。外汇储备是一国经济稳定发展的重要保证（罗素梅、周光友、曾瑶，2017），是发生金融危机时的自我保险（Ronald U Mendoza，2003）。多数学者认为外汇储备与对外直接投资正相关（王英、刘思峰，2008；李京文、李洪英，2015；杨连星、张梅兰，2019）。当前我国是最大的外汇储备国（祝国平、付琼、王雨薇，2018），而外汇储备规模过度论认为，过度积累外汇储备，会削弱央行货币政策效果，并在实体经济领域造成产业结构失衡和资源配置扭曲，给本国居民福利带来损失，造成经济内部的结构性失衡（张曙光、张斌，2007），从而不利于促进对外直接投资。本研究选用我国的外汇储备作为解释变量之一，考察我国纺织产业对外投资与外汇储备之间的关系，并提出假设5。

假设5：外汇储备对我国纺织产业对外投资有显著性影响且为正相关。

4.1.2 货币因素与纺织产业对外投资的灰色关联度分析

(1) 指标选取与数据来源

通过文献分析和理论分析,确定以下指标来衡量货币因素对我国纺织产业对外投资影响,根据数据的可获得性和完整性,选取 2003—2017 年 15 个样本数据。

表 4-1 指标选取与数据来源

变量	指标	数据来源
因变量(X_0)	我国纺织产业对外直接投资流量(OFDI)	中国对外直接投资统计公报、中国商务部
自变量 (X_i) $i=1,2,\cdots,5$	人民币汇率(年均价)(EXR)	世界银行数据库
	居民的消费价格指数(CPI)	中国统计年鉴
	金融机构年贷款法定基准利率(IR)	中国统计年鉴
	我国的外汇储备(FER)	世界银行数据库
	货币供应量(M)	中国统计年鉴

(2) 灰色关联度模型的构建

通过灰色关联度模型(刘新梅、徐润芳、张若勇,2008)测算各个自变量与因变量之间的关联度,筛选出强关联度因素进行回归分析,从而避免回归模型引入无关的或者关联度较低的解释变量。

第一步,根据原序列,计算初值项。

$$X'_i = \frac{x_i}{x_i(1)} = (x'_i(1), x'_i(2), x'_i(3), x'_i(4), x'_i(5)),$$
$$i = 1, 2, \cdots, 5 \quad \text{式 (4-1)}$$

第二步,求绝对值序列。

$$\Delta_i(k) = |x'_0(k) - x'_i(k)|, \quad i = 1, 2, \cdots, 5 \quad \text{式 (4-2)}$$

第三步,求 $\Delta_i(k)$ 的最大值与最小值。

$$M = \max_i \max_k \Delta_i(k), \quad m = \min_i \min_k \Delta_i(k) \quad \text{式 (4-3)}$$

第四步,求关联系数。

$$\gamma(x_0(k), x_i(k)) = \frac{m + \rho M}{\Delta_i(k) + \rho M}, \text{其中} \rho = 0.5 \quad \text{式 (4-4)}$$

第五步,计算灰色关联度。

$$\gamma(X_0, X_i) = \frac{1}{n}\sum_{k=1}^{n}\gamma(x_0(k), x_i(k)), i = 1, 2, \cdots, 5 \quad \text{式 (4-5)}$$

(3) 灰色关联度结果及分析

在分辨系数 $\rho = 0.5$ 的条件下,若灰色关联度 $\gamma \geqslant 0.5$ 接近于 1,则两者的关联性强;若灰色关联度 $\gamma < 0.5$ 接近于 0,则两者的关联性弱(田民等,2008)。从表 4-2 可知,这五种货币因素与纺织产业对外投资的灰色关联度均大于 0.5 接近于 1,则这五种货币因素与纺织产业对外投资都具有强关联性。

表 4-2 货币因素与纺织产业对外投资的灰色关联度

因素	灰色关联度 (γ)	排序
人民币汇率(年均价)(EXR)	0.7547	4
居民的消费价格指数(CPI)	0.7662	3
人民币年贷款法定基准利率(IR)	0.7731	2
我国的外汇储备(FER)	0.6894	5
货币供应量(M)	0.8408	1

4.1.3 实证模型和检验结果

(1) 回归模型的设定

通过灰色关联度分析,得到了影响我国纺织产业对外直接投资的五种强关联性因素,并建立多元回归模型。为了消除回归模型的异方差性,对所有变量进行取对数化处理,则我国纺织产业对外直接投资的回归模型为:

$$\ln OFDI = \beta_0 + \beta_1 \ln EXR + \beta_2 \ln CPI + \beta_3 \ln IR + \beta_4 \ln FER + \beta_5 \ln M + \mu$$
$$\text{式 (4-6)}$$

(2) 回归结果及分析

根据数据的可获得性和完整性,选取 2003—2017 年 15 个样本数据,运用普通最小二乘法和 Eviews 软件得到回归结果如表 4-3:

表4-3 回归结果

Variable	Coefficient	Std. Error	t-Statistic	Prob.
C	−38.14235	35.45797	−1.075706	0.3100
lnEXR	−2.925597	3.599807	−0.812709	0.4374
lnCPI	7.455992	7.081375	1.052902	0.3198
lnIR	−0.994524	1.437707	−0.691743	0.5065
lnFER	−0.789202	0.930712	−0.847955	0.4184
lnM	1.474036*	0.779755	1.890383	0.0913
R-squared	0.865823	Mean dependent var		0.890107
Adjusted R-squared	0.791280	S.D. dependent var		0.901513
F-statistic	11.61510	Durbin-Watson stat		1.934662
Prob (F-statistic)	0.001032			

注：***、**、*分别代表在0.01、0.05和0.1显著性水平下显著。

由回归结果可以看出，$R^2=0.8658$、$\bar{R}^2=0.7913$，说明模型拟合效果较好，解释变量可以解释大部分我国纺织产业的对外直接投资的变动原因。在5%的显著性水平下，F=11.6151（对应的 P 值为 0.0010），说明所设立的模型在总体上是成立的。但各解释变量回归系数的 t 检验不显著，表明模型可能存在多重共线性。

表4-4 各解释变量的相关系数表

	lnEXR	lnCPI	lnIR	lnFER	lnM
lnEXR	1				
lnCPI	−0.004177	1			
lnIR	−0.000884	0.392679	1		
lnFER	−0.957373	0.037807	0.089639	1	
lnM	−0.902639	−0.129207	−0.251263	0.918491	1

通过表4-4可以看出，lnEXR、lnFER、lnM 间存在高度相关性。

(3) 逐步回归法

下面采用逐步回归法剔除引起多重共线性的变量。首先分别做 lnOFDI 关于 lnEXR、lnCPI、lnIR、lnFER、lnM 的回归，发现 lnOFDI 关于 lnM 的回归的可决系数最大，且通过了 t 检验。现将其他解释变量分别引入，寻找最佳回归方程。

表 4-5 逐步回归结果

	C	lnM	lnEXR	lnCPI	lnIR	lnFER	$\bar{R}^2$
OFDI= f (M)	−14.75*** (−6.49)	1.17*** (6.89)					0.7687
OFDI= f (M, EXR)	−20.70* (−2.07)	1.39*** (3.45)	1.52 (0.61)				0.7570
OFDI= f (M, CPI)	−20.92 (−0.63)	1.17*** (6.60)		1.32 (0.19)			0.7502
OFDI= f (M, IR)	−11.13*** (−4.07)	1.09*** (6.90)			−1.44* (−2.00)		0.8119
OFDI= f (M, FER)	−16.84*** (−6.98)	1.81*** (4.56)				−0.66 (−1.77)	0.8012

注：***、**、*分别代表在 0.01、0.05 和 0.1 显著性水平下显著，括号中是 t 值。

由表 4-5 可以看出，在引入变量 IR 的模型后，$\bar{R}^2$ 提高，且参数符号合理，变量也通过了显著性水平为 10% 的 t 检验。再尝试在模型 $OFDI = f(M, IR)$ 的基础上，引入其他变量，发现均达不到以 M、IR 为解释变量的回归结果。

表 4-6 剔除引起多重共线性的变量后的回归结果

Variable	Coefficient	Std. Error	t-Statistic	Prob.
C	−11.13013***	2.737319	−4.066071	0.0016
lnM	1.088104***	0.157749	6.897692	0.0000

续表

Variable	Coefficient	Std. Error	t-Statistic	Prob.
lnIR	−1.443809*	0.723449	−1.995729	0.0692
R-squared	0.838752	Mean dependent var		0.890107
Adjusted R-squared	0.811877	S.D. dependent var		0.901513
F-statistic	31.20978	Durbin-Watson stat		2.007208
Prob (F-statistic)	0.000018			

注：***、**、*分别代表在0.01、0.05和0.1显著性水平下显著。

由回归结果可以看出：$R^2=0.8388$、$\bar{R}^2=0.8119$，说明模型拟合效果较好，Prob (F-statistic) =0.000018则方程总体性显著，在10%的显著性水平下，截距项和解释变量的回归系数均通过了t检验。运用逐步回归法，得到了最优回归模型，如下式所示：

$$\ln OFDI = -11.1301 - 1.4438\ln IR + 1.0881\ln M \quad 式（4-7）$$

(4) D.W.检验和RESET检验

D.W.检验法是杜宾和瓦森提出的一种检验序列自相关的方法（J. Durbin and G. S. Watson, 1950; J. Durbin and G. S. Watson, 1951）。

一阶自相关的形式为：

$$\mu_t = \rho\mu_{t-1} + \varepsilon_t \quad 式（4-8）$$

原假设：H_0：$\rho=0$，即μ_t不存在一阶自回归，构造如下统计量：

$$D.W. = \sum_{t=2}^{n}(e_t - e_{t-1})^2 / \sum_{i=1}^{n} e_t^2 \quad 式（4-9）$$

根据样本容量T和解释变量的数目K查D.W.分布表，得到临界值$d_L=0.95$，$d_U=1.54$，而$d_U<D.W.=2.007208<4-d_U$，接受原假设，故最优回归模型式（4-7）不存在序列自相关。

剔除了引起多重共线性的解释变量后，通过RESET检验证明模型是否存在设定偏误（皮天雷，2009），检验结果如表（4-7）：

表 4-7 RESET 检验结果

F-statistic	0.053530	Probability	0.821278
Log likelihood ratio	0.072819	Probability	0.787276

在 5% 显著性水平下，F 值为 0.053530（对应的 P 值为 0.821278），则不拒绝原模型与引入新变量的模型可决系数无显著差异的假设，表明最优回归模型式 (4-7) 不存在设定偏误。

（5）实证结果分析

由表 4-6 回归结果显示，金融机构年贷款法定基准利率的回归系数显著且符号为负，说明金融机构的贷款利率与我国纺织产业对外直接投资负相关，实证结果与假设 2 一致，且符合可贷资金理论；货币供应量的回归系数显著且符号为正，说明我国现阶段的货币供应量对我国纺织产业对外直接投资具有促进作用，实证结果与假设 4 一致；而人民币汇率、居民的消费价格指数以及外汇储备对我国纺织产业对外直接投资的影响不显著，实证结果与假设 1、假设 3 和假设 5 不一致。

4.1.4 结论与建议

（1）结论

根据实证分析得出：第一，我国金融机构的贷款利率对我国纺织产业对外转移有显著的负向影响，说明融资成本能够抑制我国纺织产业对外投资规模的扩大。第二，我国的货币供应量对我国纺织产业对外投资有显著的正向影响，说明我国现阶段的货币供给状况有利于促进我国纺织产业对外投资的规模的扩大。第三，人民币汇率、通货膨胀率以及外汇储备对我国纺织产业对外投资的影响不显著。

（2）建议

第一，金融应更好地服务实体经济，定向降低贷款利率。实证结果表明，我国纺织产业对外直接投资的规模受到金融机构贷款利率很大的约束，所以提出金融应更好地服务实体经济，可以通过对企业定向降低贷款利率（郭豫媚、戴赜、彭俞超，2018），提供更好的金融服务，减少企业对外直接投资的成本，有助于企业的快速发展，提高对外直接投资规模。

第二，拓宽企业的融资渠道。可以通过降低企业在新三板、创业板等板块的上市融资门槛，支持私募股权基金、信托、银行理财、风险投资的发展，给企业提供更多的融资渠道，降低企业的融资成本（吕劲松，2015），从而促进企业对外直接投资。

第三，采用稳健的货币政策，提供稳定的货币供应量。通过实证分析得出，我国纺织产业对外直接投资规模与我国货币供应量正相关，凯恩斯的流动性偏好理论认为货币供给是由中央银行决定的（约翰·梅纳德·凯恩斯，1983），所以中央银行可以继续采取稳健的货币政策，保持货币供应量的稳定，有利于我国纺织产业对外直接投资规模的进一步扩大。

4.2 融资约束与中国纺织产业对外投资的实证检验[①]

从我国纺织企业的融资环境来说，我国金融市场还不太完善，存在信贷歧视和资源配置不合理等问题。李超（2006）对我国纺织企业在柬埔寨纺织工业园区、越南工业园区设厂情况进行实地考察，调研结果发现，我国纺织产业在柬埔寨和越南投资建厂过程中，存在金融服务不健全，银行提供的长期贷款条件苛刻，金融机构在海外设立的网点较少，存在贷款期限短和融资成本高等问题。故而，从微观企业层面上，研究我国纺织企业融资约束问题对其OFDI的影响，对促进我国纺织企业顺利"走出去"和促进我国纺织产业升级具有较强现实意义。

国内外学者对企业融资约束的概念还没有统一的定义。融资约束的概念最早是由Fazzari & Poterba（1988）提出的，他认为融资约束是在不完全的资本市场情况下，企业在面临内部资金缺乏时，无法支付过高的融资成本或

[①] 本节部分内容选自 Zhao Junli, Gao Yujun, Ding Jieli. The Effect of Financial Constraints On OFDI of China's Textile Firm. 中国纺织出版社，2022。

者无法获得外部融资而遇到的融资困境。本文主要借鉴阳佳余（2012）的思想，并参考运用王碧珺等（2015）所采用的衡量方法，从内部、商业信贷、外部三个方面构建融资约束综合指标（ScoreA）对企业受到的融资约束进行衡量，并构建融资约束综合指标（SA）进行稳健性检验。对于本文研究的纺织上市公司来说，其中内部融资主要来源于自有资金和利润；商业信贷来源于其他企业给予的信贷金额；外部融资主要分为发行股票或债券、股权融资和向银行等金融机构贷款等融资方式，但这些方式都需要对企业的资质进行审核，主要考察企业的规模、偿债能力、盈利能力和经营能力。

本部分创新工作在于：综合融资约束理论和新新贸易理论，构建融资约束对纺织企业 OFDI 影响模型；设计全面描述企业融资约束的综合性指标（ScoreA），实证检验融资约束对纺织企业 OFDI 的影响；从融资来源角度，研究不同融资约束对纺织企业 OFDI 的影响差异；从企业异质性角度，探究融资约束在对纺织企业 OFDI 的影响时，是否存在生产率异质性。

4.2.1 理论分析与研究假设

企业异质性理论最先是从企业生产率异质性角度开始研究讨论，但有学者研究发现企业生产率不是影响其 OFDI 的唯一因素，存在生产率悖论的现象，因此生产率异质性无法解释所有企业的 OFDI 行为。有学者开始提出其他影响因素，包括企业规模、企业所有制、人力资本水平等因素，其中涉及较多的包括企业融资异质性，其认为企业当受到融资约束的影响时，往往只能采取不对外直接投资的决策。一方面是因为无法支付对外直接投资的固定成本、人力资本和技术研发的投入，另一方面是因为面对海外投资的不确定风险没有较强的资金周转和融资能力。故提出假设 1。

假设 1：纺织企业受到的融资约束会抑制了其 OFDI 的行为选择。

优序融资理论认为不同融资来源的成本不同，企业面临融资问题时，首先考虑自有资金，其次是商业信贷，最后是外部融资。现有文献多数只考虑企业外部融资约束对其 OFDI 的影响。本文试图对融资约束按照融资来源进行分类，并考察企业不同融资约束对其 OFDI 是否存在差异，以便为政府和企业提供更准确的政策建议。故提出假设 2。

假设 2：纺织企业的不同融资约束对其 OFDI 的影响程度不同，其中外部融资约束影响最大。

随着国际的贸易和投资的规模不断扩大，国际贸易以及跨国投资的相关研究不断发展，研究方向开始向微观企业角度转移，形成了新新贸易理论。其中企业异质性理论是其重要的内容，企业异质性理论认为企业生产率对其 OFDI 具有重要影响，其中 Melitz（2003）在研究企业参与国际贸易和投资问题时，突破了新贸易理论的企业同质性假设，提出了生产率异质性对企业国际化方式选择的影响。刘莉亚、何彦林等（2015）通过微观企业数据的实证分析得出融资约束阻碍了企业 OFDI 行为选择，但生产率较高的企业，会一定程度上较少融资约束的阻碍作用。综上而言，提出假设 3。

假设 3：具有较高生产率水平的纺织企业，会一定程度上减少融资约束对其 OFDI 的阻碍作用。

4.2.2 变量选取与模型构建

（1）变量设计

①被解释变量。本文基于微观企业视角，由于纺织非上市公司的财务数据难以获得，本文选取的是纺织上市公司数据。纺织上市公司 OFDI 的具体规模数据难以获得，本文通过对纺织上市公司 OFDI 构造二值选择变量，其中纺织上市公司进行 OFDI 的赋值为 1，否则为 0。

由于《名录》的数据只截至 2015 年中国境内企业到海外进行直接投资的备案情况，其中包含了境内企业投资主体名称，投资的东道国和地区，境外设立的投资机构名称，企业在东道国和地区的经营范围，以及核准投资日期等信息。2015 年之后《名录》公布的信息不完整，所以本文为了数据的完整性和准确性，2015—2019 年纺织上市公司对外直接投资情况在《名录》中逐一搜索，并结合万得（Wind）中纺织上市公司的主要控股参股情况和全球并购交易分析库（Zephyr）进行逐一核对。纺织上市公司的财务数据从国泰安（CSMAR）和万得（Wind）中搜索。

②融资约束综合指标（ScoreA）的构建。本文主要借鉴阳佳余（2012）的思想，并参考运用王碧珺、谭语嫣等（2015）所采用的衡量方法，从内部、商业信贷、外部三个方面构建融资约束综合指标（ScoreA），并构建融资约束综合指标（SA）进行稳健性检验。对于本文研究的纺织上市公司来说，外部融资主要分为发行股票或债券、股权融资和向银行等金融机构贷款等融资方式，但这些方式都需要对企业的资质进行审核，主要考察企业的规模、偿债能力、盈利能力和经营能力。本文借鉴阳佳余（2012）的思想，并参考运用王碧珺、谭语嫣等（2015）、冀相豹（2016）等学者所采用的融资约束指标构建方法，将以上8个分指标进行评分。首先将每个指标按照企业同年数值进行排序，并按照指标数值降序排序并分为5个部分，前20%评分赋值为1，20%到40%评分赋值为2，40%到60%评分赋值为3，60%到80%评分赋值为4，80%到100%评分赋值为5。通过对每个区间进行评分赋值，将每个企业按照同年的8个分指标进行加总得到总评分数，并极差标准化为[0，10]，即得到融资约束综合指标（ScoreA）。

表 4-8　融资约束各指标的构建

指标	定义	含义
内部融资指标（ifin）	$ifin1 = \dfrac{现金存量}{总资产}$	企业自有资金是企业内部融资重要来源，采用现金存量占总资产的比例衡量企业自有资金以及资金的流动性情况。$ifin1$的数值越高，企业的自有资金越充足，内部融资越便利，融资约束越小
商业信用指标（bfin）	$bfin1 = \dfrac{应收账款}{总资产}$	应收账款是企业作为产业链上游的商品供应商，产业链下游的其他企业授予该企业的商业融资额度。本文参考阳佳余（2012）提到的方法，运用应收账款占总资产的比例衡量企业的商业信用。$bfin1$的数值越高，商业信用水平越高，企业的融资能力越大，即融资约束越小

续表

指标	定义	含义
外部融资指标（efin）	企业规模($efin1$) = 总资产的对数	发行股票或债券、股权融资和银行等金融机构贷款等外部融资方式都需对企业的资质进行审核，企业规模即总资产规模是其中重要的审核指标，企业规模越大，获得融资的概率越大，即企业的融资约束越小
	有形资产净值($efin2$) = $\dfrac{\text{有形资产}}{\text{总资产}}$	有形资产是衡量企业偿还能力的重要审核指标，efin2 数值越大，企业融资能力越强，即融资约束越小
	清偿比例($efin3$) = $\dfrac{\text{所有者权益}}{\text{总负债}}$	清偿比率是对企业的偿还债务的风险以及资本结构的衡量，efin3 数值越大，企业偿还债务风险越小，资本结构越稳健，越容易获得融资，即融资约束越小
	流动比率($efin4$) = $\dfrac{\text{流动资产}}{\text{流动负债}}$	对企业的信贷资质进行审核时，考察企业短期偿债能力，即企业短期内的资产变现能力的指标：流动比率，且 efin4 数值越大，融资约束越小
	销售净利率($efin5$) = $\dfrac{\text{税后收益}}{\text{销售收入}}$	企业的盈利能力是重要审核指标，本文选用销售净利率衡量企业的盈利情况，efin5 数值越高，企业的盈利能力越强，不仅提高了企业自有资金的水平，而且获得融资的可能性越高，即融资约束越低
	资产收益率($efin6$) = $\dfrac{\text{税后收益}}{\text{平均资产总额}}$	企业的经营能力是重要审核指标，本文选用资产收益率是衡量企业的投资收益情况，efin6 数值越高，融资约束越小

③融资约束综合指标（SA）的构建。SA 指数克服了 WW 指数的财务指标内生性问题，主要是通过企业年龄（Age）和企业规模（Size）进行构建，因此本文借鉴 Hadlock & Pierce（2010）提出的 SA 指数计算公式：

$$SA = -0.737 \times Size + 0.043 \times Size^2 - 0.040 Age_1$$

其中，Size 采用总资产的自然对数表示；SA 指数为负值且绝对值越小，企业的融资能力越强,即融资约束越小。

④三种融资约束来源指标(lnProfit、lnRA、lnIE)的构建。本文从纺织企业不同融资来源角度分别进行研究,找出影响我国纺织上市公司 OFDI 最大的融资约束来源,以便给纺织企业以及政府提供具有针对性的政策建议。

表 4-9 不同融资约束指标的构建

指标	含义
内部融资约束(lnProfit) ＝利润总额取对数	考虑到我国纺织企业多数为民营企业,企业自有资金持有量差异较小,而企业利润总额是企业内部资金周转的来源,是企业进一步发展和进入国际市场的动力,因此本文选用利润总额对数衡量企业内部融资能力大小。且 lnProfit 数值越大,即内部融资约束越小
商业信贷约束(lnRA) ＝应收账款取对数	应收账款是纺织企业作为产业链上游的商品供应商,产业链下游的其他企业授予纺织企业的商业融资额度,因此本文选用应收账款对数衡量纺织企业商业信用水平。lnRA 数值越高,商业信用水平越高,企业的融资能力越强,即融资约束越小
外部融资约束(lnIE)＝ 利息支出对数	企业的利息支出是指企业进行债权融资包括发行债券和贷款等方式产生的费用,体现了企业现有融资规模。其中发行股票和股权融资时,也会对企业现有的融资规模进行审核。所以本文选用企业的利息支出情况反映了企业外部融资能力大小。lnIE 数值越大,说明企业的外部融资能力越强,即融资约束越小

⑤控制变量

企业生产率(lnP)。企业生产率是影响企业国际化选择的重要因素。本文是采用索洛余值法对企业生产率进行测算,各指标以 2010 年为基准进行平减,其中企业产出以 2010 的全国 CPI 进行平减,资本折旧率为 5%。并预测 lnP 水平越高,企业越倾向选择 OFDI。

企业规模(lnS)。企业的规模越大,越容易产生规模经济以及应对国际经营生产过程中的不确定风险,企业越容易进入国际市场。本文根据已有文献对企业规模指标的衡量方法,并根据数据的可以获得性采用企业员工人数的对数进行衡量（慕绣如、李荣林，2016）。并预测 lnS 水平越高，企业越倾向选择 OFDI。

人力资本（lnH）。人力资本的投入是企业创新成本的重要体现，对纺织企业未来在国际市场长期发展和提高市场占有率具有重要作用。一方面，我国纺织企业在东南亚、非洲等国家投资时，在这些国家的用人成本低，因此相对国内生产经营享有劳动力成本低的优势。我国纺织企业在对欧美等发达国家投资时，往往是为了提升自身产品设计能力和品牌知名度。另一方面，人力资本的投入能够为纺织企业技术熟练以及高素质人才，对纺织企业提高生产效率和市场竞争力具有重要作用。并预测 lnH 水平越高，企业越倾向选择 OFDI。

企业技术水平（lnIA）。高技术水平是企业维持领先地位的重要因素，根据垄断优势理论，企业的技术水平越高，其越容易参与国际市场竞争。企业技术水平主要表现在企业拥有的专利、品牌、商标等无形资产，因此本文选用企业无形资产对企业的技术水平进行衡量。并预测 lnIA 水平越高，企业越倾向选择 OFDI。

企业上市年龄（lnAge）。一般来说，企业上市年份越久远，其积累的资源、经营管理经验等越丰富，市场竞争力越强。并预测 lnAge 水平越高，企业越倾向选择 OFDI。

企业性质（D）。国有企业相对于其他企业在享受国家政策和资源具有优势地位，本文根据 Wind 数据库对企业所有制进行划分，其中国有企业（D=1），非国有企业（D=0）。

所有变量及数据来源如表 4-10 所示：

表 4-10 变量及数据来源

变量	符号	变量名称	变量定义	数据来源
因变量	OFDI	企业对外直接投资的选择情况	当年是否进行对外直接投资（0，1）	《名录》、全球并购交易分析库、万得（Wind）
自变量	Score	融资约束综合指标	ScoreA 或 SA	国泰安（CSMAR）、万得（Wind）
	lnProfit	内部融资约束	利润总额取对数	
	lnRA	商业信用约束	应收账款取对数	
	lnIE	外部融资约束	利息支出取对数	
控制变量	lnP	企业生产率	企业生产率取对数	国泰安（CSMAR）、万得（Wind）、中国统计年鉴
	lnS	企业规模	企业年均从业人数取对数	
	lnH	人力资本	工资总额/员工人数取对数	
	lnIA	企业技术水平	无形资产取对数	
	lnAge	企业上市年龄	观测年份与企业上市年份之差取对数	
	D	企业性质	是否国有（0，1）	

（1）模型构建

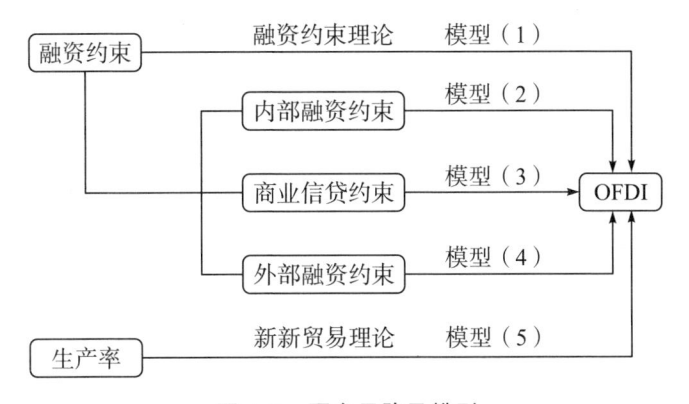

图 4-1 研究思路及模型

为验证假设 2，纺织企业的不同融资约束对其 OFDI 的影响程度不同，其中外部融资约束影响最大，构造了如下模型。根据企业的融资来源划分为：内部（lnProfit）、商业信贷（lnRA）和外部的融资约束（lnIE），其他变量含

义同模型 (1)。

$$P(OFDI_{it} = 1 \mid x_{it}) = \beta_0 + \beta_1 \ln Profit_{it} + \beta_2 Control_{it} + D_{it} + \varepsilon_{it}$$
式（4-10）

$$P(OFDI_{it} = 1 \mid x_{it}) = \beta_0 + \beta_1 \ln RA_{it} + \beta_2 Control_{it} + D_{it} + \varepsilon_{it}$$
式（4-11）

$$P(OFDI_{it} = 1 \mid x_{it}) = \beta_0 + \beta_1 \ln IE_{it} + \beta_2 Control_{it} + D_{it} + \varepsilon_{it}$$
式（4-12）

验证假设 3，具有较高生产率水平的纺织企业，会一定程度上减少融资约束对其 OFDI 的阻碍作用。为了区别纺织企业的生产率高低，将样本中的纺织上市公司的生产率由高到低排列，构建是否为高生产率（ToplnP）的虚拟变量，并取生产率前 25% 为高生产率的企业，并定义其 ToplnP 取值为 1，剩下 75% 企业的 ToplnP 取值为 0。为了更为直观地研究企业融资约束对其 OFDI 影响，是否存在生产率异质性，引入虚拟变量 ToplnP 与 ScoreA 的交互项（ScoreA * ToplnP），构造如下模型，其他变量含义同上面模型。

$$P(OFDI_{it} = 1 \mid x_{it}) = \beta_0 + \beta_1 ScoreA_{it} + \beta_2 ScoreA_{it} * Top\ln P_{it} + \beta_3 \ln P_{it} + \beta_4 Control_{it} + D_{it} + \varepsilon_{it}$$
式（4-13）

4.2.3 实证分析

(1) 样本选取

由于微观企业数据获取有一定的难度，本文选取的样本为 2011—2019 年我国 A 股市场纺织上市公司的数据，纺织上市公司 OFDI 数据是从《名录》、Wind 中纺织上市公司的主要控股参股情况以及全球并购交易分析库（Zephyr）中的跨国并购情况获取，纺织上市公司的微观企业数据是从万得（Wind）和国泰安（CSMAR）数据库获取。并参照谢千里等（2008）的样本处理方法，删除有重要指标缺失的纺织上市公司，最后确定样本数据为 2011—2019 年 97 家纺织上市公司的面板数据，共计 873 个观测值，其中进行 OFDI 的纺织上市公司有 56 家，共 260 个观测值。

(2) 描述性统计分析

首先对总样本进行统计描述,其次按照企业是否进行 OFDI 分为两组进行统计描述,可以看出不进行 OFDI 的企业的融资约束指标(ScoreA 值)明显高于进行 OFDI 的企业。

表 4-11　总样本的变量统计描述

Variable	Obs	Mean	Std. Dev	Min	Max
year	873	2015	2.583	2011	2019
OFDI	873	0.298	0.458	0	1
ScoreA	873	5.163	2.514	0	10
SA	873	−3.441	0.333	−4.184	−2.444
lnP	857	0.267	0.664	−1.440	3.218
lnS	873	8.040	1.034	4.984	10.817
lnH	873	1.993	0.489	0.949	4.559
lnIA	873	9.069	1.356	2.024	13.272
lnAge	873	2.768	0.393	1.099	3.64
D	873	0.227	0.419	0	1
lnProfit	803	9.653	1.426	4.098	14.477
lnRA	872	9.831	1.217	5.017	14.819
lnIE	759	7.672	2.129	−6.131	12.693

表 4-12　分样本的变量统计描述

Variable	OFDI=1			OFDI=0		
	Mean	Min	Max	Mean	Min	Max
ScoreA	4.492	0	10	5.447	0	10
SA	−3.475	−4.177	−2.712	−3.427	−4.184	−2.444
lnP	0.587	−1.042	3.218	0.134	−1.440	2.170
lnS	8.236	5.338	10.817	7.957	4.984	10.704
lnH	2.185	1.200	4.559	1.911	0.949	4.270
lnIA	9.620	6.078	13.272	8.835	2.024	13.028
lnAge	2.834	1.609	3.638	2.740	1.099	3.434

续表

Variable	OFDI=1			OFDI=0		
	Mean	Min	Max	Mean	Min	Max
D	0.154	0	1	0.258	0	1
lnProfit	10.242	5.332	14.477	9.402	4.098	13.193
lnRA	10.354	7.847	14.819	9.608	5.017	13.173
lnIE	8.177	0.160	12.693	7.437	−6.131	11.787

由各个解释变量的相关性系数看出，唯有企业规模（lnS）与企业技术水平（lnIA）的相关系数超过了 0.5，且 VIF 等于 1.39，所以实证模型不存在严重的多重共线性问题。

表 4-13　各个解释变量的相关性系数检验

	ScoreA	lnP	lnS	lnH	lnIA	lnAge	D
ScoreA	1.000						
lnP	0.082	1.000					
lnS	0.096*	−0.066	1.000				
lnH	−0.157*	0.492*	−0.217*	1.000			
lnIA	0.166*	0.157*	0.575*	0.083	1.000		
lnAge	0.234*	0.149*	−0.060	0.187*	0.147*	1.000	
D	0.402*	0.048	0.0492	0.044	0.115*	0.243*	1.000

注：*是表示在 1% 水平上显著。

4.2.4　基础模型分析

（1）回归结果

根据 Probit 和 Logit 模型的回归结果可以看出，融资约束指标（ScoreA）的回归系数都显著为负，从而验证了假设 1：纺织企业受到的融资约束会抑制其 OFDI 的行为选择。

此外，Logit 与 Probit 模型的其余解释变量回归结果也基本一致。可以看出企业生产率（lnP）的回归系数显著为正，与企业异质性理论强调的生产率对企业国际化选择影响的结论一致，即生产率高的企业越倾向进行OFDI，因此与预期相符。企业规模变量（lnS）的回归系数显著为正，纺织上市公司的规模越大，越容易产生规模经济以克服海外投资成本的影响，以及更好地应对国际经营生产过程中的不确定风险，其越容易进入国际市场，并与预期相符。人力资本（lnH）的回归系数显著为正，lnH水平越高，企业越倾向选择OFDI，也进一步说明了我国纺织上市公司所投入的人力资本对其提高国际市场竞争力具有重要作用，因此与预期相符。企业的技术水平（lnIA）在10%的水平下显著为正，则lnIA水平越高，企业越倾向选择OFDI，与预期相符。企业性质（D）和企业上市年龄（lnAge）对我国纺织上市公司OFDI的影响不显著。

表4-14 模型（1）的回归结果

变量	Probit模型回归结果			Logit模型回归结果		
	(1)	(2)	(3)	(1)	(2)	(3)
ScoreA	−0.106***	−.184***	−0.220***	−0.187***	−0.275***	−0.369***
	(−2.95)	(−3.79)	(−3.66)	(−1.86)	(−2.99)	(−3.29)
lnP		2.417***	1.685***		4.955***	3.409***
		(10.07)	(6.04)		(8.70)	(5.77)
lnS			0.903***			1.476***
			(3.03)			(2.69)
lnH			1.669***			2.845***
			(3.60)			(3.23)
lnIA			0.333*			0.681**
			(1.86)			(2.03)
lnAge			0.534			1.176
			(0.90)			(1.06)
D			0.465			0.840
			(0.76)			(0.67)
Constant	−0.523*	−1.344***	−16.460***	−0.907*	−3.156***	−29.845***
	(−1.95)	(−3.62)	(−6.25)	(−1.93)	(−4.16)	(−5.96)
观测值N	873	857	857	873	857	857
Pseudo R^2	0.011	0.246	0.331	0.011	0.257	0.339

注：括号内为t值，其中***、**、*分别代表在1%、5%、10%水平上显著。

(2) 内生性检验

多数学者在考察企业的融资约束对其 OFDI 影响认为可能存在内生性问题，认为企业 OFDI 可能反过来影响其融资约束，一方面是因为企业通过 OFDI，获得国外的较低劳动力成本、先进的生产技术以及产品设计能力等优势，促进企业提高生产率和市场占有率，进一步提高企业的盈利能力和融资能力，即企业受到的融资约束会减小。另一方面，企业异质性理论指出融资约束是影响企业参与国际市场的重要因素，但没有说明企业 OFDI 或出口贸易是否会影响企业的融资能力。本文为了解决可能存在的内生性问题对计量结果的影响，提高计量结果的稳健性，本文对融资约束综合指标（ScoreA）进行滞后一期得到 L.ScoreA，对计量模型是否存在内生性进行回归检验。

根据加入滞后一期的融资约束综合指标 L.ScoreA 的回归结果来看，融资约束综合指标（L.ScoreA）的回归系数显著为负，说明纺织企业受到的融资约束会一定程度上抑制了其 OFDI 的行为选择。其余变量的回归结果与基础模型的回归结果也相一致，从而验证了计量模型的稳健性。

表 4-15 内生性检验结果

变量	(1)	(2)	(3)
L.ScoreA	−0.165***	−0.265***	−0.279***
	(−4.07)	(−4.90)	(−4.45)
lnP		2.348***	1.662***
		(9.18)	(5.69)
lnS			0.804***
			(2.70)
lnH			1.689***
			(3.40)
lnIA			0.373**
			(2.03)
lnAge			0.243
			(0.39)

续表

变量	(1)	(2)	(3)
D			0.370 (0.61)
Constant	−0.156 (−0.54)	−0.838** (−2.20)	−14.872*** (−5.58)
观测值 N	776	761	761
Pseudo R^2	0.125	0.313	0.382

注：括号内为 t 值，其中 ***、**、* 分别代表在 1%、5%、10% 水平上显著。

(3) 稳健性检验

基础模型的回归分析中，为了提高实证结果的准确性，同时使用了 Probit 和 Logit 模型进行回归，得到的回归结果相一致。由于对融资约束指标的构建，目前国内外没有标准的方法，因此本文将 ScoreA 替换为 SA，进行了稳健性检验。为了解决可能存在的内生性问题对计量结果的影响，提高计量结果的稳健性，本文对融资约束综合指标（SA）进行滞后一期得到 L.SA，对计量模型是否存在内生性进行回归检验。同样使用 Probit 模型进行初步回归，运用 Logit 模型进行回归结果检验。

从表 4-16 中可以看出，融资约束指标 SA 和其滞后一期变量 L.SA 的回归系数都显著为负，进一步验证了假设 1：纺织企业受到的融资约束会抑制了其 OFDI 的行为选择。其他变量回归结果中，企业的生产率（lnP）、规模（lnS）、人力资本（lnH）、企业性质（D）与基础模型回归结果一致，但企业的技术水平（lnIA）和企业上市年龄（lnAge）对企业 OFDI 的影响与基础模型回归结果有所不同，主要原因是 SA 指数对融资约束的测量主要是从企业年龄和规模两个角度，考察企业融资约束的角度和方法与 ScoreA 有所不同。

表 4-16　稳健性检验结果

变量	Probit 模型回归结果		Logit 模型回归结果	
	(1)	(2)	(3)	(4)
SA	−4.074*** (−3.51)		−7.056*** (−3.17)	
L.SA		−3.133*** (−2.87)		−5.345*** (−2.64)
lnP	1.564*** (5.44)	1.467*** (4.84)	3.317*** (5.18)	3.067*** (4.80)
lnS	1.164*** (3.43)	1.063*** (2.89)	1.669*** (2.62)	1.583*** (2.56)
lnH	2.205*** (4.23)	2.393*** (4.08)	3.475*** (3.35)	3.906*** (3.55)
lnIA	0.184 (0.95)	0.203 (0.98)	0.461 (1.25)	0.471 (1.27)
lnAge	−1.830** (−2.19)	−1.863** (−2.01)	−2.672* (−1.65)	−2.805* (−1.67)
D	−0.334 (−0.51)	−0.354 (−0.46)	−0.860 (−0.61)	−0.742 (−0.53)
Constant	−27.157*** (−6.32)	−23.143*** (−5.68)	−46.434*** (−5.36)	−39.848*** (−5.41)
观测值 N	857	761	857	761
Pseudo R^2	0.332	0.366	0.342	0.374

注：括号内为 t 值，其中 ***、**、* 分别代表在 1%、5%、10% 水平上显著。

4.2.5 进一步分析

(1) 考虑不同融资约束的影响程度

模型 (2)(3)(4) 的回归结果如表 4-17 所示，一方面从三种融资约束的回归系数的显著程度可以看出，外部融资约束（lnIE）在 1% 水平显著为正，商业信贷融资约束（lnRA）在 5% 水平显著为正，内部融资约束（lnProfit）在 10% 显著为正；另一方面，通过 Probit 回归之后，使用 margins 命令求各个解释变量的边际效应。margins 中的回归系数可以看出，外部融资约束（lnIE）增加一个单位，纺织上市公司选择进行 OFDI 的概率上升 4.9%，商业信贷融资约束（lnRA）增加一个单位，纺织上市公司选择进行 OFDI 的概率上升 3.9%，内部融资约束（lnProfit）增加一个单位，纺织上市公司选择进行 OFDI 的概率上升 2.4%。因此，lnIE 对纺织上市公司 OFDI 行为影响最大，lnRA 对纺织上市公司 OFDI 行为影响次之，lnProfit 对纺织上市公司 OFDI 行为影响最小。从而验证了假设 2，纺织企业的不同融资约束对其 OFDI 的影响程度不同，其中外部融资约束影响最大。

其他控制变量企业生产率（lnP）、企业规模（lnS）和企业人力资本（lnH）的回归系数也都与理论分析相一致，企业技术水平（lnIA）、企业上市年龄（lnAge）和企业性质（D）回归系数不显著。

表 4-17　模型（2）（3）（4）的回归结果

变量	内部融资约束		商业信贷融资约束		外部融资约束	
	Probit（2）	margins	Probit（3）	margins	Probit（4）	margins
lnProfit	0.259* (1.84)	0.024* (1.87)				
lnRA			0.414** (2.32)	0.039** (2.30)		
lnIE					0.757*** (3.53)	0.049*** (4.32)
lnP	1.378*** (4.83)	0.126*** (4.70)	1.447*** (5.39)	0.138*** (5.37)	1.178*** (3.64)	0.076*** (3.12)
lnS	0.992*** (2.96)	0.091*** (3.31)	0.867*** (2.76)	0.083*** (3.06)	1.021** (2.55)	0.066*** (2.82)
lnH	1.983*** (3.83)	0.182*** (4.35)	1.599*** (3.31)	0.152*** (3.64)	2.932*** (4.70)	0.190*** (4.97)

续表

变量	内部融资约束		商业信贷融资约束		外部融资约束	
	Probit（2）	margins	Probit（3）	margins	Probit（4）	margins
lnIA	0.210 (1.16)	0.019 (1.15)	0.192 (1.11)	0.018 (1.10)	0.118 (0.52)	0.008 (0.51)
lnAge	0.186 (0.31)	0.017 (0.31)	0.132 (0.23)	0.013 (0.23)	0.040 (0.05)	0.003 (0.05)
D	0.202 (0.31)	0.018 (0.31)	−0.334 (−0.54)	−0.032 (−0.53)	0.147 (0.23)	0.010 (0.24)
Constant	−19.282*** (−6.38)		−18.561*** (−6.71)		−24.330*** (−5.74)	
观测值 N	791	791	856	856	743	743
Pseudo R^2	0.348		0.319		0.442	

注：括号内为 t 值，其中 ***、**、* 分别代表在1%、5%、10%水平上显著。

（2）考虑生产率异质性的分析

模型（5）的回归结果如表4-18所示，Probit（1）的交互项 ScoreA * ToplnP 的回归系数显著为正，数值为0.255，ScoreA 指数的回归系数显著为负，数值为−0.283，与交互项 ScoreA * ToplnP 的回归系数正负相反，因此 Probit（1）中 ScoreA 的综合作用系数为−0.028（−0.283+0.255）；Logit（2）的交互项 ScoreA * ToplnP 的回归系数显著为正，数值为0.466，ScoreA 指数的回归系数显著为负，数值为−0.476，同样与交互项 ScoreA * ToplnP 的回归系数正负相反，因此 Logit（2）中 ScoreA 的综合作用系数为−0.01（−0.476+0.466）。从而验证了假设3：具有较高生产率水平的纺织企业，会一定程度上减少融资约束对其 OFDI 的阻碍作用。

表4-18 模型（5）的回归结果

变量	Probit（1）	Logit（2）
ScoreA	−0.283*** (−4.48)	−0.476*** (−3.99)

续表

变量	Probit (1)	Logit (2)
ScoreA * ToplnP	0.255***	0.466***
	(4.08)	(3.95)
lnP	1.034***	2.117***
	(3.31)	(3.36)
lnS	0.829***	1.403***
	(2.84)	(2.57)
lnH	1.503***	2.670***
	(3.26)	(3.07)
lnIA	0.321*	0.654*
	(1.75)	(1.91)
lnAge	0.661	1.380
	(1.13)	(1.26)
D	0.177	0.153
	(0.30)	(0.13)
Constant	−15.515***	−28.696***
	(−5.98)	(−5.74)
观测值 N	857	857
Pseudo R^2	0.360	0.364

注：括号内为t值，其中***、**、*分别代表在1%、5%、10%水平上显著。

4.2.6 结论及建议

(1) 结论

本文基于融资约束理论和新新贸易理论，采用2011—2019年我国纺织上市公司的微观数据，实证检验了纺织上市公司融资约束对其OFDI的影响，得出以下结论：

纺织企业受到的融资约束会抑制了其OFDI的行为选择。一方面，对我国纺织企业来说，多数为民营企业，净利润水平较低，自有资金不足，外部融资困难，因此依靠纺织企业的自有资金难以应对海外较高的固定成本，在无法解决融资问题时，纺织企业往往只能采取不进行 OFDI 的决策。另一方面，纺织企业为在国际市场长期发展和提高市场占有率，需要投入创新成本，主要包括人力资本和技术研发的投入且投入数额较大，因此对纺织企业的财务状况压力较大，要求企业具有较强的融资能力。

纺织企业的不同融资约束对其 OFDI 的影响程度不同，其中外部融资约束影响最大。通过商业信贷融资多为短期融资，不能够满足对外直接投资的长期资金的需求。因此面对海外投资较高的固定成本、人力资本以及技术研发成本，主要通过外部融资来解决资金不足以及长期的问题。

具有较高生产率水平的纺织企业，会一定程度上减少融资约束对其 OFDI 的阻碍作用。进一步验证了企业异质性理论认为企业生产率对其 OFDI 具有重要影响，与刘莉亚、何彦林等（2015）得到的生产率较高的企业，会一定程度上减少融资约束的阻碍作用的结论一致。

(2) 建议

①政府层面。完善金融对纺织企业的服务体系。进一步完善信贷担保机制，对纺织轻资产企业的信贷担保，进行适当的降低担保要求，建立有效的对纺织企业的信贷资质审核机制，为资信良好的纺织企业提供信贷支持，减少信贷歧视问题。

规范民间借贷机制。一方面，政府应规范民间借贷机制，促进民间的借贷资金进行有效配置，鼓励民间借贷机构将资金投入纺织企业的 OFDI 项目中去。另一方面，政府应建立健全民间借贷的相关规定，使民间借贷机制更为规范，促进民间借贷成为纺织企业"走出去"的有效融资方式。

加大对"走出去"的纺织企业扶持力度，加快纺织企业 OFDI 的国内审批流程。政府应积极鼓励纺织企业进行 OFDI，政府可以对纺织企业 OFDI 的方式、规模和海外布局给予指导意见，并从法律上对其进行海外投资给予有力保护，加大对"走出去"的纺织企业扶持力度，减少纺织企业在海外投资的融资压力。

②企业层面。纺织企业应积极争取不同的外部融资渠道，以满足自身融资规模和期限上需求。一方面是融资规模上，纺织企业除了可以通过传统的

银行等金融机构融资外，还可以通过风险投资机构、规范的民间借贷机构和融资租赁机构等方式获取融资。对于纺织上市公司而言，还可以通过发行股票和债券等方式获取融资。纺织企业应积极争取获得不同的外部融资渠道，增加获得融资的可能性和融资规模，以应对进行 OFDI 的较高的固定成本以及不确定性风险。另一方面是融资期限上，通过不同融资渠道的资金配置，达到融资贷款期限的长期性，以保障纺织企业 OFDI 的顺利完成以及后续的生产经营的正常开展。

纺织企业应该加大人力资本和技术成本的投入，促进其提高生产效率和企业规模。加大人力资本的投入可以获得创新性和高素质人才，有利于纺织企业提升自身服装产品设计能力和品牌知名度，技术研发的投入是提高企业生产率的重要举措，对纺织企业在国际市场占有竞争优势地位具有重要作用。一方面，纺织企业维持较高的生产率水平，有利于提高纺织企业的盈利能力和利润空间，从而提高纺织企业进行贷款融资的资信水平，减少融资约束。另一方面企业的规模越大，越容易产生规模经济以及应对国际经营生产过程中的不确定风险，企业越容易进入国际市场。纺织企业在提升生产率和企业规模的过程中，还需要充分认识到自身的竞争优势、融资能力以及评估海外投资的不确定性风险，以保证对外直接投资的顺利完成。

纺织企业应积极响应政府推出的"一带一路"以及"走出去"平台的相关支持和优惠的政策。一方面，可以积极寻求政府对纺织企业 OFDI 行为的政策指导，包括投资方式、规模以及东道国的选择，可以有效建立与东道国政策和市场的连接，降低纺织企业进入东道国市场的成本和尽快了解东道国和国内的市场需求的差异。另一方面，对政府提出的 OFDI 的优惠政策积极关注，对纺织企业自身符合的优惠政策进行积极申请，可以有效减少纺织企业 OFDI 的成本。

4.3 企业异质性与中国纺织产业对外投资的实证检验①

4.3.1 中国纺织企业对外投资"生产率悖论"检验

本节用对外直接投资衡量对外投资,测算企业全要素生产率和劳动生产率,有对外直接投资的企业是对外投资企业,没有对外直接投资企业是没有对外投资的企业。运用 SPSS 软件里面的均值分析模型,比较不同类型企业生产率的差异,检验中国纺织企业对外投资行为是否存在"生产率悖论"现象,即有对外投资企业的生产率显著低于不对外投资企业的生产率。

(1) 变量选取与研究假设

被解释变量。根据企业当年国际化行为经营判定企业类型。对外直接投资企业,根据企业当年是否有对外直接投资的行为,将企业分为两类,对外直接投资企业或非对外直接投资企业。企业对外直接投资的数据来源于 CSMAR 数据库里面"中国上市公司关联交易研究数据库"的"关联公司基本研究件",该文件包含 1997—2016 年所有上市公司与其发生关联的企业信息。根据上市公司是否有控股海外关联企业来判断上市公司是否进行了对外直接投资。同时结合中国商务部网站上公开的《境外投资企业(机构)名录》和上市公司年报中"主要控股参股公司分析"判定上市公司当年是否进行对外直接投资。在非对外直接投资企业中,根据企业当年是否有出口行为,分为出口企业或内销企业,前者表明企业当年进行了对外出口,后者表明企业当年未进行出口。企业出口数据来源于上市公司年报中"主营业务收入分地区"项目下"境外地区"或"出口"数据。

解释变量是企业生产率。综上分析,提出假设 H1 和 H2。

研究假设 H1:对外直接投资企业生产率高于非对外直接投资企业生产率。

---

① 本节部分内容选自赵君丽,闫园园. 企业异质性与对外直接投资——基于中国纺织类上市公司的实证 [J]. 东华大学学报(自然科学版), 2018 (06)。

研究假设 H1a：对外直接投资企业生产率高于出口企业。

研究假设 H1b：对外直接投资企业生产率高于内销企业。

研究假设 H2：出口企业生产率低于内销企业生产率。

(2) 样本选取与数据来源

鉴于数据的可获得性，本节选取 2001—2016 年 A 股市场纺织类上市公司作为样本，数据来源于 CSMAR 数据库。按照证监会 2012 版行业分类标准，筛选得到"制造业"项下纺织业以及纺织服装、服饰业上市公司共 81 家。参考谢千里（2008）研究方法对样本进行如下处理：删除样本观测期间 ST 公司；删除重要财务指标有缺失的公司；删除发行 B 股、H 股的样本；删除员工人数在 10 以下的公司。截至 2016 年 12 月底，经过处理共保留 69 家上市公司，其中只进行国内销售的上市公司有 6 家（搜于特、乔治白、多喜爱、金发拉比、比音勒芬、安正时尚），占比仅 9%；仅对外出口不进行对外直接投资的上市公司有 22 家，占比 32%；进行了对外直接投资的上市公司共 41 家，占比高达 59%。

(3) 生产率测算

①要素生产率测算。检验中国纺织企业对外投资是否存在"生产率悖论"现象，最关键的就是企业生产率的测算。测算企业全要素生产率的方法主要分为参数法和非参数法。参数法主要指索洛余值法；半参数法主要有 O—P 法和 L—P 法；非参数法有数据包络法。本节采用参数法，通过索洛余值法计算近似全要素生产率，首先估算出总量生产函数，然后采用产出增长率减去各投入要素增长率得到残差，以此来测算全要素生产率。计算公式如下式所示。

$$TFP_{jt} = \ln Y_{jt} - \alpha^* \ln K_{jt} - \beta^* \ln L_{jt} \qquad 式 (4-14)$$

式中：TFP_{jt} 表示 j 企业在 t 时期的全要素生产率；Y_{jt} 表示 j 企业在 t 时期的产出，用企业的营业收入表示，并以 2000 年为基准的全国居民消费价格指数进行平减；L_{jt} 表示劳动投入量，用企业的员工数量表示；K_{jt} 表示资本投入量，采用永续盘存法计算，计算公式为

$$K_{jt} = K_{j,\,t-1}(1 - D_i) + I_{jt} \qquad 式 (4-15)$$

参考李军（2015）的做法，本节以上市公司上市当天的净资产作为初始资本。I_{jt} 为每年的投资额，等于当年的固定资产净额与上一年的固定资产净额的差值，固定资产净额以 2000 年为基准的全国固定资产投资价格指数进行平减。D_i 为资本折旧率，参考国家统计局核算国有工业企业固定资产的规定，采用 5% 的折旧率。营业收入、固定资产净额数据来源于 CSMAR 数据库；全国居民消费价格指数、全国固定资产投资价格指数来源于中国统计年鉴；员工人数来源于上市公司年报。

首先将 69 家上市公司 2001—2016 年的数据导入 SPSS 软件进行回归，结果如下公式所示。

$$\ln Y_{jt} = 6.757 + 0.419 \ln K_{jt} + 0.372 \ln L_{jt} \quad \text{式 (4-16)}$$

该回归模型 $R^2 = 0.656$，$F = 0.0000$，表明拟合优度较好。其中 $\alpha = 0.419$，$\beta = 0.372$，$P = 0.0000$，表明方程系数十分显著。假设生产函数规模报酬不变，令

$$\alpha^* = \frac{\alpha}{\alpha + \beta}, \quad \beta^* = \frac{\beta}{\alpha + \beta}, \quad 即 \alpha^* + \beta^* = 1 \quad \text{式 (4-17)}$$

最终得到中国纺织服装企业的全要素生产率计算公式如下公式所示。

$$TFP_{jt} = \ln Y_{jt} - 0.427 \ln K_{jt} - 0.573 \ln L_{jt} \quad \text{式 (4-18)}$$

②劳动生产率测算。参考李春顶（2010），采用企业的劳动生产率进行对照，计算方法如下公式所示。

$$LTFP_{jt} = \ln(Y_{jt}/L_{jt}) \quad \text{式 (4-19)}$$

式中：$LTFP_{jt}$ 表示 j 企业在 t 时期的劳动生产率；Y_{jt} 表示 j 企业在 t 时期的产出，用企业的营业收入表示，并以 2000 年为基准的全国居民消费价格指数进行平减；L_{jt} 表示 j 企业在 t 时期的员工人数。

(4) 实证检验与结果分析

①总体检验。运用 SPSS 软件，回归得到 2001—2016 年所有纺织类上市公司的全要素生产率和劳动生产率。在总体检验中，首先按细分年份将每年的样本企业分为两类，分别记为 1 或 0，前者表示企业当年进行了对外直接投资，为对外直接投资企业；后者表示企业当年未进行过对外直接投资，为非对外直接

投资企业。然后分别计算每年对外直接投资企业和非对外直接投资企业生产率平均值，并比较两种类型企业生产率平均值大小，检验是否符合新新贸易理论的结论，即生产率高的企业对外直接投资。总体检验结果如表4-19所示。

表4-19 分年度对外直接投资企业和非对外直接投资企业生产率均值检验

年份	是否OFDI	全要素生产率	劳动生产率	检验结果
2001	1	4.3722	8.3033	√
	0	3.6183	7.2485	
2002	1	4.2641	8.2553	√
	0	3.6544	7.2885	
2003	1	4.3367	8.4640	√
	0	3.8865	7.5986	
2004	1	4.3454	8.4607	√
	0	3.9921	7.6206	
2005	1	4.3463	8.4137	√
	0	3.9075	7.6209	
2006	1	4.3154	8.4905	√
	0	4.2467	8.2347	
2007	1	4.0905	8.4222	√
	0	4.0711	7.7470	
2008	1	4.3358	8.2450	√
	0	4.1470	7.8364	
2009	1	4.3895	8.2391	√
	0	4.1979	7.8637	
2010	1	4.6050	8.3980	√
	0	4.3476	8.0097	
2011	1	4.7189	8.4096	√
	0	4.4542	8.1498	
2012	1	4.5776	8.2237	√
	0	4.3948	8.1190	

续表

年份	是否 OFDI	全要素生产率	劳动生产率	检验结果
2013	1	4.5191	8.2425	√
	0	4.3764	8.0774	
2014	1	4.4604	8.1568	√
	0	4.3576	8.1097	
2015	1	4.4477	8.2529	√
	0	4.3113	7.9725	
2016	1	4.5165	8.2698	√
	0	4.4331	8.0150	

观察表4-19数据可以看出，2001—2016年每年对外直接投资企业的生产率均值都高于非对外直接投资企业的生产率均值，企业全要素生产率和劳动生产率结果均通过检验，与假设H1一致。因此本研究认为中国纺织服装企业对外直接投资行为符合新新贸易理论，不存在"生产率悖论"现象。继续观察每年生产率均值的具体数据可知，对外直接投资企业与非对外直接投资企业的劳动生产率均值差较大，而全要素生产率均值差相对较小。由于纺织业是典型的劳动密集型产业，劳动力在企业产出中所占比重较大，因此劳动生产率的差异更加明显。从2001—2016年，全要素生产率的均值差总体上呈现缩小的趋势，劳动生产率的均值差也呈现下降趋势。本研究通过研究发现，自2005年以来中国纺织类上市公司中不少业绩优良的出口企业和内销企业积极"走出去"，开始进行海外并购和投资设厂，数量逐年增加，因而导致对外直接投资企业和非对外直接投资企业的生产率均值差逐年缩小。

②独立样本T检验。在总体检验中，首先进行了分年度两种类型企业生产率均值的直接比较，发现每年对外直接投资企业的生产率均值都大于非对外直接投资企业的生产率均值，从而得出中国纺织服装企业对外直接投资不存在"生产率悖论"现象。但没有区分内销企业和出口企业生产率的差异，为了精确测算不同类型企业生产率的差异，进一步检验中国纺织服装企业国际化路径选择是否存在"生产率悖论"现象，采用SPSS软件的独立样本T

检验，分别对不同类型企业的生产率均值进行检验。首先将 2001—2016 年全体样本企业分为 3 类（不区分年份）：对外直接投资企业，取值为 2；出口企业，取值为 1；内销企业，取值为 0。随后分别进行对外直接投资企业与出口企业、对外直接投资与内销企业、出口企业与内销企业以及对外直接投资与非对外直接投资企业之间的生产率均值 T 检验。检验结果如表 4-20 所示。

表 4-20 不同类型企业全要素生产率均值 T 检验

分类检验	对外直接投资 VS 出口(1)		对外直接投资 VS 内销(2)		出口 VS 内销(3)		对外直接投资 VS 非对外直接投资(4)	
统计值	2	1	2	0	1	0	2	0/1
观察值	228	383	228	41	383	41	228	424
平均值	4.487	4.164	4.487	4.501	4.164	4.501	4.487	4.197
均值差	0.323		−0.014		−0.337		0.290	
单尾检验	0.272		29.907***		41.108***		0.733***	
双尾检验	6.150***		−0.080		−3.045***		5.364***	

注：***，**，*分别表示显著性水平分别为 1%，5%，10%。

观察检验 (1) 结果，可以看出对外直接投资企业的生产率均值高于出口企业。单尾检验的 F 统计量不显著，接受原假设，认为两个样本的总体方差齐性。在方差相等的情况下，双尾检验 T 统计量在 1% 的显著性水平上通过检验，因此认为两独立样本的生产率均值差异十分显著，即对外直接投资企业的生产率均值显著大于出口企业的生产率均值，符合假设 H1a。检验 (2) 显示对外直接投资企业的生产率均值略低于内销企业生产率，生产率均值差为 −0.014，差异非常小。进一步观察检验 (2) 结果，发现单尾检验在 1% 的显著性水平上通过检验，因此两样本总体方差不齐。在方差不齐的情况下，T 统计量十分不显著，双尾检验未通过，表明对外直接投资企业与内销企业之间生产率均值差异不显著，即内销企业的生产率均值并不显著高于对外直接投资企业，与假设 H1b 相符。检验 (3) 结果显示内销企业的生产率均值大于出口企业，且均值差较大，为 0.337。由单尾检验显著通过可知两样本总体方差不相等，同时 T 统计量在 1% 的显著性水平上通过检验，说明内销企业的生产率均值显著大于出口企业，符合假设 H2。检验（3）证实了中国纺织上市企业出口显著存在"生产率悖论"现象，即生产率较低的企业反而出口供应国外市场。最后，本研究重点检验了对外直接投资企业和非对外直接投资企业（出口企业和内销企业统称为非对外直接投资企业）之间的生产率差异。根据检验（4）结果，进行对外直接投资企业的生产率均值明显大于未进行对外直接投资企业的生产率均值。进一步检验可以看出，F 统计量虽小，但十分显著，因此两个样本的总体方差不齐。在此情况下，T 统计量在 1% 的显著性水平上拒绝原假设，认为两类企业的生产率均值差异显著存在，即对外直接投资企业的生产率均值显著大于非对外直接投资企业，再次证明了中国纺织服装企业对外直接投资行为符合新新贸易理论的结论，不存在"生产率悖论"现象，与假设 H1 完全一致。

综合分年度总体检验、独立样本 T 检验（1）、（2）、（4）的结果，发现对外直接投资企业的全要素生产率均值显著高于非对外直接投资企业的全要素生产率均值。通过对检验（3）的结果分析，发现中国纺织出口企业的全要素生产率均值较低，并且显著低于内销企业的全要素生产率均值。采用劳动生产率进行对照检验，检验结果与企业全要素生产率检验结果基本一致。综上，第一，中国纺织企业对外直接投资行为不存在"生产率悖论"的情况，与新新贸易理论研究结论基本一致，即生产率最高的企业进行对外直接投资；第二，中国纺织企业出口行为显著存在"生产率悖论"现象，即出口企业的生产率均值最低，且显著低于内销企业的生产率均值，对新新贸易理论在中国的适用性提出了疑问。本研究通过研究相关文献，总结中国制造业企业出口出现"生产率悖论"的主要原因是存在大量出口加工贸易企业。出口加工贸易企业主要为国外品牌代加工，生产率普遍较低，因此整体上拉低了中国出口企业的生产率均值。中国纺织服装企业是典型的劳动密集型企业，也有相当一部分企业主要从事出口加工贸易，因此在一定程度上导致出口企业的生产率均值较低。

4.3.2 多重异质性影响企业对外投资的实证检验①

通过生产率悖论的检验,可以知道生产率是纺织产业对外投资的重要影响因素,除了单一的生产率异质性指标外,企业规模、资本及劳动密集度等的不同(Bernard and Jensen,1995),出口强度、人力资本、企业年龄都有可能影响对外投资,这些因素也可能是生产率差异的原因,所以需要对影响企业对外投资的多重异质性因素进行更深入的分析。

(1) 模型假设

通过生产率悖论的检验可知,对外投资企业的生产率高于非对外投资的企业,关于生产率提高是否会导致企业对外投资的概率增加,本研究提出假设 H1 并进一步进行验证。

假设 H1:企业生产率越高,越倾向于进行对外直接投资。

企业规模在企业进行对外直接投资选择时有显著的积极影响,企业规模越大越有动机通过对外直接投资扩大规模效应(陈景华,2014)。出口是企业国际化的一种方式,企业能够通过出口积累国际化经验(田巍,余淼杰,2012;葛顺奇,罗伟,2013;严兵,张禹,韩剑,2014;蒋冠宏,2015),因此本研究认为出口对企业对外直接投资有显著的促进作用。

资本密集度对企业对外直接投资选择的影响方向并不确定。通过对浙江省制造业企业数据的检验,发现企业是否进行对外直接投资与资本密集度没有显著关系(田巍,余淼杰,2012),通过江苏省制造业企业的研究,发现资本密集度与企业对外直接投资决策之间存在显著正向关系,资本密集度越高的企业对外直接投资额越大(严兵,张禹,韩剑,2014),也有部分研究表明资本密集度对企业出口和对外直接投资行为有显著的负向影响,资本密集度较低的企业更倾向于国际化经营(蒋冠宏,2015;文东伟,冼国明,2014)。本研究假设资本密集度越高,则企业拥有更多的资金和更高的技术,更有动机寻求对外投资,从而扩大市场需求。企业在国际化的过程中需要高素质人才,人力资本在一定

---

① 本部分内容部分节选自赵君丽,闫园园. 企业异质性与对外直接投资选择——基于中国纺织类上市公司的实证[J]. 东华大学学报(自然科学版),2018(06)。

程度上体现企业员工的素质和能力。综上，本研究提出假设 H2。

假设 H2：企业规模越大，出口强度越大，资本密集度越高，人力资本越高，越倾向于进行对外直接投资。

企业成立时间越长，企业生命周期越成熟，越有经验开拓海外市场。企业进行对外投资往往需要大量的资金，盈利能力强的企业发展效益好，能够为国际化发展提供一定的内部支持（宫旭红，蒋殿春，2015）。相对于民营企业，国有企业更有对外直接投资的优势（汤晓军，张进铭，2013）。在中国特殊的转型经济背景下，政府关系在降低对外投资成本、提高境外投资项目获批的可能性、获得政策及资金支持等方面发挥巨大的作用（朱荃，张天华，2015）。因此，本研究提出假设 H3。

假设 H3：企业年龄越大，盈利能力越强，越倾向于对外直接投资，且国有企业比非国有企业更有优势进行对外直接投资。

（2）模型构建

本部分的研究对象为企业是否进行对外直接投资，对外直接投资的决策模型为

$$D_i = \beta \cdot Z_i + \varepsilon_i \quad \text{式 (4-20)}$$

式中：D 表示决策变量，$D=1$ 表示企业进行对外直接投资，$D=0$ 表示企业未进行对外直接投资；Z 为解释变量列向量，表示影响企业对外直接投资决策的主要因素；β 为解释变量的估计系数；ε 表示服从正态分布的随机向量。在这个决策模型中，企业进行对外直接投资的概率为

$$P_i = \text{Prob}(D_i = 1/Z_i) = \text{Prob}(-\beta \cdot Z_i)$$
$$= 1 - \varphi(-\beta \cdot Z_i) = \varphi(\beta \cdot Z_i), (Z_i = \beta_0 + \beta_1 \chi_1 + \cdots + \beta_i \chi_i) \quad \text{式 (4-21)}$$

本研究在选取企业多重异质性指标时，综合影响企业进行对外直接投资的多方面因素，同时参考学者的研究结果，最终选取企业性质、企业年龄、企业规模、资本密集度、人力资本、盈利能力、出口强度等变量，确定回归方程如下式所示。

$$I_{jt} = \beta_0 + \beta_1 \ln P_{jt} + \beta_2 D_{jt} + \beta_3 A_{jt} + \beta_4 \ln S_{jt}$$
$$+ \beta_5 \ln C_{jt} + \beta_6 \ln H_{jt} + \beta_7 G_{jt} + \beta_8 E_{jt} + \mu_{jt} + \varepsilon_{jt} \quad \text{式 (4-22)}$$

式中：I 为解释变量，表示企业是否进行对外直接投资的二元取值变量；$\ln P$ 为对数企业生产率；D 是虚拟变量，$D=1$ 表示国有企业，$D=0$ 表示非国有企业；A 为企业年龄；$\ln S$ 为对数企业规模；$\ln C$ 为对数资本密集度；$\ln H$ 是对数人力资本；G 表示企业盈利能力；E 表示企业出口强度；μ 为时间固定效应，ε 为模型中不能观测的误差项。

(3) 变量选取和数据来源

由于数据的可获得性，本研究选取2010—2015年A股市场纺织服装类上市公司为样本，数据来源于Wind数据库和CSMAR数据库。参考谢千里和罗斯基（2008）的研究方法对样本进行如下处理：删除样本观测期间ST公司；删除重要财务指标有缺失的公司；删除发行B股、H股的样本；删除员工人数在10以下的公司。经过处理共保留62家上市公司，其中只进行国内销售的公司有6家（搜于特、森马服饰、乔治白、九牧王、金发拉比、汇洁股份），仅对外出口不进行对外投资的公司有22家，进行对外直接投资的公司共34家。

①被解释变量。根据企业当年是否有对外投资（对外直接投资）的行为，设定二元被解释变量I（对外直接投资）为1或0，前者表明企业观测样本当年进行对外直接投资，后者表明企业当年未进行对外直接投资。企业对外直接投资的数据来源于CSMAR数据库里"中国上市公司关联交易研究数据库"中的"关联公司基本文件"，该文件包含1997—2016年所有上市公司与其发生关联的企业的信息。根据上市公司是否有控股海外关联企业来判断上市公司是否进行对外直接投资。并且结合中国商务部网站上公开的《境外投资企业（机构）名录》和上市公司年报中"主要控股参股公司分析"判定上市公司当年是否有对外直接投资的行为。

②解释变量。在"企业生产率"衡量上，本节采用"索洛余值法"计算全要素生产率，同时参考李春顶，尹翔硕（2009）的做法，运用劳动生产率（企业总产出/员工人数）进行对照。具体计算生产率的方法前面已经介绍，这里不再赘述。

企业性质。依据上市公司的实际控制人类型，将企业性质分为国有企业和非国有企业。

企业年龄。企业年龄为观测年份与企业的成立年份之差。

企业规模。参考易靖韬和傅佳莎（2011），采用上市公司资产总额代替。

资本密集度。参考严兵，张禹，韩剑（2014），采用上市公司年末固定资产净额与员工人数的比值代替。

人力资本。参考李军和刘海云（2015），采用上市公司人均工资代替。

盈利能力。参考宫旭红和蒋殿春（2015），采用营业利润率代替。

出口强度。参考葛顺奇和罗伟（2013），采用出口销售额与营业收入的比值代替。

以上解释变量数据均来源于国泰安CSMAR数据库及公司年报。

(4) 描述性统计及相关性分析

本节研究的主要变量的定义和描述性统计如表4-21所示。由于研究企业的多重异质性，解释变量个数较多，因此在实证分析之前，需要检验变量之间是否存在多重共线性。

表4-21 主要变量的定义和描述性统计

序号	变量名称	变量定义	均值	标准差	最大值	最小值
1	OFDI	当年是否进行OFDI	0.440	0.497	1.000	0
2	全要素生产率	对数全要素生产率	5.312	0.666	7.646	3.638
3	劳动生产率	对数劳动生产率	8.321	0.735	10.824	6.549
4	企业性质	是否国有	0.166	0.373	1.000	0
5	企业年龄	观测年份与企业成立年份之差	12.951	5.054	27.000	1.000
6	企业规模	对数企业资产总额	16.702	1.181	19.249	11.059
7	资本密集度	对数企业当年固定资产净额/员工人数	7.189	0.799	9.449	4.541
8	人力资本	对数工资总额/员工人数	6.213	0.507	8.721	4.797
9	出口强度	出口销售额/主营业务收入	0.258	0.271	0.984	0
10	盈利能力	营业利润率	0.067	0.098	0.370	−0.489

主要变量间相关系数矩阵如表4-22所示。通过观察该表数据，可以发现变量之间的相关系数大多在0.3以内，因此变量之间不存在严重的多重共线性，其中全要素生产率和劳动生产率计算方法不同，作为对照不受共线性的限制。

表4-22 主要变量间相关系数矩阵

	OFDI	全要素生产率	劳动生产率	企业性质	企业年龄	企业规模	资本密集度	人力资本	盈利能力	出口强度
OFDI	1.0000									
全要素生产率	0.1308	1.0000								
劳动生产率	0.0981	0.8756	1.0000							
企业性质	0.0540	0.1996	0.1003	1.0000						
企业年龄	-0.0135	0.1492	0.0447	0.1764	1.0000					
企业规模	0.3719	0.1537	0.1879	0.0234	-0.1393	1.0000				
资本密集度	0.1165	0.2579	0.5143	-0.0745	0.1558	0.1817	1.0000			
人力资本	0.1275	0.5422	0.6661	-0.0784	0.0070	0.2112	0.3675	1.0000		
盈利能力	-0.0149	0.0856	0.1480	-0.3031	-0.2677	0.1922	-0.0768	0.2209	1.0000	
出口强度	0.2450	-0.0171	-0.0985	0.2031	0.1155	-0.1455	0.1118	-0.1156	-0.3283	1.0000

(5) 实证结果分析

采用二元Probit选择回归方法，运用Stata软件，对公司数据进行实证检验。首先检验企业生产率与对外直接投资行为选择的关系，随后逐步加入企业多重异质性的其他指标。最后加入时间固定效应，从而检验估计结果的稳健性。三个模型均使用劳动生产率进行对照检验。所有模型的检验结果如表4-23所示。

表4-23 企业对外直接投资选择影响因素的检验

	模型（1）	模型（2）	模型（3）	模型（4）	模型（5）	模型（6）
全要素生产率	0.252** (2.35)		0.392*** (2.70)		0.437*** (2.95)	

续表

	模型（1）	模型（2）	模型（3）	模型（4）	模型（5）	模型（6）
劳动生产率		0.170** (1.78)		0.331*** (2.21)		0.384*** (2.61)
企业性质			-0.279 (-1.16)	-0.232 (-0.98)	-0.191 (-0.78)	-0.146 (-0.61)
企业年龄			0.002 (0.13)	0.009 (0.53)	-0.031 (-1.80)	-0.010 (-0.52)
企业规模			0.760*** (6.93)	0.754*** (6.87)	0.708*** (6.39)	0.702*** (6.32)
资本密集度			0.293* (1.8)	0.294* (1.8)	0.241 (1.44)	0.241 (1.44)
人力资本			-0.0004* (-2.28)	-0.0005** (-2.27)	-0.0005** (-2.42)	-0.0005** (-2.45)
出口强度			1.936*** (5.61)	1.952*** (5.66)	1.900*** (5.50)	1.912*** (5.53)
盈利能力			-0.168 (-0.17)	-0.126 (-0.12)	0.027 (0.03)	0.059 (0.06)
观察值	325	325	325	325	325	325
年份固定效应	否	否	否	否	是	是
Prob>chi2	0.018	0.076	0	0	0	0
Pseudo R2	0.013	0.007	0.234	0.230	0.253	0.248
Log likehood	-220.119	-211.348	-170.670	-171.696	-166.583	-167.572

注：***，**，*分别表示显著性水平分别为1%，5%，10%。

模型（1）检验全要素生产率对企业对外直接投资决策的影响，检验结果显示全要素生产率的系数显著为正，证明了企业的生产率对于企业是否进行对外直接投资有显著作用，并且生产率高的企业更倾向于对外直接投资。检验结果与假设一致，符合企业异质性贸易理论的结论。

模型（2）用劳动生产率进行对照检验，显示劳动生产率的系数显著为正，证实了企业生产率在企业进行对外直接投资选择中发挥重要的正向作用。通过比较模型（1）和（2）的拟合优度，可以看出前者优于后者，说明全要素生产率比劳动生产率更好地解释了对企业进行对外直接投资选择的影响。

模型（3）加入了企业年龄、企业性质、企业规模、资本密集度、人力资本、盈利能力、出口强度7个变量。通过比较模型（1）和（3）可知，在加入7个新变量后模型拟合优度达到最佳。全要素生产率的系数明显上升且十分显著。表明相比于单一生产率，企业的多重异质性更好地解释了对企业进行对外直接投资选择的影响。

通过观察7个变量的系数和显著性，检验假设的正确性。企业规模的系数显著为正，与假设一致。说明企业规模越大，越有可能进行对外直接投资。出口强度的系数显著为正，且数值最大，与假设相符，表明企业出口收入占比越大，越倾向于开展对外直接投资行为。本研究认为企业在长期出口的过程中会获取很多海外市场的经验和教训，因此对国际市场环境更加了解，从而更有动机进行对外直接投资。此外，资本密集度的系数为正，且在10%的水平上通过检验与假设基本一致，表明资本密集度大的企业更有可能进行对外直接投资。纺织服装业是传统的劳动密集型产业，本研究认为只有资本密集度相对较大的企业才有动机进行海外投资。人力资本的系数为负且接近0，与预测符号相反，说明人力资本在企业进行对外直接投资选择时基本没有影响。纺织服装业是劳动密集型行业，企业员工大部分为工人和销售人员，其中高素质人才数量较少，因此人均工资普遍较低。企业性质系数为负，且十分不显著，与假设不相符。

本节的研究样本是纺织服装类上市公司，样本容量只有62个，其中国有企业只有6家，占比不足10%。由于样本的局限性，削弱了国有企业和非国有企业的区别，这可能是导致企业性质对企业对外直接投资选择的作用不显著的原因。企业年龄的系数不显著，与假设不一致。中国企业在改革开放40多年里，面临着较大的政策变化和市场变化，成立时间长的企业在国际化的过程中没有明显的优势。企业盈利能力的系数不显著，与假设不符。由于本文研究样本是上市公司，上市公司的盈利能力较行业内未上市的公司偏高，因此样本可能忽略了盈利能力较差的企业，从而导致盈利能力无法解释企业对外直接投资选择。

模型（4）采用劳动生产率加入 7 个变量作为参照，结论与模型（3）完全一致。模型（5）加入了年份固定效应，检验估计结果的稳健性，其中生产率的系数显著提高，模型拟合优度更佳，进一步支持模型（3）的估计结果。模型（6）以劳动生产率作为对照，与模型（5）结果一致。

4.3.3 多重异质性与企业对外直接投资的因果关系检验

新新贸易理论的核心观点为生产率是决定企业国际化路径选择的关键因素。那么，企业对外直接投资是存在"自我选择效应"，即生产率高的企业才会选择进行对外直接投资，还是存在"学习效应"，即企业通过对外直接投资提高了生产率呢？本研究针对企业生产率和对外直接投资的因果关系问题进行进一步检验。格兰杰因果检验的前提为变量必须是平稳序列。通过对主要变量的单位根检验，发现对外直接投资、生产率、企业规模、人力资本以及出口强度均不存在单位根，属于平稳序列且同阶单整，符合进行格兰杰因果关系检验的条件。本研究利用 EVIEWS 软件，将全要素生产率指标与企业对外直接投资额进行格兰杰因果关系检验，深度探究企业生产率与企业对外直接投资之间的关系。格兰杰因果关系检验结果如表 4-24 所示。

表 4-24 全要素生产率与对外直接投资的格兰杰因果关系检验

原假设	滞后期	F 统计量	P 值	样本容量	检验结果
对外直接投资不是全要素生产率的原因	1	0.2959	0.5872	181	×
全要素生产率不是对外直接投资的原因	1	16.4206	0.0000	181	√
对外直接投资不是全要素生产率的原因	2	0.0615	0.9404	149	×
全要素生产率不是对外直接投资的原因	2	7.7602	0.0000	149	√
对外直接投资不是全要素生产率的原因	3	0.0184	0.9966	120	×

续表

原假设	滞后期	F 统计量	P 值	样本容量	检验结果
全要素生产率不是对外直接投资的原因	3	4.8240	0.0073	120	√
对外直接投资不是全要素生产率的原因	4	0.1677	0.9542	95	×
全要素生产率不是对外直接投资的原因	4	4.3040	0.0089	95	√
对外直接投资不是全要素生产率的原因	5	1.0057	0.4219	74	×
全要素生产率不是对外直接投资的原因	5	6.9068	0.0000	74	√

注 c：√表示在 1% 的显著性水平上通过检验，拒绝原假设；×表示在 1% 的显著性水平上未通过检验，接受原假设。

观察表 4-24 的结果，在滞后 1 期的检验中，原假设"对外直接投资不是全要素生产率的原因"，P 值为 0.5872，接受原假设，说明对外直接投资不是影响全要素生产率的原因。原假设"全要素生产率不是企业对外直接投资的原因"的 P 值为 0.0000，在 1% 的显著性水平下通过检验，表明全要素生产率水平是企业对外直接投资的原因。在滞后 2~3 期的检验中，原假设"全要素生产率不是对外直接投资的原因"的 P 值小于 0.05，依然显著，说明从短期看全要素生产率是影响企业对外直接投资行为的主要原因。观察滞后 4~5 期的检验结果，原假设"对外直接投资不是全要素生产率的原因"始终不显著，而原假设"全要素生产率不是企业对外直接投资的原因"的 P 值 5% 的显著性水平下可以通过检验，说明从长期来看，全要素生产率也是企业对外直接投资选择的重要原因，企业对外直接投资存在显著的"自我选择效应"。综合滞后 1~5 期的检验结果，企业对外直接投资始终不是导致企业生产率变化的原因，因此企业对外直接投资行为不存在"学习效应"。

通过企业生产率与对外直接投资选择的因果关系检验，本研究发现中国纺织类上市企业对外直接投资行为存在显著的"自我选择效应"，不存在"学习效应"，因此生产率高的企业进行对外直接投资更有优势。

4.3.4 实证结论

本节运用 SPSS 软件,实证检验了生产率与企业国际化路径选择之间的关系,得出以下结论:(1)企业对外直接投资行为不存在"生产率悖论"现象,生产率最高的企业进行对外直接投资;(2)出口企业存在显著的"生产率悖论"现象,出口企业的生产率均值低于内销企业的生产率均值,不符合新新贸易理论的结论。

运用 STATA 软件,选取中国纺织企业数据,进一步从多重异质性的视角研究纺织企业对外直接投资选择的影响因素。通过二元 Probit 选择模型对企业数据进行实证分析,发现了纺织企业对外直接投资行为的显著特征:(1)上市纺织业和纺织服装、服饰业企业中,生产率最高的是内销企业,其次是对外直接投资企业,再次是出口企业。实证结果证实了生产率高的企业会选择对外直接投资;(2)出口强度对纺织服装企业进行对外直接投资决策有显著的正向作用;(3)纺织业是中国传统劳动密集型产业,资本密集度对纺织企业对外直接投资选择有一定的正向作用,资本密集度高有助于企业对外投资;(4)纺织企业的规模在企业进行对外直接投资选择时有显著影响,企业规模越大,对外直接投资的概率就越大;(5)纺织企业成立时间长短、企业性质及盈利能力对企业对外直接投资的影响不显著。

第5章

东道国因素与中国纺织产业对外投资的实证检验

5.1 东道国生产率阈值与中国纺织产业对外投资的实证检验

5.1.1 基本理论模型

根据 HMY 动态产业模型（Helpman, Melitz & Yeaple, 2004; Yeaple, 2009），假定世界仅由两个生产部门与 N+1 个国家组成，其中，一个部门作为记账单位用来生产同质性产品，另一个部门用来生产差异性产品。而 N+1 个国家由一个投资国（用国家 0 来表示）与 N 个东道国（分别用 j=1, …, N 来表示）组合而成。公式（5-1）为给定效应函数的 CES 形式：

$$U = (\int_{\omega \in \Omega} x(\omega)^\alpha d\omega)^{\frac{1}{\alpha}} \quad s.t. \quad p_i(\omega) x_i(\omega) = E \qquad 式（5-1）$$

在（5-1）式中，$x(\omega)$ 是指产品 ω 的消费数量，Ω 表示所有产品的集合。其中任意两类产品都能够相互代替，即 $0 < \alpha < 1$。结合（5-1）式中的效用函数与消费约束方程，从而得出企业 i 在国家 j 的需求函数，表示如下：

$$x_{ij}(\omega) = \frac{E_j}{P_j} \left(\frac{P_{ij}(\omega)}{P_j}\right)^{-\varepsilon} \qquad 式（5-2）$$

在（5-2）式中，$x_{ij}(\omega)$ 表示企业 i 在国家 j 的产品销售总量，E_j 表示国家 j 的国民支出，P_j 表示国家 j 的价格指数，$P_{ij}(\omega)$ 表示为企业 i 在国家 j 销售产品 ω 的单价，$\varepsilon \equiv 1/(1-\alpha) > 1$ 表示差异化产品之间的需求弹性。设 $A_j = E_j(\alpha_{ij} P_j^{1-\varepsilon})$，将式（5-2）进行简化，得到式（5-3）：

$$x_{ij}(\omega) = \alpha_{ij} A_j P_{ij}(\omega)^{-\varepsilon} \qquad 式（5-3）$$

参考 Chen & Moore (2010) 的设定，α_{ij} 是不同国家对企业的特定需求参数。与此同时，每个国家都包含许多个企业，其中，每一家企业都可以生产不同类型的产品，且各自存在一个生产率水平，用 θ 表示。

假设国家 0 的企业 i 作出决策，即仅在国内生产并销售，就会随之产生

一个固定生产成本 f_0^D 与可变生产成本 $\dfrac{c_0}{\theta}$。其利润函数表示为：

$$\pi_{i0}^D = \alpha_{i0} B_0 \left(\dfrac{c_0}{\theta_i}\right)^{1-\varepsilon} - f_0^D \qquad \text{式 (5-4)}$$

其中，$B_0 = (1-\alpha)\alpha^{\varepsilon-1} A_0$ (5-4)

其次，若企业 i 将产品从国家 0 向国家 j 出口，那么每一单位产品就将出现冰山成本 $\tau_{ij} > 1$，和固定成本 f_j^X。冰山成本代表的是运输成本及国家 j 对企业 i 征收的关税等，固定成本则涵盖了在国家 j 进行配送服务和营销的网络成本等。如此，企业 i 的出口利润函数可以表示成：

$$\pi_{ij}^X = \alpha_{ij} B_j \left(\dfrac{c_0 \tau_{ij}}{\theta}\right)^{1-\varepsilon} - f_j^X \qquad \text{式 (5-5)}$$

其中 $B_j \equiv (1-\alpha)\alpha^{\varepsilon-1} A_0$ (5-5)

这时，假设企业 i 计划在国家 j 当地生产，企业要承担其在国家 j 成立子公司的固定成本，用 f_j^I 表示，其中包含了企业 i 在当地新设子公司的成本，及其建设营销网络、开展市场宣传等费用，所以 $f_j^I > f_j^X$。这时，企业 i 通过向东道国 j 进行投资得出的利润函数表示如下：

$$\pi_{ij}^I = \alpha_{ij} B_j \left(\dfrac{c_j}{\theta_j}\right)^{1-\varepsilon} - f_j^I \qquad \text{式 (5-6)}$$

假定对全部东道国 j 都有：

$$f_0^D < (\tau_{ij})^{\varepsilon-1} f_j^X < \left(\dfrac{c_j}{c_0}\right) f_j^i \qquad \text{式 (5-7)}$$

只有满足 $\pi_{ij}^I > \pi_{ij}^X$ 时，即企业通过投资东道国所得的利润高于其出口利润，企业才可能选择通过对外直接投资方式进入国际市场。结合 (5-5) 式、(5-6) 式，若企业通过对东道国对外直接投资的方式来进行区位选择，那么，在给定任意 α_{ij} 的条件下，企业的生产率水平都应满足：

$$\theta_i > \theta_{-j}^I \equiv \left[\dfrac{f_j^I - f_j^X}{\alpha B_j (c_j^{1-\varepsilon} - (c_0\tau_{ij})^{1-\varepsilon})}\right]^{\frac{1}{\varepsilon-1}} \qquad \text{式 (5-8)}$$

5.1.2 东道国生产率阈值与东道国特征

假设不同国家对企业的特定需求参数 α_{ij} 的分布函数是 $H(\alpha)$，结合式

(5-8) 式，得到函数如下：

$$\theta^c_{-j} \equiv \left[\frac{f^I_j - f^X_j}{B_j(c_j^{1-\varepsilon} - (c_0\tau_{ij})^{1-\varepsilon})} \right]^{\frac{1}{\varepsilon-1}} \mu_1 \quad \text{式 (5-9)}$$

其中，$\mu_1 \equiv \int_0^\infty \alpha^{-\frac{1}{\varepsilon-1}} dH(\alpha)$

对式 (5-9) 取对数，得到：

$$\ln\theta^c_{-j} = \frac{1}{\varepsilon-1}[-\ln B_j - \ln(c_j^{1-\varepsilon} - (c_0\tau_{ij})^{1-\varepsilon}) + \ln(f^I_j - f^X_j)] + \ln\mu_1$$

$$\text{式 (5-10)}$$

根据 (5-10) 式我们可知道，东道国的生产率阈值是"东道国吸引力"的减函数。换言之，即市场需求（B_j）越小、生产成本（可变成本 c_j 和固定成本 f^I_j）越高或者贸易成本（τ_{ij}）越低的东道国，生产率阈值越高。

(1) 东道国生产率阈值与异质性企业的区位选择

我们假定企业 i 对外直接投资的区位选择表示为 y_{ij}。当 y_{ij} 取值为 1，表示企业 i 选择国家 j 开展了对外直接投资活动，0 则表示没有在国家 j 开展对外直接投资活动。根据上文，可以得到：

$$y_{ij} = \begin{cases} 1, & if \pi^I_{ij} > \pi^X_{ij} \\ 0, & if \pi^I_{ij} \leqslant \pi^X_{ij} \end{cases} \quad \text{式 (5-11)}$$

这时，$y_{ij}=1$ 即企业 i 在国家 j 进行对外直接投资的概率方程可以表示为：

$$pr(y_{ij}=1) = pr\left\{ \theta_i > \theta^I_{-j} \equiv \left[\frac{f^I_j - f^X_j}{\alpha B_j(c_j^{1-\varepsilon} - (c_0\tau_{ij})^{1-\varepsilon})} \right]^{\frac{1}{\varepsilon-1}} \right\}$$

$$\text{式 (5-12)}$$

通过上式，我们可以直观地看出企业生产率和东道国生产率阈值二者的关系，从而构建企业生产率和东道国特征之间的关系函数。即提高企业的生产率 i，或通过拓展市场需求（B_j）、降低生产成本等措施来降低东道国 j 生产率阈值，都会引起企业 i 对国家 j 开展对外直接投资的概率的提高。因此提出如下假设：

假设 1：东道国的生产率阈值越高，所吸收的中国纺织企业直接投资个数也就越少。

如公式 (5-12)，影响东道国的生产率阈值的因素，可以具体为东道国的市场规模、进入成本、与中国的文化距离和地理距离、政治环境、关税水平。纺织企业生产率的提高会促进其进行对外直接投资，同时，在对外直接投资区位选择时，中国纺织企业应充分考虑东道国的生产成本是否低廉（龙宇，2012）。文化距离在对外直接投资的区位选择中有很大的影响，本土与东道国家的文化差异会带来不便利性意外（李凝、胡日东，2014）。东道国 GDP 的增加，会使得两国 GDP 之和增加，从而刺激中国企业对其投资（杨媛，2015）。良好的政治环境有利于吸引对外直接投资（任晓燕、杨水利，2016）。各项特征值预期对其生产率阈值的影响如图 5-1 所示。因此提出假设 2。

假设 2：扩大东道国的市场规模、降低东道国的生产成本、提高东道国的贸易成本都会降低东道国生产率阈值，促进中国纺织企业对该东道国的直接投资。

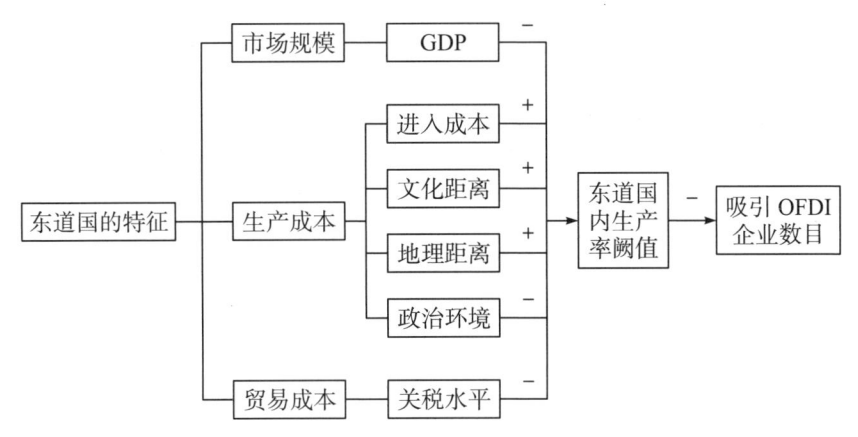

图 5-1　东道国各项特征因素预期对东道国生产率阈值的影响

5.1.3　实证模型

首先，由以上理论推导，我们将实证模型设定如式 (5-13)，以实证检验东道国的生产率阈值与东道国特征因素的关系。

$$Min\,TFP_{ijt} = \beta_0 + \beta_1 GDP_{jt} + \beta_2 Entry\_cost_{jt} + \beta_3 Political_{jt} +$$
$$\beta_4 Geog\_dis_j + \beta_5 Culture\_dis_j + \beta_6 Tariff_{jt} +$$
$$D_{year} + D_{industry} + \varepsilon_{ijt} \qquad \text{式 (5-13)}$$

在式（5-13）中，$Min\,TFP_{ijt}$ 为企业 i 第 t 年对 j 国进行直接投资的生产率阈值；GDP_{jt} 为第 t 年 j 国的 GDP 水平，以此表示当地的市场规模；$Entry\_cost_{jt}$ 为第 t 年在国家 j 经营的进入成本；$Political_{jt}$ 为第 t 年国家 j 的政治环境；$Geog\text{-}dis_j$ 为 j 国到中国的地理距离；$Culture\text{-}dis_j$ 为 j 国和中国的文化距离；$Tariff_{jt}$ 为第 t 年东道国 j 的关税水平，以此来表示在东道国的贸易成本。对以上所有变量取对数形式。除此之外，我们还增加两个虚拟变量，用来表示年份（D_{year}）与二位产业（$D_{industry}$），其中二位产业取自工业企业数据库中的行业代码为 17（纺织业）和 18（纺织服装业）的企业；ε_{ijt} 为残差项。

其次，通过如下模型，实证检验企业的区位选择与企业生产率及东道国特征之间的关系。

$$\Pr(ofdi_{ijt}=1\mid X_{ijt}) = \beta_0 + \beta_1 GDP_{jt} + \beta_2 Productivity_{it} + \beta_3 Entry\_cost_{jt} +$$
$$\beta_4 Political_{jt} + \beta_5 Geog\_dis_j + \beta_6 Culture\_dis_j +$$
$$\beta_7 Tariff_{jt} + D_{year} + D_{industry} + \varepsilon_{ijt} \qquad \text{式 (5-14)}$$

在式（5-14）中，因变量是哑变量。当企业 i 第 t 年在 j 国新设成立一家及一家以上的境外子公司时，因变量取值为 1，否则取值为 0。另外，$Productivity_{it}$ 表示企业 i 第 t 年的生产率水平。其余变量的设置和式（5-13）保持一致。

5.1.4 变量的选取和样本的来源

(1) 变量的选取

①生产率。企业异质性最核心的特征就是生产率。此处将分别计算全员劳动生产率和全要素生产率，以此来全面衡量样本企业的生产率水平。

②市场规模。本节采用东道国历年实际的 GDP 水平来衡量东道国的市场需求，GDP 数据源于世界银行（World Bank）。

③市场进入成本。本节根据世界银行的出版物 *Doing Business* 中 "starting a business" 指标来计算中国企业到各国家或地区投资时面临的市场进入成本。

④政治环境。我们利用由 PRS 集团编制的国家风险指南（the International Coutry Risk Guide, ICRG），在其发布的政治风险指数中选择 4 个与投资环境直接相关的评价指标，计算这 4 个指标的平均得分并以此衡量东道国的政治环境情况，得分越高即表示该国的政治环境越稳定越有利好。

⑤文化距离。根据霍夫斯泰德（Hofsted）文化价值观评价体系。按照 Salomon & Wu（2012）的测量方式，此处将文化距离可表示如下：

$$CD_j = \frac{\sum_{i=1}^{4}[(H_{ij} - H_{cj})^2/Var_i]}{5} \qquad 式（5-15）$$

⑥地理距离。本节对中国与东道国的地理距离用各国首都到北京的距离来测度，数据来源于谷歌地图。

⑦东道国关税水平。参照魏浩等（2010）的测度方法，本节根据 The Fraser 组织编制的 *Economic Freedom of the World* 来计量各东道国的关税情况。基于未加权重的关税税率，东道国的关税计量公式可表示如下：

$$Tariff_{jt} = (V_{max} - V_i)/(V_{max} - V_{min}) \times 10 \qquad 式（5-16）$$

在上式中，V_{max} 为该东道国最高的关税税率，设为 50%；V_{min} 为该东道国最低的关税税率，设为 0%；V_i 为该东道国的平均关税税率，V_i 取值越大，该项指标分值越小。若该东道国的关税税率取值为 50%，则该项指标分值为 0。

（2）样本来源

本部分选取的企业层面数据来源于中国商务部发布的《境外直接投资企业（机构）名录》与中国国家统计局收录统计的中国工业企业数据库。本章的实证研究范围与统计口径包含《国民经济行业分类与代码》中 17 和 18 两个大类（类别组成见表 5-1），将行业代码分别为 17 和 18 的纺织服装企业纳入样本，并进一步匹配数据进行计量分析。

表 5-1 国民经济行业分类关于纺织业的界定

大类	中类	小类	类别名称	大类	中类	小类	类别名称
17	纺织业			17	纺织业		
	171		棉纺织及印染精加工		176		针织或钩针编织物及其制品制造
		1711	棉纺纱加工			1761	针织或钩针编织物织造
		1712	棉织造加工			1762	针织或钩针编织物印染精加工
		1713	棉印染精加工			1763	针织或钩针编织品制造
	172		毛纺织及染整精加工		177		家用纺织制成品制造
		1721	毛条和毛纱线加工			1771	床上用品制造
		1722	毛织造加工			1772	毛巾类制品制造
		1723	毛染整精加工			1773	窗帘、布艺类产品制造
	173		麻纺织及染整精加工			1779	其他家用纺织制成品制造
		1731	麻纤维纺前加工和纺纱		178		非家用纺织制成品制造
		1732	麻织造加工			1781	非织造布制造
		1733	麻染整精加工			1782	绳、索、缆制造
	174		丝绢纺织及印染精加工			1783	纺织带和帘子布制造
		1741	缫丝加工			1784	篷、帆布制造
		1742	绢纺和丝织加工			1789	其他非家用纺织制成品制造
		1743	丝印染精加工	18	纺织服装、服饰业		
	175		化纤织造及印染精加工		181	1810	机织服装制造
		1751	化纤织造加工		182	1820	针织或钩针编织服装制造
		1752	化纤织物染整精加工		183	1830	服饰制造

资料来源：中华人民共和国国家统计局。

2010—2015 年期间，共 1063 家中国纺织服装企业开展 1239 起对外直接投资活动，由于工业企业数据库中该时期的企业生产率相关指标未收录，该时期的对外直接投资区位选择统计分析主要参考《境外投资企业（机构）名录》。

5.1.5 实证分析及结论

(1) 样本描述性统计

首先,我们来观察各东道国接受的进行对外直接投资的中国企业数量,样本描述性统计结果如表 5-2 所示。东道国接收的进行对外直接投资的中国企业数量越多,其生产率阈值水平相对越低。而那些只接收了一家对外直接投资企业的东道国,其生产率阈值略高于其他组别。

表 5-2 东道国接受的 OFDI 企业个数与其生产率阈值

东道国接受的 OFDI 企业数目	此类东道国的个数	LP 衡量的生产率阈值	TFP 衡量的生产率阈值
f=1	18	4.72	1.79
1<f≤5	21	4.17	1.69
5<f≤10	4	3.89	1.12
10<f≤20	4	3.31	1.09
f>20	3	3.02	0.59

注:作者根据样本匹配后的数据整理。

其次,我们来看中国纺织服装企业每年投资的东道国个数与其生产率均值,样本描述性统计结果如表 5-3 所示。从表 5-3 中我们可以得出:241 家中国纺织服装企业(2005—2009 年)仅仅对一个东道国开展了直接投资,仅 6 家纺织服装企业向 3 个以上的国家或地区进行了直接投资。所以,中国纺织服装企业对外直接投资的扩展边际还有待进一步提高;无论采用劳动生产率还是全要素生产率方法计量,样本中的中国纺织服装企业的生产率均值都随着其投资的东道国的数量增多而有所提升。

表 5-3 中国纺织服装企业每年投资东道国个数与企业生产率

投资东道国的个数	OFDI 的企业数	LP 均值	TFP 均值
h=1	199	5.65	3.57
h=2	33	11.33	7.63

续表

投资东道国的个数	OFDI 的企业数	LP 均值	TFP 均值
h=3	4	17.26	12.43
h=4	5	26.93	19.82

注：根据样本匹配后的数据整理。

东道国生产率阈值与其接受对外直接投资的纺织服装企业数量之间大致呈负相关关系。通过对企业生产率与其进行对外直接投资的东道国数目之间关系的进一步分析，回归结果如表 5-4 显示，我们可以看出中国纺织企业的生产率和其选择进行对外直接投资的东道国数量为正相关关系。

表 5-4 中国纺织服装企业生产率与其进行 OFDI 的东道国个数关系

变量	(1) Num of Host _ C	(2) Num of Host _ C
TFP	0.220*** (4.172)	
LP		0.166*** (2.710)

注：括号内为 t 值；＊＊＊表示 1% 的显著性水平，＊＊表示 5% 的显著性水平，＊表示 10% 的显著性水平。

(2) 模型的回归分析

①东道国生产率阈值与东道国特征回归结果。东道国的生产率阈值与东道国特点之间的关系的回归结果见表 5-5。回归结果表明，在生产成本方面，东道国的政治环境越不稳定、进入成本越高、与中国的文化距离越大，则其生产率阈值越高。在贸易成本方面，东道国的关税水平越低，其生产率阈值就越高。

表 5-5 东道国生产率阈值与东道国特征回归结果

变量	预期符号	系数
（常数）		−6.661** (−2.174)
Entry_cost	＋	0.659*** (6.590)
Culture_dis	＋	1.186*** (3.931)
Geog_dis	＋	1.063*** (4.313)
GDP	−	−.331*** (5.139)
Political	−	−2.891*** (−4.332)
Tariff	＋	0.201*** (3.367)
R-squared		0.723
调整后 R-squared		0.713
Prob＞F		0.000

②东道国特征对企业对外投资区位选择影响的结果。通过分析发现，中国纺织服装企业进行对外直接投资遵从生产率阈值的排序规则，因此，具有更低生产率阈值的国家，其所吸引的中国纺织服装企业 OFDI 也就越多。我们利用 Logit 模型的构建，从生产率和东道国的自身特征两个角度，来对中国企业 OFDI 的区位选择进行检验。

表 5-6 因子相关性矩阵

	GDP	Productivity	Entry_cost	Culture	Political	Tariff	Geo
GDP	1.000	−0.056	−0.007	−0.155	−0.179	0.033	0.050
Productivity		1.000	−0.002	0.015	0.009	−0.012	−0.017

续表

	GDP	Productivity	Entry_cost	Culture	Political	Tariff	Geo
Entry_cost			1.000	−0.101	0.263	−0.186	0.141
Culture				1.000	−0.177	−0.277	−0.591
Political					1.000	0.493	0.364
Tariff						1.000	0.576
Geo							1.000

首先对各因子做相关性分析。由表5-6可知，各因子两两之间的相关系数均小于0.6，表明各因子间相互独立。其次，对企业生产率与东道国特征对企业OFDI区位选择影响建立logit模型并进行分析（详见表5-7）。

表5-7 东道国特征、企业生产率与对企业OFDI区位选择影响logit模型

变量	（1）	（2）	（3）	（4）
	$ofdi_{ijt}$	$ofdi_{ijt}$	$ofdi_{ijt}$	$ofdi_{ijt}$
C	−5.326***	−3.899*	−4.068*	5.454
	(−13.948)	(−1.679)	(−1.721)	(1.315)
Productivity	0.163**		0.031**	
	(2.500)		(2.188)	
GDP		0.386***	0.386***	0.532***
		(17.823)	(17.766)	(5.365)
Culture		−0.571***	−0.570***	−0.781**
		(−3.074)	(−3.068)	(−2.168)
Geo		−0.448***	−0.449***	−0.233
		(−2.669)	(−2.674)	(−0.950)
Political		0.334**	0.336**	1.375*
		(2.098)	(2.097)	(1.693)
Tariff		−0.029	−0.029	−0.073
		(−0.653)	(−0.649)	(−1.277)

续表

变量	(1)	(2)	(3)	(4)
	$ofdi_{ijt}$	$ofdi_{ijt}$	$ofdi_{ijt}$	$ofdi_{ijt}$
Entry_cost		−0.139** (−1.965)	−0.139** (−1.966)	−2.129*** (−2.884)
McFadden R-squared	0.195	0.324	0.324	0.140
Log likelihood	−1 573.954	−1 066.476	−1 066.401	−193.452
LR statistic	6.153	1 020.309	1 020.459	162.953
Prob (LR statistic)	0.013	0.000	0.000	0.000

注：***表示1%的显著性水平，**表示5%的显著性水平，*表示10%的显著性水平。

表5-7第（1）列验证了纺织企业生产率和其进行对外直接投资区位选择的关系。其结果表明，中国纺织服装企业的全要素生产率越高，其进行对外直接投资的可能性就越大。第（2）列验证了东道国特征对中国纺织企业进行对外直接投资区位选择的影响。其结果表明，东道国的GDP越高、与中国的文化距离及地理距离越小、政治环境越好进入成本越小，纺织企业选择对该东道国投资的概率越高。第（3）列综合考虑纺织服装企业的生产率水平与东道国特征对企业进行对外直接投资区位选择的影响，我们可以从中看出，除了东道国的关税水平不显著以外，其他变量均保持显著。第（4）列所示各变量符号均符合预期，且除东道国与中国的地理距离及东道国关税水平外，均保持显著。

③实证检验的结论。本节通过将中国工业企业数据库与商务部公布的《境外投资企业（机构）名录》进行匹配，共筛选2005—2015年1300余家对外直接投资的纺织企业，在HYM模型基础上，计算中国纺织产业对外投资的东道国生产率阈值，并进一步对东道国生产率阈值和纺织企业对外投资之间进行了实证分析。通过实证检验，发现（1）企业的生产率越高，其进行对外直接投资的国家数量越多，且在对外直接投资中企业自身也具备自我选择效应；（2）东道国的生产率阈值越高，去这些国家投资的纺织企业数量也就越少；（3）东道国的GDP水平越低、生产成本越高（文化距离和地理距离越

大），贸易成本越低，该国的生产率阈值越高，去这些国家投资的纺织企业数量也就越少。

5.2 文化距离与中国纺织产业"一带一路"国家和地区投资的实证检验

中国纺织产业投资 60% 以上分布在"一带一路"国家和地区，"一带一路"国家和地区文化多元，宗教信仰多样，文化距离是对外投资的重要影响因素，本节将对此进行分析。

5.2.1 相关文献综述

学术界关于文化距离和对外投资关系的研究，大都是用霍夫斯泰德文化维度理论并构建相关的计算模型展开研究，研究结果也不同。大体来看，主要分为负相关、S 型、U 型和倒 U 型等四种主流观点。

第一，文化距离与 OFDI 呈负相关关系。Chou et al.（（2011））运用实证分析进行了说明；许和连和李丽华（2011）、韩民春和江聪聪（2017）、丁鸿君和李妍（2017）、樊琦和杨连星（2017）、吉生保等（2018）、张艾莲等（2018）论证了文化距离对我国"一带一路"OFDI 具有显著的抑制作用；刘晓凤等（2017）也认为地理距离与中国的对外投资呈不显著的正相关关系，其他距离与中国 OFDI 呈负相关关系，其中外交距离和经济距离表现得最明显。

第二，文化距离与 OFDI 呈 S 型关系。许和连等（2012）研究发现文化距离与 OFDI 非简单的线性关系，而是复杂的 S 型曲线关系；殷华方和鲁明泓（2011）也得出此结论，并进一步说明了文化距离与 OFDI 流向的悖论问题。

第三，文化距离与 OFDI 呈 U 型关系。蒋冠宏（2015）认为文化距离与 OFDI 间并非简单的线性关系，可能存在一定的门槛效应，当文化距离过大时将加大企业 OFDI 的风险，綦建红等（2012）用实证分析构建 PCSE 模型对此进行论证。

第四,文化距离与 OFDI 呈倒 U 型关系。杨勇等(2018)采用门槛效应方法验证了二者之间的倒 U 型关系,即在一定范围内加大文化距离对中国 OFDI 有促进作用,但超过此范围便会对企业 OFDI 起到抑制作用;姜慧和张志醒(2018)在研究中也论证了此观点。

除此之外,刘娟等(2018)学者认为我国企业 OFDI 受文化距离的影响不显著,还有部分学者认为对文化距离与国家 OFDI 间关系造成影响的因素有很多,不能以偏概全。张华容等(2015)研究发现在心理距离的各个维度中,语言差异对我国企业 OFDI 的影响最大,刘希等(2017)认为国家间政治、文化交流将增进彼此间信任程度,降低投资风险,从而有利于我国企业 OFDI 的持续发展。

5.2.2 模型构建

关于模型,本研究参考引力模型,对所选取的变量进行对数处理以便于解释说明,本研究构建的二值选择模型(logit),具体公式如下:

$$ofdi_{ic,t} = \alpha_0 + \alpha_1 culture_{ic} + \alpha_2 distcap_{ic} + \alpha_3 cost_{i,t} + \alpha_4 gdp_{i,t} + \alpha_5 trade_{ic,t} + \alpha_6 tech_{i,t} + \alpha_7 ecofree_{i,t} + \varepsilon_{i,t} \quad 式(5-17)$$

其中,i 代表东道国,c 代表中国,α_0 为常数项,$\alpha_1 - \alpha_7$ 为各项系数,$ofdi_{ic,t}$ 为中国纺织企业在 t 年是否选择对 i 东道国投资,$culture_{ic}$ 为中国与东道国 i 之间的文化距离,$distcap_{ic}$ 为中国与东道国 i 之间的地理距离,$cost_{i,t}$ 为东道国 i 在 t 年的劳动力成本,$gdp_{i,t}$ 为东道国 i 在 t 年的市场规模,$trade_{ic,t}$ 为中国与东道国 i 在 t 年的进出口贸易总额,$tech_{i,t}$ 为东道国 i 在 t 年的战略资源,$ecofree_{i,t}$ 为东道国 i 在 t 年的经济自由度,$\varepsilon_{i,t}$ 为随机误差项。

5.2.3 变量选取

(1)被解释变量(ofdi)

由于本研究的中国纺织企业 OFDI 的数据具体金额难以获得,所以本研究选用《名录》中企业 OFDI 行为作为解释变量,本研究将中国纺织企业

OFDI 的 30 个"一带一路"国家作为区位选择的备选地,若选中,ofdi=1,反之,ofdi=0。

(2) 核心解释变量

文化距离 (culture)。本研究从文化距离的角度出发,对中国纺织企业"一带一路"OFDI 区位选择进行研究。文化距离影响社会实践生活,其语言、价值观、宗教、习俗等方面都会影响一国的生产生活,进而对企业 OFDI 区位选择的决策产生重要影响,本研究选取文化距离作为国家间文化差异的量化指标,采用补充发展的霍夫斯泰德文化六维度来计算 30 个样本国的文化距离,这一方法在学术界得到广泛使用。长时间来看,外部环境的变化对于文化距离的影响是很小的,所以可近似将各国的文化距离作为固定值来处理。本研究利用 Kogut and Singh (1988) 所提出的方法,即用文化差异指数理论计算,具体公式如下:

$$CD_j = \sum_{i=1}^{6} [(I_{ij} - I_{ic})^2 / V_i] / 6 \qquad 式(5-18)$$

其中,CD_j 为东道国 j 与中国的文化距离值;I_{ij} 是东道国 j 在第 i 个文化维度上的数据;I_{ic} 是中国在第 i 个文化维度上的数据;V_i 是第 i 个文化维度的方差,$i=1,2,\cdots\cdots,6$,该数值越小,说明该东道国与中国的文化差异越小,越有利于企业在该国进行投资。

本研究还进一步对文化距离的六个分维度对中国纺织企业 OFDI 区位选择产生的影响进行研究,用 c_{pdi}、c_{uai}、c_{idv}、c_{mas}、c_{lto} 和 c_{ivr} 代表 6 个分文化距离,表示的是东道国与中国各个分维度文化距离数值,具体是分别用东道国各个分文化维度得分减去中国在相同维度下的得分并取绝对值得到的。

(3) 控制变量

①地理距离 (distcap)。本研究采用各个东道国首都与中国首都北京之间的直线距离来衡量。一般而言,两国间地理距离越小,越有利于降低运输成本、交易成本等,从而有助于企业选择该东道国进行 OFDI。

②劳动力成本 (cost)。本研究采用 2005—2015 年样本国的人均国民收入作为衡量指标。考虑到本研究研究的对象是中国纺织企业,劳动力成本是纺

织企业 OFDI 要考虑的重要因素，一般而言，东道国劳动力越廉价，越有利于降低企业劳动力成本，从而有利于企业在该东道国进行 OFDI。

③市场规模（gdp）。本研究选择样本国的 GDP 总量作为市场规模的衡量指标，利用外国市场是一国 OFDI 的重要原因，而一国的 GDP 不仅可以衡量该国的经济规模，还可以衡量其市场潜力和消费潜力，一般而言，东道国市场规模越大，越有利于企业在该东道国进行投资。

④双边贸易（trade）。本研究采用 2005—2015 年中国与各东道国间的进出口贸易总值作为衡量指标。以往学者的大量研究表明国际贸易与 OFDI 关系紧密，二者之间可能存在替代效应或互补效应。许和连（2011）探究发现总体上二者呈现相互促进的关系。两国间的经济往来方式只有贸易和投资，一般而言，贸易往来越频繁，国家间的经济联系越紧密，越有利于促进中国对东道国 OFDI。

⑤战略资源（tech）。本研究采用各样本国高科技出口（占制成品出口的百分比）衡量。高科技产品指的是研发强度高的产品，例如航空航天、医药、计算机等，该项指标能在一定程度上反映样本国家的科学技术，进而反映该国的战略资源丰裕度。一般而言，该指标越大的东道国，越有利于企业对其进行 OFDI。

⑥经济自由度（ecofree）。本研究采用根据美国传统基金会公布的 2005—2015 年的数据，即 10 个分项指数来衡量样本国的经济制度质量，有商业自由度、贸易自由度、财政自由度、政府支出自由度、货币自由度、投资自由度、金融自由度、劳动自由度、产权保护和腐败自由度。该指数根据总分来衡量国家的经济自由度水平，它也用来表示政府的干涉水平，分数越高，表明政府对经济的干涉水平越低，当经济自由度越高，政府干涉水平就越低，经济制度质量越好。一般而言，东道国经济自由度越高，越有利于企业对其进行 OFDI。

表 5-8 变量指标及含义

变量类型	变量符号	变量含义	变量指标	数据来源
因变量	ofdi	东道国投资	0,1	《名录》
自变量	culture	文化距离	KSI 指数计算文化距离	Hofstede 网站
自变量	c_{pdi}	权力距离	各国 PDI 减中国 PDI 取绝对值	Hofstede 网站
自变量	c_{uai}	不确定性规避	各国 UAI 减中国 UAI 取绝对值	Hofstede 网站
自变量	c_{idv}	个人/集体主义	各国 IDV 减中国 IDV 取绝对值	Hofstede 网站
自变量	c_{mas}	男性/女性化	各国 MAS 减中国 MAS 取绝对值	Hofstede 网站
自变量	c_{lto}	长期/短期取向	各国 LTO 减中国 LTO 取绝对值	Hofstede 网站
自变量	c_{ivr}	自身放纵/约束	各国 IVR 减中国 IVR 取绝对值	Hofstede 网站
控制变量	distcap	地理距离	两国首都间的直线距离	CEPII 数据库
控制变量	cost	劳动力成本	人均国民收入	世界银行 WDI 数据库
控制变量	gdp	市场规模	东道国 GDP	世界银行 WDI 数据库
控制变量	trade	双边贸易	中国与各国的进出口贸易总额	Un Comtrade 数据库
控制变量	tech	战略资源禀赋	高科技产品出口比重	世界银行 WDI 数据库
控制变量	ecofree	经济自由度	经济自由度综合得分	美国传统基金会

5.2.4 数据来源

本研究选择中国纺织企业"一带一路"OFDI 设立企业(机构)较多的前 30 个国家作为研究对象[①],中国纺织企业在这 30 个"一带一路"国家 OFDI 设立的企业(机构)数目约占所有筛选出的 74 个"一带一路"国家 OFDI 的 89%,具有代表性。最终确定了本研究所用到的数据是包括 867 家境内纺织企业于 2005—2015 年间在这 30 个东道国 OFDI 设立 1082 家境外分支的数据,所得的数据形式为境外投资主体—投资国家/地区—核准日期,中国纺织企业 OFDI 区位选择时把这 30 个东道国视作潜在目标对象,因此对于每一个 OFDI

---

① 本文所选择的我国纺织企业"一带一路"OFDI 的 30 个样本国家为:阿拉伯联合酋长国、柬埔寨、俄罗斯、韩国、越南、意大利、孟加拉国、缅甸、尼日利亚、南非、智利、波兰、新加坡、泰国、埃塞俄比亚、印度尼西亚、乌兹别克斯坦、埃及、马来西亚、坦桑尼亚、马里、蒙古国、沙特阿拉伯、贝宁、多哥、加纳、乌克兰、罗马尼亚、土耳其、匈牙利。

的纺织企业都有 30 个观测值，将其选择 OFDI 的东道国标记为 1，剩余的东道国则记为 0，并结合本研究选取的相关变量的数据，剔除掉重复值和缺失值，最终得到一份样本量为 20 710 的总体样本。在样本中有一些东道国的解释变量的数据有所缺失，stata15.0 在进行分析报告时会自动剔除缺失和重复的样本量。

5.2.5 实证检验及结论

（1）描述性统计

在进行实证检验前先对各个变量进行描述性统计，由描述统计结果可知：ofdi 的样本量为 20 710，具体分析结果如表 5-9。

表 5-9 样本观测值的描述性统计

Variable	Obs	Mean	Std. Dev.	Min	Max
ofdi	20 710	0.0305	0.172	0	1
lnculture	20 710	0.868	0.543	−0.131	1.585
lnc_{pdi}	20 710	4.207	0.225	3.689	4.605
lnc_{uai}	20 710	3.976	0.577	2.079	4.533
lnc_{idv}	20 710	3.350	0.554	2.639	4.382
lnc_{mas}	20 710	3.866	0.247	3.332	4.477
lnc_{lto}	20 710	3.657	0.545	2.565	4.357
lnc_{ivr}	20 710	3.791	0.390	2.989	4.357
lndistcap	20 710	8.701	0.693	6.862	9.856
lncost	20 710	8.560	1.355	5.830	10.84
lngdp	20 710	25.80	1.625	21.94	28.51
lntrade	20 710	14.05	1.575	9.583	17.18
lntech	20 710	1.581	1.743	−6.254	4.001
lnecofree	20 710	4.113	0.155	3.536	4.493

（2）相关性检验

对各变量做相关性检验，由相关性检验结果表 5-10 可知：ofdi 与 culture、distcap、cost、tech 和 ecofree 呈负相关关系，与 gdp、trade 呈正相关关系；6 个分文化维度对 ofdi 呈负相关关系。culture、distcap 和 trade 对

ofdi 的影响在 1% 的水平上显著，tech 对 ofdi 的影响在 5% 的水平上显著，cost、gdp 和 ecofree 对 ofdi 的影响不显著；c_{idv}、c_{lto} 和 c_{ivr} 对 ofdi 的影响在 1% 的水平上显著，其余 3 个分文化维度对 ofdi 的影响不显著。

表 5-10　样本的相关性检验

	ofdi	Lnculture	lnc_{pdi}	lnc_{uai}	lnc_{idv}	lnc_{mas}	lnc_{lto}
ofdi	1						
lnculture	−0.060***	1					
lnc_{pdi}	−0.00700	−0.452***	1				
lnc_{uai}	−0.00300	0.651***	−0.261***	1			
lnc_{idv}	−0.036***	0.515***	−0.666***	0.353***	1		
lnc_{mas}	−0.0110	0.112***	−0.363***	0.049***	0.732***	1	
lnc_{lto}	−0.069***	0.524***	0.275***	0.310***	0.00800	−0.113***	1
lnc_{ivr}	−0.041***	0.321***	0.019***	−0.210***	−0.239***	−0.234***	0.541***
lndistcap	−0.072***	0.577***	−0.109***	0.252***	0.357***	0.129***	0.680***
lncost	−0.0110	0.119***	−0.325***	0.012*	0.512***	0.282***	−0.437***
lngdp	0.00800	0.134***	−0.381***	0.224***	0.454***	0.185***	−0.334***
lntrade	0.026***	−0.156***	−0.149***	−0.120***	0.087***	−0.019***	−0.420***
lntech	−0.015**	0.054***	−0.134***	−0.193***	0.165***	0.021***	−0.303***
lnecofree	−0.0100	0.054***	−0.166***	−0.195***	0.195***	−0.045***	−0.317***

	lnc_{ivr}	Lndistcap	lncost	lngdp	lntrade	lntech	Lnecofree
lnc_{ivr}	1						
lndistcap	0.450***	1					
lncost	−0.371***	−0.116***	1				
lngdp	−0.360***	−0.169***	0.807***	1			
lntrade	−0.218***	−0.452***	0.682***	0.776***	1		
lntech	−0.191***	−0.261***	0.546***	0.514***	0.548***	1	
lnecofree	−0.125***	0.015**	0.715***	0.393***	0.424***	0.563***	1

（3）总样本回归分析

本节主要研究的是文化距离对中国纺织企业"一带一路"OFDI 区位选择的影响，总样本回归的结果如表 5-11 所示。表中的 a 是以总文化距离作为核心解释变量构建模型进行回归得到的结果，b 到 g 是以 6 个分文化维度距离分别作为核心解释变量构建模型进行回归得到的结果。

结果（1）显示文化距离与 OFDI 的系数为 -0.008 且在 1% 的水平上显著相关，表明当其上升 1% 时，中国纺织企业到该东道国投资的概率会下降 0.008%，文化距离对中国纺织企业 OFDI 区位选择产生抑制作用，这个结论也验证了文化距离的"外来者劣势"效应，即当中国与东道国的文化距离较大时，企业 OFDI 会付出更多的信息、管理和学习成本，造成交易费用增加来抵消由文化距离过大给企业 OFDI 带来的不利影响，一般而言企业 OFDI 更倾向于选择与本国文化距离较小的国家。

而在控制变量中，地理距离的边际效应为负且在 1% 的水平上显著，说明其对中国纺织企业 OFDI 区位选择产生抑制作用，企业 OFDI 更倾向于与中国地理距离近的东道国；劳动力成本的边际效应为负且在 1% 的水平上显著，说明其对中国纺织企业 OFDI 区位选择产生抑制作用，企业 OFDI 更倾向于有大量廉价劳动力的东道国；市场规模的边际效应为正且在 1% 的水平上显著，说明其对中国纺织企业 OFDI 区位选择产生促进作用，企业 OFDI 更倾向于市场规模庞大的东道国；双边贸易的边际效应为负但不显著，本研究认为双边贸易与 OFDI 可能是替代也可能是互补关系，中国与各样本国的贸易往来并未对中国纺织企业 OFDI 区位选择产生明显的抑制作用；战略资源的边际效应为负且在 1% 的水平上显著，本研究认为中国纺织企业 OFDI 虽然在部分价值链环节倾向于高技术水平和研发能力强的东道国，但是从总体上来看，仍处于低端制造环节，因此不太在意东道国的战略资源禀赋；经济自由度的边际效应为正且在 1% 的水平上显著，说明其对中国纺织企业 OFDI 区位选择产生促进作用，企业 OFDI 更倾向于经济制度质量较好的东道国。

表 5-11 总样本检验结果

	a	b	c	d	e	f	g
	culture	c_{pdi}	c_{uai}	c_{idv}	c_{mas}	c_{lto}	c_{ivr}
lnculture	-0.008***	-0.013**	-0.003	0.006	0.025***	-0.020***	-0.013***
	(-2.937)	(-2.016)	(-1.038)	(1.574)	(3.412)	(-5.170)	(-2.799)

续表

	a	b	c	d	e	f	g
lndistcap	−0.016***	−0.018***	−0.019***	−0.020***	−0.020***	−0.006*	−0.014***
	(−7.166)	(−8.852)	(−8.873)	(−8.530)	(−9.184)	(−1.952)	(−5.617)
lncost	−0.011***	−0.012***	−0.012***	−0.014***	−0.016***	−0.014***	−0.013***
	(−4.728)	(−4.972)	(−5.096)	(−5.009)	(−5.923)	(−5.988)	(−5.409)
lngdp	0.009***	0.007***	0.009***	0.008***	0.009***	0.007***	0.007***
	(4.849)	(3.524)	(4.314)	(4.144)	(4.844)	(3.831)	(3.497)
lntrade	−0.001	0.001	−0.001	0.001	0.001	0.002	0.002
	(−0.762)	(0.356)	(−0.477)	(0.430)	(0.565)	(1.104)	(0.989)
lntech	−0.005***	−0.005***	−0.005***	−0.006***	−0.005***	−0.004***	−0.005***
	(−4.897)	(−5.677)	(−5.799)	(−5.896)	(−5.848)	(−4.494)	(−5.661)
lnecofree	0.056***	0.058***	0.061***	0.067***	0.080***	0.048***	0.062***
	(3.976)	(4.038)	(4.237)	(4.361)	(5.008)	(3.391)	(4.277)
N	20 710	20 710	20 710	20 710	20 710	20 710	20 710
pseudoR^2	0.629	0.628	0.627	0.628	0.629	0.632	0.629

注：括号中是 t 统计量，* $p<0.1$，** $p<0.05$，*** $p<0.01$。

为了研究各个分文化维度距离对中国纺织企业"一带一路"OFDI 区位选择的影响情况，本研究基于前面构建的计量模型，分别用 c_{pdi}、c_{uai}、c_{idv}、c_{mas}、c_{lto} 和 c_{ivr} 代替 culture 进行回归，结果显示为（2）到（7）。

权力距离边际效应为负且在 5% 的水平上显著，说明其对中国纺织企业 OFDI 区位选择产生抑制作用，企业 OFDI 更倾向于中国权力距离较小的东道国；不确定性规避距离边际效应为负但不显著，说明其对中国纺织企业 OFDI 区位选择的抑制作用不明显；个人/集体主义距离边际效应为正但不显著，说明其对中国纺织企业 OFDI 区位选择的促进作用不明显；男性/女性化距离边际效应为正且在 1% 水平上显著，说明其对中国纺织企业 OFDI 区位选择有明显的促进作用，这个结论可以用文化距离的"外来者优势"效应来解释，企业对与中国在此维度上差异较大的国家进行投资，可能是因为该东道国的比较优势和投资机会有利于企业进行互补性和合作性投资；长期/短期取向和自身放纵/约束这两个分文化维度距离权力边际效应均为负且在 1% 的水平上显著，说明二者对中国纺织企业 OFDI 区位选择有明显的抑制作用，企业 OFDI 更倾向于长期导向和自身约束较强的东道国，这与中国保守的文化氛围和人们对未知风险的恐惧心理有关。

（4）分样本调节效应

从总样本回归结果来看，文化距离对中国纺织企业"一带一路"OFDI 区位选择有抑制作用，为了进一步检验这种抑制作用，本研究参考已有文献的做法，以总样本地理距离均值为分组依据，将样本分为①"地理距离较大组"和②"地理距离较小组"，探究文化距离对企业 OFDI 区位选择的影响在地理距离不同的国家中会发生怎样的变化。从表 5-12 种可知，①和②组，文化距离的边际效应均为负且都显著，这与总样本的检验结果一致，说明无论东道国与中国的地理距离大还是小，文化距离都对中国纺织企业 OFDI 区位选择有阻碍作用；但是二者的系数有所差别，①组文化距离的边际效应明显大于②组，这可能是由于在地理距离较大的国家中，纺织企业追求的是战略资源，文化距离对其学习东道国技术、研发、设计和管理等隐形资产的阻碍作用大，而在地理距离较小的国家中，纺织企业可能追求的是劳动力资源等要素，而文化距离对于企业获取这些要素的阻碍作用有限。

另外，从表中可以发现，地理距离对中国纺织企业 OFDI 区位选择的作用不能一概而论，在①组中，其边际效应为 0.038 且在 5% 的水平上显著，②组中，其边际效应为 -0.030 且在 1% 的水平上显著，这说明地理距离对中国纺织企业 OFDI 区位选择存在门槛效应，地理距离较小的国家其对企业 OFDI 区位选择有抑制作用，而地理距离较大的国家其对企业 OFDI 区位选择有促进作用。

表 5-12 分样本检验结果

	（1）	①	②
	总样本	地理距离较大组 (distcap＞7 022.08km)	地理距离较小组 (distcap＜7 022.08km)
lnculture	-0.008^{***} (-2.937)	-0.026^{*} (-1.946)	-0.011^{**} (-2.184)

续表

	(1)	①	②
lndistcap	-0.016***	0.038**	-0.030***
	(-7.166)	(2.541)	(-8.058)
lncost	-0.011***	0.008*	-0.021***
	(-4.728)	(1.670)	(-6.093)
lngdp	0.009***	0.006*	0.010***
	(4.849)	(1.831)	(2.862)
lntrade	-0.001	0.000	-0.003
	(-0.762)	(0.109)	(-0.956)
lntech	-0.005***	0.002	-0.004***
	(-4.897)	(0.585)	(-2.835)
lnecofree	0.056***	-0.095**	0.099***
	(3.976)	(-2.357)	(5.087)
N	20 710	8261	12 449
pseudoR^2	0.629	0.644	0.561

注：t statistics in parentheses，* $p<0.1$，** $p<0.05$，*** $p<0.01$。

(5) 稳健性检验

为了避免模型因为可能存在共线性而导致研究有偏差，接下来用逐步回归法进行稳健性检验，我们将逐步加入控制变量来进行回归。由表 5-13 中的稳健性检验结果可知：无论加入几个控制变量，核心解释变量文化距离对 ofdi 的边际效应都不变，且显著程度无差异，和上文结论一致，说明计量模型的回归结果是稳健的，具有研究分析意义。

表 5-13　样本的稳健性检验结果

	a	b	c	d	e	f	e
	m0	m1	m3	m4	m5	m6	m7
lnculture	-0.017***	-0.009***	-0.008***	-0.010***	-0.011***	-0.009***	-0.008***
	(-8.196)	(-3.969)	(-3.236)	(-3.917)	(-4.142)	(-3.201)	(-2.937)
lndistcap		-0.012***	-0.013***	-0.012***	-0.014***	-0.014***	-0.016***
		(-6.801)	(-6.938)	(-6.227)	(-6.154)	(-6.430)	(-7.166)

续表

	a	b	c	d	e	f	e
lncost			−0.002* (−1.755)	−0.005*** (−3.791)	−0.005*** (−3.455)	−0.004*** (−2.666)	−0.011*** (−4.728)
lngdp				0.004*** (3.570)	0.006*** (3.738)	0.006*** (3.443)	0.009*** (4.849)
lntrade					−0.003* (−1.716)	−0.001 (−0.522)	−0.001 (−0.762)
lntech						−0.003*** (−3.557)	−0.005*** (−4.897)
lnecofree							0.056*** (3.976)
N	20 710	20 710	20 710	20 710	20 710	20 710	20 710
pseudoR^2	0.612	0.620	0.621	0.623	0.624	0.626	0.629

t statistics in parentheses, * $p<0.1$, ** $p<0.05$, *** $p<0.01$。

(6) 实证结论

本节对中国纺织企业"一带一路"OFDI情况进行总样本和分样本检验。在总样本检验中，得出的结论是：①文化距离对中国纺织企业"一带一路"OFDI区位选择具有抑制作用；②控制变量中，地理距离、劳动力成本和战略资源对中国纺织企业"一带一路"OFDI区位选择具有抑制作用，市场规模和经济自由度对其具有促进作用，双边贸易对其作用不显著；③6个分文化距离对中国纺织企业"一带一路"OFDI区位选择具有不同作用，抑制、促进或无作用；在分样本检验中，本研究得出的结论是：①无论东道国与中国的地理距离大还是小，文化距离都对中国纺织企业"一带一路"OFDI区位选择有抑制作用，但其对地理距离较大的国家产生的抑制作用大于地理距离较小的国家；②地理距离对中国纺织企业"一带一路"OFDI区位选择的作用具有门槛效应，地理距离较小时表现为抑制作用，较大时表现为促进作用，即二者间呈"U"型关系。

5.3 制度距离与中国纺织产业对外投资模式实证分析

本节从外来者劣势角度实证分析纺织产业对外投资问题方面,重点从制度距离与中国纺织产业转移模式的关系进行研究。实证部分共分成实证研究思路—研究假设提出—实证模型构建—实证数据检验四部分。

5.3.1 实证研究思路

目前学术界关于制度距离与对转移模式的研究主要从股权策略和进入模式两个方面展开。股权策略选择方面,林花(2013)研究了中国企业在非洲投资办厂的股权选择问题,结果表明,制度环境的完善与否直接与企业股权模式的选择相关联,制度环境越完善,企业会选择独资控股,反之,企业更倾向于合资以降低风险。刘晓康(2013)认为中国当前海外投资模式选择与发达国家有着明显差异,面对较差的制度环境,企业会更倾向于独资,而在制度环境较好的地区会选择合资的方式期望受益于东道国的技术和管理水平溢出。李康宏等(2015)使用 114 家母公司样本研究制度距离与企业跨国转移模式的选择关系,实证结果表明,随着管制、规范制度距离的增大,企业会选择独资模式。

进入模式方面,陈怀超等(2013)从组织合法性的角度出发,认为制度距离越大,企业越倾向于并购模式,反之则是绿地模式。张玉明等(2015)使用 A 股上市的制造业企业数据研究了制度距离与进入模式之间的关系,结果表明,非正式制度距离越大,企业越愿意选择并购模式。总体而言,在以往的研究中,制度距离关于股权策略和进入方式的结论是多样的,且以割裂股权策略和进入方式的研究为主。然而在企业进行海外投资的实际过程中,股权策略和进入方式并不是完全分开的,周经等(2014)将股权选择和进入方式纳入统一样本考察,认为正式制度距离越大,企业选择新建和合资的概率越高,而非正式制度距离则无显著影响,但该文章也是将股权和进入方式分开研究。

但是割裂股权策略和进入方式是不合适的（Chen，2008），独资是受企业所具备资产盈利能力的驱动，而合资则是出于其他策略性的考虑，在独资和合资中并购和绿地的选择的驱动也是不同的，应当分类研究。除了对股权和进入模式的综合考虑外，在实证部分还将企业的投资动机纳入考察。罗群（2014）将制度理论与对外投资动机理论相结合，阐述了中国企业对外投资动在东道国制度环境的作用下，投资区位选择是不同的。余官胜等（2014）实证分析了民营企业进行海外投资的动机，结论表明民营企业对发达国家投资仅具有市场寻求动机，对发展中国家投资则以资源寻求为主要动机，制造业民营企业更是表现出混合动机的特征。

综上，本研究在将投资动机纳入产业转移模式选择的综合体系后，绘制出本节的实证研究思路图（图5-2）。

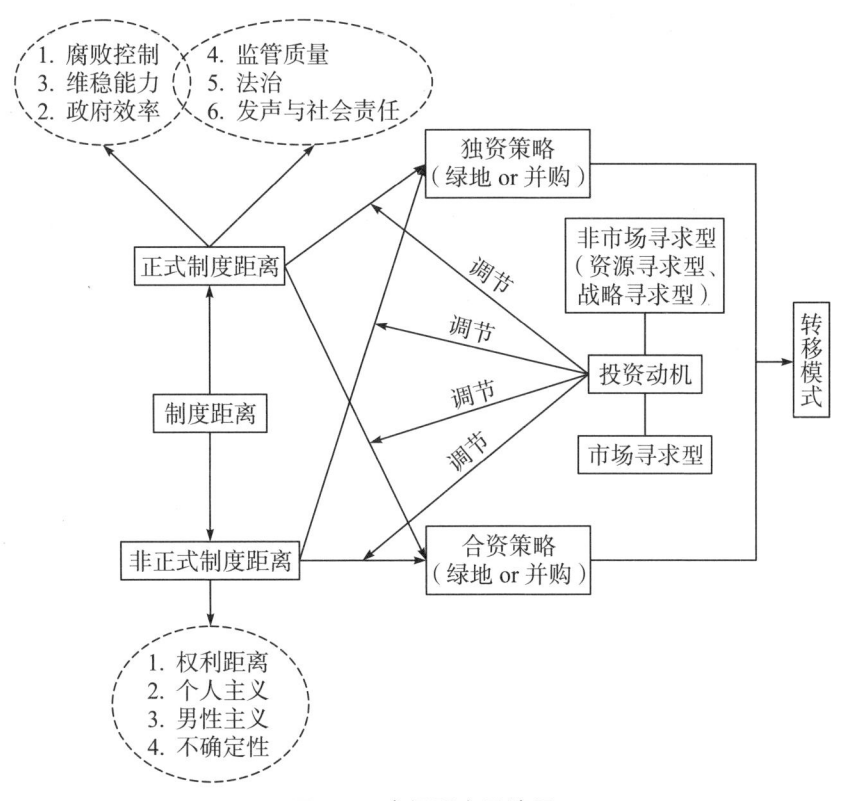

图 5-2 实证研究思路图

资料来源：作者自绘。

5.3.2 研究假设

(1) 独资条件下，绿地与并购的选择

通过对现有文献的研究发现，制度距离影响投资转移模式选择的机制是比较复杂的，如前文所述，企业采取独资的股权策略进入东道国是由于本身具备的资产盈利能力的驱动，也是部分企业追求全球范围内资产扩大的结果（Chen，2008）。而在独资的股权策略中，采用绿地还是并购则是出于不同的战略考虑。独资绿地的模式可以将母公司的经营优势、管理经验和技术完全复制到子公司，在以往发达国家对外投资的经验中，绿地投资有利于建立母公司与子公司之间的垂直管理体系，减少跨国企业之间的内部冲突（徐莉，班博，2012），然而这一方式却存在固有的弊端，那就是难以迅速扩张企业规模，无法享受到并购模式所带来的溢出效应（杨长湧，2011）。此外，当跨国公司进入制度质量较低的国家时，企业可能会面临政治不稳定和市场运行低效的情况，那么独资绿地则意味着企业要独自面临较高的制度风险（朱芳，2015）。因此，相对于独资绿地模式而言，独资并购虽然可能也会面临制度风险的问题，但却较好的解决了合法性的问题，因为企业在并购东道国本地企业后，可以利用并购企业在东道国已建立起的合法性优势，比如品牌优势、消费者认可度等。

对于纺织行业而言，一旦决定海外转移那么就需要进行大量的基础设施建设，如租用土地、建设厂房等，而这些基础设施的建设周期一般较长，企业的收益回收期相对其他行业也较长，这也是纺织业出海转移的劣势之一。除了建设周期长、回收周期长外，纺织业属于长产业链行业，所谓长产业链就是指该产业涉及的上下游产业较多（赵君丽，2011）。以服装行业为例，一件服装从生产到销售，既有上游的棉花等原材料的供应环节，还有中游的加工制造环节，再到下游的销售环节。因此，在独资策略的同等条件下，企业可能更倾向于选择并购模式，以期望能够利用东道国企业已建立的当地产业链优势。因此，在这里提出本节的第一个假设：

假设1a：在独资方式对外投资的纺织企业中，正式制度距离越大，相对于绿地模式企业更倾向于选择并购。

假设 1b：在独资方式对外投资的纺织企业中，非正式制度距离越大，相对于绿地模式企业更倾向于选择并购。

(2) 合资条件下，绿地与并购的选择

在现有文献中，学者们指出企业选择合资的目的有以下几点：一是合法性的考虑。独资条件下的合法性降低是有限的，企业依然会面临东道国正式和非正式制度的压力，而选择合资进入则在一定程度上大大降低了合法性威胁（陈怀超，范建红，2013）。母公司通过与东道国公司分享股权的形式，可以享受到东道国管理者对本国制度环境熟悉的优势，快速获得东道国政府和社会的认可，所以合资是策略选择结果（Chen，2008）。二是东道国管理和技术的溢出效应（谢运，2012；茹运青，孙本芝，2012）。当中国纺织企业进入发达国家时，除了可以享受较高的制度环境外，还能在与东道国伙伴合作的过程中学习先进的技术与管理水平。合资绿地的模式可以很好的满足以上两点目的，并且可以帮助中国纺织企业尽快将本土品牌打入东道国。合资并购一般是部分并购已经存在的品牌或公司，这种进入方式主要是利用现有的东道国品牌和公司快速建立自己的销售网络。与合资绿地相比，纺织企业可以通过合资并购获得东道国已成熟的品牌和公司管理策略（邵新建等，2012）。对中国纺织企业来说，目前最欠缺的正是成熟的品牌优势、先进的管理经验和研发技术，因此在理论上来说合资并购对准备进驻海外的纺织企业而言更具吸引力，因此提出第二个假设：

假设 2a：在合资方式对外投资的纺织企业中，正式制度距离越大，相对于绿地模式企业更倾向于选择并购。

假设 2b：在合资方式对外投资的纺织企业中，非正式制度距离越大，相对于绿地模式企业更倾向于选择并购。

(3) 投资动机的调节

投资动机是企业寻求海外转移的推动力，制造业对外投资的动机主要有市场寻求、资源寻求、战略寻求 3 种类型（Buckley，2007）。从静（2014）将中国企业对外投资动机进一步概括为市场寻求、战略和资产寻求两大动机，本研究沿用这一划分方式。所谓市场寻求是指企业对外投资的目的旨在开发或扩大东道国市场占有量。以纺织服装为例，目前国内纺织服装企业多以 OEM 为主，只有部分企业转型为 ODM，这就决定了中国服装行业必须依赖国外订单和稳定的出口市场，一旦出现波动，将会对行业生产造成沉重打击。解决这一问题的最重要途径在于改变中国纺织业在全球价值链中的低端地位，然而这是较为漫长的过程。在这一问题解决前，企业可以直接在目标市场设立子公司，直接参与到东道国的市场竞争中去，加速品牌培植的进程。

战略和资产寻求是指企业进行海外投资的目的是获得东道国现有的资源（如低廉劳动力）以及已经存在的行业优势（如先进管理经验或技术），中国部分纺织企业将工厂设立到东南亚国家考虑的就是那里具有丰富低廉的劳动力成本，而山东如意收购法国知名品牌"SMCP"考虑的则是其成熟的品牌效应和先进的管理理念。本节投资动机的划分参考两大类划分法，概括为市场寻求型和非市场寻求型两种，并对样本中海外子公司的主要设立目的进行分析，将样本企业的投资动机划入以下两类中。

表 5-14 投资动机的划分

投资动机	投资动机表现
市场寻求型	(1) 为了搜集当地市场信息，打开销路 (2) 为了更好的服务当地的客户，营造良好口碑 (3) 为了提高自身品牌在当地的知名度
非市场寻求型 （资源或战略寻求型）	(1) 为了获得当地廉价的资源和劳动力等 (2) 为了获得管理经验和技术 (3) 为了获得成熟品牌和营销网络

资料来源：作者自行整理。

因此，可以认为，虽然在海外转移的过程中，纺织企业会面临正式和非正式制度距离的压力，但在投资动机的驱动下，企业仍愿意进行海外转移，这里我们可以提出本研究最后两个假设：

假设 3a：对独资方式进行对外投资的纺织企业而言，在投资动机的调节下，即使面临较大正式制度距离，企业会转而选择绿地模式。

假设 3b：对独资方式进行对外投资的纺织企业而言，在投资动机的调节下，即使面临较大非正式制度距离，企业会转而选择绿地模式。

假设 4a：对合资方式进行对外投资的纺织企业而言，在投资动机的调节下，即使面临较大正式制度距离，企业会转而选择绿地模式。

假设 4b：对合资方式进行对外投资的纺织企业而言，在投资动机的调节下，即使面临较大非正式制度距离，企业会转而选择绿地模式。

5.3.3 数据来源及变量选取

(1) 数据来源

本研究收集了 2000—2015 年在国内各大板块（新三板除外）和港股上市的纺织企业的海外子公司，考虑到纺织业属于制造业子行业之一，上市企业数量相对较少，为全面收集这些公司的海外子公司信息，作者除了阅读各上市纺织公司历年对外披露的年报和公告外，还将从 Osiris BVD 全球上市企业数据库、国泰安数据库、万德数据库、商务部对外公布的《对外直接投资企业名录》以及相关新闻检索等得到的数据和信息进行匹配和整合，剔除了在港澳台投资的子公司以及为寻求避税在维京群岛、萨摩亚群岛设立的子公司，共得到了 100 家纺织企业海外子公司的具体名录、进入模式及相关的母公司资产、盈利和对外投资经验数据。上市企业海外子公司的海外分布情况见表 5-15。

表 5-15 上市纺织企业海外子公司海外分布表

洲别	国家	企业数	洲别	国家	企业数量	洲别	国家	企业数量
亚洲	新加坡	2	欧洲	德国	10	北美洲	美国	11
	文莱	1		意大利	9		加拿大	3
	柬埔寨	9		瑞士	1		洪都拉斯	2
	越南	9		丹麦	3	非洲	南非	1
	缅甸	2		法国	1		加纳	1
	印度	1		荷兰	1		刚果	1
	日本	5		捷克	1		肯尼亚	1
	韩国	4		拉脱维亚	2		坦桑尼亚	1
	巴基斯坦	2		斯洛维尼亚	1		尼日利亚	1
	菲律宾	1		西班牙	1		埃塞俄比亚	1
	马来西亚	1		英国	2	大洋洲	澳大利亚	2
	土耳其	3	南美洲	巴西	1	合计		100
	孟加拉国	1		乌拉圭	1			

资料来源：作者根据样本数据整理得出。

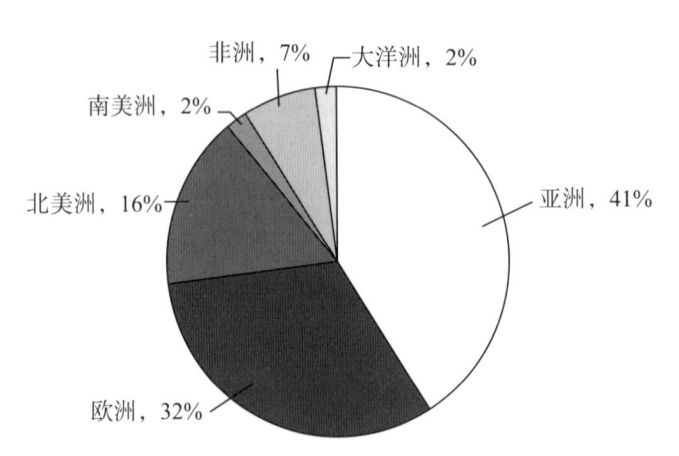

图 5-3 上市纺织企业海外子公司各大洲分布图

亚洲，41%；欧洲，32%；北美洲，16%；非洲，7%；南美洲，2%；大洋洲，2%

资料来源：作者根据样本数据绘制。

从表 5-15 和图 5-3 的样本分布情况来看，目前中国纺织上市企业对外投资的国家和地区主要集中在亚洲（41%）、欧洲（32%）、北美洲（16%）三大区域，这与前文中根据商务部《对外直接投资企业名录》整理的纺织行业整体上的分布情况基本一致，说明本节样本的选取具有代表性。从整体和样本的分布来看，向亚洲地区转移的纺织企业数量占绝对优势，向南美洲和大洋洲转移的数量最少，这是因为这两大洲与中国在地理距离和制度距离上差距都比较大，南美洲虽然也具备廉价劳动力的吸引力，但相对东南亚地区与中国的制度环境相似度较低，因此若企业寻求降低用工成本则更倾向于选择东南亚地区。

（2）变量选取

①因变量。因变量是中国纺织企业对外投资的具体模式，为哑变量，具体分类如下：本研究首先将样本划分为独资策略和合资策略两个子样本，并在两个子样本中考察绿地和并购的选择，因此在独资策略子样本中选择绿地进入的赋值为 1，并购为 0；同理，在合资策略子样本中，选择绿地进入赋值为 1，并购赋为 0。

②自变量。目前学界关于制度距离有着多种划分方式，包括二分法、三支柱法、四象限法等等，考虑数据的可得性和衡量维度的全面性，本节采用的是 Estrin 在 2009 年提出的二分法。二分法在国内的应用也很广泛，祁春凌等（2013）将制度距离划分为正式和非正式两个维度，并使用 2003—2009 年中国对外投资的数据研究了东道国制度环境对中国外资进入的便利性。李雪灵等（2012）使用正式和非正式制度距离对中国企业的海外投资寻租行为进行了分析。李元旭等（2016）则通过正式和非正式制度距离的区分来对中国对外投资企业的并购成功率进行研究。

目前学术界衡量正式制度距离的数据来源主要有《华尔街日报》和美国传统基金会发布的《经济自由度指数》或者由透明国际发布的《全球清廉指数》以及由世界银行发布的《全球治理指标》等。由于本研究搜集的是 2000—2015 年纺织企业对外投资的海外子公司，样本的时间跨度较大，考虑到数据的完整性，因此正式制度距离数据来源是世界银行历年发布的《全球治理指标》。《全球治理指标》自 1996 年起开始发布，统计了全球 215 个国家在腐败控制、政府效率、维稳能力、监管质量、法治和公民责任与发声 6 个指标方面的表现，并据此来对全球国家的制度质量进行评级，6 个指标对应不同的分数。作者利用 Kougt 和 Singh 计算文化距离开发出来的 K-S 公式对 6 个指标进行整合，计算出各国在正式制度距离上的最终得分。K-S 公式如下：

$$CD = \sum_{i=1}^{n} \left\{ \frac{(I_{ij} - I_{iu})^2}{V_{I_i}} \right\} / n \qquad 式（5-19）$$

上式中 I_{ij}，I_{iu} 分别表示 j 国与 u 国在第 I_i 个指标上的得分，V_{I_i} 表示两国在第 I_i 指标上的方差，n 表示可衡量的指标总数，CD 表示两国之间的制度距离。

非正式制度距离的度量在学界目前依然存在较大争议，最常用的是 Hofstede 和他的团队整理的国家文化指数，并由此产生了一批高水平的研究成果，但也有学者指出文化距离指数具有较大的主观色彩，一些学者也提出了心理距离等其他衡量方式，但就目前为止还没有产生可以替代文化距离指数的系统的衡量指标，这也是学界需要继续研究的方面。因此，本研究非正式制度距离采用的依旧是目前国际上较为通用的 Hofstede 的国家文化指数。目前 Hofstede 的文化指数已从最初的 4 维度（权力距离，个人主义，男性主义，不确定性）发展到 6 维度（权力距离，个人主义，男性主义，不确定性，长期与短期取向，自我放纵与约束），但 6 维度的指标在衡量方式上具有一定的差异，考虑到数据的全面性，本研究采用的仍是 4 维度的文化指数，在与最新的 6 维度文化指数进行比对后发现各国在权力距离、个人主义、男性主义、不确定性 4 维度上的分数变化不大，这也体现了文化的相对稳定性，在一段时期内不会发生大的波动。非正式制度的计算采用的也是 Kougt 和 Singh 开发的 K-S 公式，具体公式可见式（5-19）。

③调节变量。由于中国纺织产业对外投资的过程中带有很强的投资动机，一些文献将纺织产业对外投资的动机详细的划分为市场寻求型、资源寻求型和战略寻求型三类，其中资源寻求型和战略寻求型在本质上都是对某种资源的寻求，区别在于资源寻求型寻求的是可见的劳动力和自然资源，战略寻求

型寻求的是隐性的品牌、管理、技术溢出等。因此本节在实证过程中,将投资动机划分为市场寻求型和非市场寻求型(资源或战略寻求型)两类,为哑变量,市场寻求型为1,非市场寻求型为0。

④控制变量。影响企业对外投资模式的选择因素是复杂而多变的,除了本节重点考察的制度距离因素和投资动机驱动外,企业的选择还受到例如母公司资产规模、海外投资经验、东道国宏观环境等其他因素的复合影响。因此,本节控制变量的选取立足于宏观和微观两个方面。宏观方面,从东道国国家层面选取了东道国外资流入量和经济开放程度两个指标,外资流入量反映了东道国所具有的吸引外商进入的优势,例如市场规模、资源丰富程度等,此外外商直接投资在一定程度上具有集群效应,企业往往倾向于投资本国企业以往投资较多的国家和地区,甚至一些企业会选择抱团出海,因此外资流入的大小可能会影响纺织企业海外投资时的决策;东道国经济开放程度则体现了东道国经济运行的效率和水平以及东道国对外商投资的包容程度,经济开放程度越高,东道国市场秩序越完善,外商直接投资面临的压力越小,隐性成本也越小。微观层面,本节选取的是对外投资纺织企业所属母公司的资产规模,盈利能力和投资经验3个指标。资产规模反映了企业是否具备海外转移以及承受海外转移风险的能力,这一指标使用的是母公司决定海外转移当年和前一年总资产的平均值并标准化;盈利能力反映了企业在决定对外投资时长期内可持续经营的能力,一个企业即使具备雄厚的资产规模,但如果盈利能力连年下降,那么这样的企业也是不适合对外投资的,这一指标使用的是母公司决定海外转移当年和前一年净利润总额的平均值并标准化;投资经验是指企业在本次对外投资之前是否已经有对外投资的经历,一般来说,投资经验越丰富的企业越能处理好对外投资过程中面对的问题,本节中投资经验为哑变量,企业在本次转移前有海外投资经验的则为1,首次海外转移的则为0。以上变量的具体来源和衡量可参见表5-16。

表 5-16　变量指标及数据来源

变量名称	说明	数据来源
因变量		
	独资绿地（1） 独资并购（0） 合资绿地（1） 合资并购（0）	BVD Osiris 全球上市企业数据库、Wind 数据库、国泰安数据库、商务部《对外投资企业名录》以及相关新闻报道
自变量		
正式制度距离（FID）	腐败控制 政府效率 维稳能力 监管质量 法治 公民发声和社会责任	来自世界银行历年发布的《全球治理指标》，并通过 K-S 公式计算总得分
非正式制度距离（IFID）	权利距离 个人主义 男性主义 不确定性	来自霍夫斯泰德的国家文化指数，通过 K-S 公式计算总得分，具体数据可查看霍夫斯泰德官网：http://www.geerthofstede.com/
调节变量		
投资动机（MTV）	哑变量，市场寻求型赋为 1，非市场寻求型赋为 0	企业对外投资公告、年报及相关新闻报道
控制变量		
资产规模（SIZE）	企业对外投资当年和前一年总资产平均值的标准化	企业各年年度报告
盈利能力（PROFIT）	企业对外投资当年和前一年净利润平均值的标准化	企业各年年度报告
外资流入（FCI）	对东道国投资当年其外资净流入量的标准化	世界银行
对外经济开放度（OPEN）	对东道国投资当年其进出口总额占 GDP 的比值	世界银行

续表

变量名称	说明	数据来源
投资经验（EXP）	哑变量，有海外投资经验为1，首次海外投资为0	企业对外投资公告或年报

资料来源：作者根据论文指标自制。

5.3.4 模型设定

本节的研究目的是进行模式选择的问题，因此模型采用的是二项逻辑回归模型，公式如下（F 代表独资，P 表示合资）：

$$Logit\{P_F(Y_a=1)\}=\alpha_{0F}+\alpha_{1F}FID_F+\alpha_{2F}MTV_P+$$
$$\alpha_{3F}MTV_F*FID_F+\sum_{i=4}\alpha_{iF}x_{iF} \quad 式（5-20）$$

$$Logit\{P_F(Y_a=1)\}=\beta_{0F}+\beta_{1F}IFID_F+\beta_{2F}MTV_P+$$
$$\beta_{3F}MTV_F*IFD_F+\sum_{i=4}\beta_{iF}x_{iF} \quad 式（5-21）$$

$$Logit\{P_p(Y_b=1)\}=\alpha_{0P}+\alpha_{1P}FID_P+\alpha_{2P}MTV_P+$$
$$\alpha_{3P}MTV_P*FID_P+\sum_{i=4}\alpha_{iP}x_{iP} \quad 式（5-22）$$

$$Logit\{P_p(Y_b=1)\}=\beta_{0P}+\beta_{1P}IFID_P+\beta_{2P}MTV_P+$$
$$\beta_{3P}MTV_P*IFD_P+\sum_{i=4}\beta_{iP}x_{iP} \quad 式（5-23）$$

公式（5-20）（5-21）是独资股权策略纺织企业中，正式制度距离与非正式制度距离及其交互项对绿地和并购方式选择的模型；公式（5-22）（5-23）是合资股权策略纺织企业中，正式制度距离与非正式制度距离及其交互项对绿地和并购方式选择的模型。

公式的左边表示当独资企业中第 a 个企业（或合资企业中第 b 个企业）选择绿地方式进入时，因变量等于1，若以并购的方式进入则因变量为0。等式右边，FID，$IFID$ 分别表示正式制度距离和非正式制度距离，MTV 表示调节变量投资动机 $MTV*IFID$、$MTV*FID$ 表示投资动机与正式制度距离和非正式制度距离的交互项，$\sum_{i=4} x_i$ 表示的是控制变量的合集。α_{0F}、β_{0F}、α_{0P}、β_{0F}是常数项，α_{1F}、α_{1P}分别表示独资和合资策略下正式制度距离的系数，β_{1F}、β_{1P}分别表示独资和合资策略下非正式制度距离的系数，α_{2F}、β_{2F}、α_{2P}、β_{2F}分别表示独资和合资策略下投资动机的系数，α_{3F}、α_{3P}分别表示独资和合资策略下，投资动机与正式制度距离交互项的系数，β_{3F}、β_{3P}分别表示独资和合资策略下，投资动机与非正式制度距离交互项的系数，是各控制变量的系数。

本研究中将正式制度距离与非正式制度距离对转移模式的影响分开考察，以便更加深入研究正式制度距离和非正式制度距离影响转移模式选择的不同特点。本研究划分独资合资的临界点是母国控制子公司股权的90%，90%以上视为独资，90%以下视为合资。

5.3.5 独资条件下，制度距离对于绿地与并购选择的实证检验

在进行实证检验前，首先对样本进行初步的统计性描述和相关性分析，以确定选取变量的合理性，下文中的描述性统计和相关性分析使用的是总样本，表中剔除了哑变量，仅描述实变量。表5-17为本节主要变量的描述性统计。

表5-17 主要变量的描述性统计

	N	最小值	最大值	平均数	标准误差
正式制度距离	100	0.163	5.382	2.237	1.496
非正式制度距离	100	0.350	6.273	2.404	1.391
资产规模（万元）	100	35 761.050	2 526 901.90	454 578.590	537 839.710
盈利能力（万元）	100	−13 429.40	221 026.550	29 538.450	43 137.010
外资流入（万美元）	100	−862 218.940	350 066 000.00	45 857 597.14	79 927 518.08
经济开放度	100	0.172	2.608	0.744	0.533

表5-18是变量间的相关性检验，为防止多重共线性造成的变量冗杂，本研究对文中变量进行了多重共线性检验，结果显示所有变量间的方差膨胀因子（VIF）均小于10，不存在多重共线性，变量选取合理。

表 5-18　主要变量相关性及多重共线性检验

	正式制度距离	非正式制度距离	投资动机	资产规模	盈利能力	外资流入	经济开放度	投资经验	VIF
正式制度距离	1								2.339
非正式制度距离	0.698***	1							2.354
投资动机	0.428***	0.285***	1						1.434
资产规模	-0.231**	-0.196	-0.149	1					2.183
盈利能力	-0.371***	-0.308***	-0.194	0.692***	1				2.139
外资流入	0.251**	0.278***	0.417***	-0.103	-0.155	1			1.297
经济开放度	-0.280***	-0.459***	-0.220**	0.347***	0.251**	-0.286***	1		1.48
投资经验	-0.228**	-0.193*	-0.18*	0.298***	0.245**	-0.038	0.103	1	1.151

注a：＊＊＊，＊＊，＊分别表示在1％，5％，10％的显著性水平下显著，以上变量已经过标准化并通过多重共线性检验，VIF均小于10。

为进一步考察制度距离对中国纺织企业海外转移模式选择的影响并验证假设，作者将数据带入SPSS.22中处理并分组进行二项逻辑回归，得到实证结果如下。

表5-19、表5-20分别为独资前提下，正式制度距离和非正式制度距离对企业转移模式选择的影响，以及投资动机的调节作用。

表 5-19　正式制度距离下纺织企业对外投资模式选择（独资条件下，绿地＝1）

	模型 1		模型 2		模型 3	
	B	Wald	B	Wald	B	Wald
第一步：控制变量回归						
CONSTANT	6.770**	8.220	7.239**	6.179	10.422**	6.195
SIZE	-4.869**	7.748	-4.745**	5.030	-5.540**	4.400
PROFIT	14.794**	9.057	14.971**	6.577	18.166**	6.229
FCI	-0.437	1.143	-0.818	2.301	-0.209	0.134
OPEN	2.586*	3.191	2.951	2.553	2.381	1.136
EXP	-3.611**	6.145	-3.139*	3.544	-3.043*	3.322

续表

	模型1		模型2		模型3	
第二步：加入自变量和调节变量						
FID			−0.879*	3.760	−1.996*	2.820
MTV			3.313*	3.216	−4.143	1.088
第三步：加入自变量×调节变量的交互项						
FID * MTV					2.727*	2.723
Omnibus Test	$\chi^2=34.244$	P=0.000	$\chi^2=43.302$	P=0.000	$\chi^2=46.159$	P=0.000
Model Summary (R2)	Cox&Snell $R^2=0.430$ Nagelkerke $R^2=0.639$		Cox&Snell $R^2=0.500$ Nagelkerke $R^2=0.744$		Cox&Snell $R^2=0.531$ Nagelkerke $R^2=0.790$	
Hosmer-Lemeshow Test	$\chi^2=4.665$	P=0.639	$\chi^2=9.562$	P=0.297	$\chi^2=0.518$	P=0.999
Overall Percentage	86.90%		91.80%		93.40%	

注b：＊＊＊，＊＊，＊分别表示在1%，5%，10%的显著性水平下显著。

表5-19中模型1是关于控制变量的二项逻辑回归。其中，盈利能力（PROFIT）和东道国经济开放程度（OPEN）系数分别为14.794，2.586，均显著为正；资产规模（SIZE）和投资经验（EXP）系数分别为−4.869，−3.611，均显著为负；东道国外资流入（FIC）系数为负但不显著。因此，盈利能力越大和东道国经济开放度越高使得纺织企业更倾向于选择独资绿地模式，反之则选择独资并购模式；而资产规模的扩大和投资经验的增加会使纺织企业倾向于选择独资并购。这是因为公司盈利能力越高，企业的对外扩张能力就越强，高盈利能力说明企业具有独特的经营优势，因此母公司会更倾向于新建海外企业直接复制母公司特定模式，使得优势得以发挥。

另外东道国经济开放度越高，对外资的包容性越强，纺织企业面临的隐性成本越小，因此独资绿地是更优选择。但当随着纺织企业资产规模的不断扩大，企业就开始考虑东道国各种风险对子公司资产的威胁问题，并且随着企业对外投资经验的不断增加，在实际的操作中发现并购模式要优于绿地模式，因此增加了纺织企业对独资并购选择的概率。

模型2中加入了本节重点考察的正式制度距离和投资动机两大变量，实证结果表明，在控制其他变量的前提下，正式制度距离系数显著为负（-0.879），这说明正式制度距离越大企业越不倾向于选择独资绿地，会转而选择独资并购，因此假设1a成立。但模型2中投机动机系数显著为正（3.313），说明寻求市场扩大的投资动机对企业最终转移模式的选择有着较强的影响。

为进一步考察投资动机对企业转移模式的影响程度，模型3中加入了投资动机与正式制度距离的交互项，进一步探究投资动机是否会对正式制度距离存在调节效应，结果表明，投资动机与正式制度距离的交互项系数显著为正（2.727），在其他条件不变的情况下，投资动机与正式制度距离的交互作用与企业选择独资绿地模式的概率正相关。因此，可以说在市场寻求动机的调节作用下，即使企业面临东道国较大的正式制度距离时，也愿意采用独资绿地模式，即投资动机对正式制度距离具有反向调节作用，假设3a成立。

在模型的检验方面，表5-20中三个模型的总体检验（Omnibus Test）的卡方值（34.244，43.303，46.159）所对应的概率P均在5%的显著水平下显著，说明选择二项逻辑回归模型来验证纺织企业海外转移的模式选择是合理的。Model Summary（R^2）指的是逻辑回归模型中的伪R^2，相当于多元线性回归模型中的R^2，代表的是模型整体的拟合优度，但与多元线性回归模型中R^2不同的是，逻辑回归模型中的R^2的大小只能作为参考不能作为决定性依据，在实际判别中即使R^2很小，但只要系数通过检验，模型依旧具有解释力度。在表5-20中的三个模型中，从模型1到模型3，模型的两个伪R^2系数（Cox&Snell R^2和Nagelkerke R^2）都是逐渐变大的，这在一定程度上说明模型的整体拟合优度在不断上升。三个模型的Hosmer-Lemeshow Test的卡方值的P值均大于5%，模型在5%的显著性水平下检验通过，说明模型中选取的变量已经可以足够反映整体的规律，且从模型1到模型3他们的整体估计水平从86.9%上升至93.4%，因此可以说，正式制度距离下，本节所选取的二项逻辑回归模型及指标很好地反映了独资纺织企业在绿地和并购模式的选择问题。

表 5-20 非正式制度距离下纺织企业对外投资模式选择（独资条件下，绿地＝1）

	模型 4		模型 5		模型 6	
	B	Wald	B	Wald	B	Wald
第一步：控制变量回归						
CONSTANT	6.770**	8.220	13.313**	6.502	12.931**	5.976
SIZE	−4.869**	7.748	−3.643	1.81	−3.368	1.421
PROFIT	14.794**	9.057	19.49**	5.128	18.701**	4.519
FCI	−0.437	1.143	−0.359	0.446	−0.391	0.474
OPEN	2.586*	3.191	3.141	1.635	3.076	1.547
EXP	−3.611**	6.145	−3.635	3.919	−3.427*	3.199
第二步：加入自变量和调节变量						
IFID			−2.527**	4.808	−2.535**	4.704
MTV			5.134**	4.181	−1.457	0.005
第三步：加入自变量×调节变量的交互项						
IFID*MTV					2.104	0.093
Omnibus Test	$\chi^2=34.244$	P=0.000	$\chi^2=47.729$	P=0.000	$\chi^2=47.833$	P=0.000
Model Summary (R^2)	Cox&Snell R^2=0.430 Nagelkerke R^2=0.639		Cox&Snell R^2=0.543 Nagelkerke R^2=0.807		Cox&Snell R^2=0.543 Nagelkerke R^2=0.808	
Hosmer-Lemeshow Test	$\chi^2=4.665$	P=0.639	$\chi^2=0.769$	P=0.999	$\chi^2=0.735$	P=0.999
Overall Percentage	86.90%		91.80%		91.80%	

注c：***，**，* 分别表示在1%，5%，10%的显著性水平下显著。

表 5-20 是非正式制度距离下，独资的纺织企业在绿地与并购模式间的选择结果。模型 4 同样是对控制变量的回归，其结果与上表 5-19 模型 1 一致，因此不重复赘述。模型 5 中加入了自变量非正式制度距离与调节变量投资动

机，实证结果中，非正式制度距离的系数显著为负（-2.527），而投资动机的系数显著为正（5.134），这表明在控制其他变量的条件下，非正式制度距离的增加会使企业选择独资并购相对选择独资绿地的概率上升，随着非正式制度距离的扩大企业越倾向于选择独资并购，假设 1b 成立。模型 5 中投资动机的系数为 5.134 在 5% 的显著性水平下显著，表明投资动机会使企业选择独资绿地的概率相对独资并购上升，但从模型 6 中非正式制度距离与投资动机的交互项的结果来看，投资动机对非正式制度距离的调节作用是不显著的，非正式制度距离越大企业依旧越倾向于独资并购，假设 3b 不成立。

对比表 5-19 与表 5-20，在其他控制变量不变的情况下，非正式制度距离对企业选择模式的影响要高于正式制度距离的影响，因为投资动机对非正式制度距离的调节失效，这是由于正式制度距离大多数是以明文规定的法律或规章制度的形式出现，企业只要按照东道国现行的制度规章运行就能很好的避免正式制度距离的威胁，特别是在强烈的投资动机的驱动下，企业更会加倍小心地去应对正式制度距离。但非正式制度距离多以文化、习俗、信仰等形式表现，是渗透在社会生活方方面面的约束人们的无形契约，相对正式制度而言具有很强的不确定性，纺织企业进入新市场初期很难把控。因此，纺织企业想要最大程度地避开非正式制度距离所带来的威胁就离不开东道国并购公司既有优势和资源的帮助，因此即使纺织企业具备强烈的投资动机，但在非正式制度距离的作用下依旧会愿意于选择独资并购模式。

关于表 5-20 中的模型检验，3 个模型的总体检验（Omnibus Test）的卡方值所对应的概率 P 均在 5% 的显著性水平下显著，说明二项逻辑回归模型的选择是合理的。模型的伪 R^2 也从模型 4 到模型 6 不断上升，模型的拟合优度不断提高，解释力度增强。模型的 Hosmer-Lemeshow Test 的卡方值所对应的概率 P 均大于 0.05，说明模型中所包含的变量可以解释整体情况，模型的整体预测力也在不断提高，由模型 4 的 86.9% 增加到模型 6 的 91.8%。

5.3.6 合资条件下，制度距离对绿地与并购的选择的实证检验

表 5-21、表 5-22 分别为合资条件下，正式制度距离和非正式制度距离对

纺织企业转移模式选择的影响，以及投资动机的调节作用。

表 5-21 正式制度距离下纺织企业对外投资模式选择（合资条件下，绿地＝1）

	模型 7		模型 8		模型 9	
	B	Wald	B	Wald	B	Wald
第一步：控制变量回归						
CONSTANT	−0.595	0.298	6.216*	2.758	11.011**	4.442
SIZE	−1.524	0.977	−3.066	1.376	−2.976	1.274
PROFIT	1.941	1.372	3.738	1.651	3.883	1.701
FCI	0.561	1.171	0.805	0.248	0.309	0.046
OPEN	−0.692	0.73	−2.787*	3.495	−4.100**	4.773
EXP	0.755	0.621	−2.189	0.939	−4.41	2.229
第二步：加入自变量和调节变量						
FID			−2.025**	5.064	−3.690**	5.289
MTV			7.991**	5.799	−2.462	0.249
第三步：自变量×调节变量						
FID * MTV					3.826*	3.509
Omnibus Test	$\chi^2=7.429$	P=0.191	$\chi^2=28.675$	P=0.000	$\chi^2=33.548$	P=0.000
Model Summary (R^2)	Cox&Snell $R^2=0.173$ Nagelkerke $R^2=0.236$		Cox&Snell $R^2=0.521$ Nagelkerke $R^2=0.707$		Cox&Snell $R^2=0.577$ Nagelkerke $R^2=0.784$	
Hosmer-Lemeshow Test	$\chi^2=6.227$	P=0.616	$\chi^2=6.503$	P=0.641	$\chi^2=5.123$	P=0.744
Overall percentage	74.40%		84.60%		84.60%	

注d：＊＊＊表示 p＜0.01，＊＊表示 p＜0.05，＊表示 p＜0.1。

表 5-21 中模型 7 同样是关于控制变量的逻辑回归，可以看到在合资纺织企业中，资产规模、盈利能力、外资流入、东道国开放程度以及投资经验 5 个控制变量均不显著，模型的整体预测值为 74.4%，预测准确率较低，这是

由于企业选择合资多是出于其他的策略的考虑。另外，本研究划分独资合资的临界点是母国控制子公司股权的90%，90%以下视为合资，90%以上视为独资。因此合资的成本相对较低，这就意味着合资对纺织企业母公司资产和盈利能力的要求也较低，故存在不显著的情况。由于合资的主要目的是对获取东道国合法性的考虑，因此，即使东道国经济开放度不高，外资流入有限，纺织企业缺乏对东道国的投资经验，在合资的情况下，企业面临的威胁都是有限的，特别是对于低股权进入的合资纺织企业而言，损失更低，因此，合资策略中控制变量的显著性较低是可接受的。模型8中加入了自变量正式制度距离和调节变量投资动机两个主要变量，变量系数均在5%的显著性水平下显著。正式制度距离的系数为-2.025，这表明正式制度距离越大企业越不能接受合资绿地，而更倾向于合资并购，假设2a成立。而在模型8中投资动机的系数7.991在5%的显著性水平下显著，表明在市场寻求投资动机的驱动下，企业相对于合资并购而言选择合资绿地的概率将上升。模型9中加入了投资动机和正式制度距离的交互项，且交互项系数3.826显著为正，如预测的一样，企业在寻求开拓市场的投资动机的驱使下，即使面临较大的正式制度距离，企业也同样会转而选择合资新建，假设4a成立。

在模型的整体检验方面，模型7中总体检验的卡方值所对应的概率p大于5%的显著性水平，说明仅包含控制变量的模型7的设定在合资样本中是有待改进的，而模型8和模型9总体检验的卡方值所对应的概率p则在5%的显著性水平下成立，说明模型8，9较模型7得到了改进。模型的Model Summary (R^2) 由模型7的17.3% (Cox&Snell R^2)，23.6% (Nagelkerke R^2) 提升至模型9的57.7% (Cox&Snell R^2)，78.4% (Nagelkerke R^2)，模型的拟合优度上升。模型的Hosmer-Lemeshow Test检验的卡方值所对应的概率p大于0.05，说明模型所包含的变量对整体有着较高的解释力度。模型的整体预测率方面，从模型7到模型9，模型的整体预测正确率由74.4%提升到84.6%，说明正式制度距离的加入是合理的，模型对整体的预测准确度较高。

表 5-22 非正式制度距离下纺织企业对外投资模式选择（合资条件下，绿地＝1）

	模型 10		模型 11		模型 12	
	B	Wald	B	Wald	B	Wald
第一步：控制变量回归						
CONSTANT	−0.595	0.298	4.148	2.083	10.23	1.456
SIZE	−1.524	0.977	−2.654	1.166	−9.716	1.334
PROFIT	1.941	1.372	3.605	1.753	12.438	1.42
FCI	0.561	1.171	−0.108	0.038	−0.607	0.131
OPEN	−0.692	0.73	−3.156**	4.954	−3.73	1.125
EXP	0.755	0.621	−0.688	0.192	−4.627	1.074
第二步：加入自变量和调节变量						
IFID			−1.245*	3.728	−2.939	2.105
MTV			4.374**	7.971	−81.28	0.001
第三步：自变量×调节变量						
IFID*MTV					35.31	0.001
Omnibus Test	$\chi^2=7.429$	P=0.191	$\chi^2=24.117$	P=0.001	$\chi^2=35.920$	P=0.000
Model Summary (R^2)	Cox&Snell $R^2=0.173$ Nagelkerke $R^2=0.236$		Cox&Snell $R^2=0.461$ Nagelkerke $R^2=0.626$		Cox&Snell $R^2=0.620$ Nagelkerke $R^2=0.818$	
Hosmer-Lemeshow Test	$\chi^2=6.227$	P=0.616	$\chi^2=5.487$	P=0.705	$\chi^2=1.786$	P=0.971
Overall percentage	74.40%		84.50%		87.20%	

注e：***表示 p＜0.01，**表示 p＜0.05，*表示 p＜0.1。

表 5-22 中，模型 10 与表 5-21 中模型 7 相同，是关于控制变量的逻辑回归，具体解释参照上文。模型 11 中加入了自变量非正式制度距离和调节变量投资动机，非正式制度距离的系数为−1.245，这表明，非正式制度距离越大，企业越不倾向于合资新建，会转而选择合资并购，假设 2b 成立。然而投资动机对模式的选择却相反，投资动机的系数 4.374 显著为正，说明投资动

机使企业更倾向于选择合资新建。为了验证投资动机对非正式制度距离的调节，模型12中加入了他们的交互项，交互项并不显著，这表明虽然市场寻求的投资动机会驱动企业选择合资绿地，但由于企业难以应对非正式制度距离，投资动机对企业转移模式的选择影响有限，投资动机的调节作用并不能显著影响企业在合资绿地和合资并购之间的选择，假设4b不成立。

在模型的整体检验方面，模型10的总体检验未通过，卡方值对于的概率p大于0.05，说明只包含控制变量的模型设定不合理，因此在模型11中加入了非正式制度距离和投资动机使得模型更加完善，模型12主变量和交互项显著性不足，解释力度有限，因此不再对模型检验进行过多分析。在控制变量和主变量的回归中，模型11相对模型10的伪R^2得到了显著的提升，模型在更加合理的同时，拟合优度也变得更高。模型的Hosmer-Lemeshow Test检验的卡方值所对应的概率p大于0.05，说明模型所包含的变量对整体有着较高的解释力度。模型预测方面，模型10到模型11的整体预测性提高了10.1%，因此自变量变量和调节变量的加入是合理。

Logistic回归结果中，除系数的显著性外隐含着一个较为重要的信息就是各变量所具备的优势比，也称为OR值。一般优势比被用来衡量模型中某一指标所起作用的大小或关联程度的强弱。OR值的计算公式为：$OR = EXP(\beta_i)$其中β_i表示某一变量的逻辑回归系数。表5-23是不同OR值代表的含义。

表5-23 OR值释义表

OR 值		关联度/强度
0.9—1.0	1.0—1.1	不相关
0.7—0.8	1.2—1.4	弱（前者为负向，后者为正向）
0.4—0.6	1.5—2.9	中等（前者为负向，后者为正向）
0.1—0.3	3.0—9.0	强（前者为负向，后者为正向）
<0.1	>10	很强（前者为负向，后者为正向）

资料来源：宇传华.SPSS与多元统计分析［M］.北京：电子工业出版社，2006：356—408。

为进一步分析正式制度距离与非正式制度距离与转移模式的选择问题，作者将前文模型 1 至模型 12 中在 10% 的显著性水平下显著的主变量（自变量、调节变量）及调节效应（交互项）的 OR 值计算出来，并制成表 5-24。

表 5-24　显著主变量及调节效应 OR 值表

	独资条件下				合资条件下			
	正式制度距离		非正式制度距离		正式制度距离		非正式制度距离	
	模型 2	模型 3	模型 5	模型 6	模型 8	模型 9	模型 11	模型 12
FID	0.415	0.136	—	—	0.132	0.025	—	—
IFID	—	—	0.080	0.079 3	—	—	0.288	—
MTV	27.467	—	169.695	—	2 954.250	—	79.360	—
FID * MTV	—	15.287	—	—	—	45.875	—	—
IFID * MTV								

资料来源：作者根据文章实证结果计算整理得出。

对比模型 2 与模型 8，独资和合资背景下，正式制度距离 FID 的 OR 值分别为 0.415、0.132，前文实证结果指出无论是独资还是合资，正式制度距离越大，纺织企业选择相对于绿地模式而言更倾向于选择并购模式，结合模型 2 与模型 8 的 OR 值可以进一步得出，正式制度距离越大时，纺织企业在合资条件下选择并购的概率要大于独资条件下选择并购的概率，即正式制度距离对合资纺织企业模式选择的影响更大。对比模型 5 与模型 11，独资和合资背景下非正式制度距离的 OR 值分别为 0.08、0.288，从前文实证结果可知，独资和合资条件下非正式制度距离越大，纺织企业都越倾向于并购模式，结合模型 5 与模型 11 中非正式制度距离的 OR 值可得出，非正式制度距离越大时，独资纺织企业选择并购的概率要大于合资纺织企业选择并购的概率，即非正式制度距离对独资纺织企业模式选择的影响更大。对比模型 3 与模型 9，反映调节效应的正式制度距离与投资动机的交互项的 OR 值分别为 15.287、45.875，前文实证中结论中指出，无论是独资还是合资条件下，投资动机对正式制度距离均有反向调节作用，结合模型 3 与模型 9 中交互项的 OR 值可进一步得出，投资动机对合资条件下的正式制度距离具有更强的调节作用。

通过对显著主变量及调节效应优势比的分析可以更深入地解释在不同股权策略下正式制度距离和非正式制度距离对转移模式影响程度的大小，反映出采用不同股权策略出海的纺织企业对制度距离的敏感程度是不同的，同时也进一步分析出在不同股权策略的企业中投资动机所具有的调节力度也是不同的。

表 5-25　实证结果一览表

独资条件下，正式制度距离与转移模式选择	结论 1：独资条件下，正式制度距离越大纺织企业越倾向于独资并购模式，肯定假设 1a
	结论 2：独资条件下，投资动机对正式制度距离具有反向调节作用，在投资动机的驱动下，纺织企业会转而倾向选择独资绿地模型，肯定假设 3a
独资条件下，非正式制度距离与转移模式选择	结论 3：独资条件下，非正式制度距离越大纺织企业越倾向于独资并购模式，肯定假设 1b，且非正式制度距离对独资纺织企业模式选择的影响大于合资企业
	结论 4：独资条件下，投资动机对非正式制度距离不具有调节作用，纺织企业会继续选择独资并购模式，否定假设 3b
合资条件下，正式制度距离与转移模式选择	结论 5：合资条件下，正式制度距离越大纺织企业越倾向于合资并购模式，肯定假设 2a，且正式制度距离对合资纺织企业模式选择的影响大于独资企业
	结论 6：合资条件下，投资动机对正式制度距离具有反向调节作用，在投资动机的驱动下，纺织企业会转而倾向选择合资绿地模式，肯定假设 4a，且投资动机对合资企业的调节作用高于独资企业
合资条件下，非正式制度距离与转移模式选择	结论 7：合资条件下，非正式制度距离越大纺织企业越倾向于合资并购模式，肯定假设 2b
	结论 8：合资条件下，投资动机对非正式制度距离不具有调节作用，否定假设 4b

资料来源：作者根据实证结果整理。

综上，本研究将本节的实证结果进行归纳总结得到表 5-29。从表 5-29 的实证结论来看，无论是独资还是合资情况下，正式制度距离和非正式制度距离越大，纺织企业都越倾向于并购模式。这与现有的部分结论相符合。而在投资动机的调节作用方面，无论是独资还是合资，寻求市场的投资动机都会对正式制度距离具有反向调节作用，且投资动机对合资企业的调节作用要高于独资企业，而对非正式制度距离则无明显的调节作用。这是因为非正式制度距离是一国社会文化、习俗等隐形契约的反映，企业在短期内很难掌握和适应，因此，即使具有较强的投资动机，也要审慎选择进入模式。

第 6 章

全球价值链与中国纺织产业对外投资的实证检验

6.1 中国纺织产业对外投资的价值链环节的区位分布

如表 6-1 所示，纺织产业不同的价值链环节有明显的地区选择偏好。作为单个整体的纺织企业投资最多的是美国、阿联酋、柬埔寨、俄罗斯联邦等国家。营运销售环节的地区分布与总体最为相似，营运销售是企业投资最多的环节，营运销售环节投资最多的国家也是美国，其次是阿拉伯联合酋长国，之后是柬埔寨、日本、韩国等；生产加工环节的企业更加偏好去柬埔寨、越南、美国、缅甸、孟加拉国等国进行投资，其中投资最多的是柬埔寨；研发设计环节则倾向于去美国、日本、意大利、韩国进行设立分支机构；办事处设立最多的国家是阿联酋、美国、韩国等国家。

表 6-1 中国纺织服装企业各价值链环节的国家分布

国家	办事处	国家	研发设计	国家	生产加工	国家	营运销售
阿联酋	29	美国	62	柬埔寨	121	美国	360
美国	21	日本	18	越南	74	阿联酋	122
韩国	18	意大利	17	美国	54	柬埔寨	90
日本	17	韩国	10	缅甸	43	日本	75
意大利	15	英国	9	孟加拉国	30	韩国	67
越南	11	柬埔寨	9	尼日利亚	26	俄罗斯联邦	60

资料来源：根据《境外投资企业（机构）名录》整理所得。
注：上表仅列出各价值链环节投资最多的前 6 个国家。

6.2 研究假设

企业对外直接投资（OFDI）的研究较早是从发达国家开始的，邓宁（1977）提出的国际生产折衷理论（OLI or eclectic theory）认为跨国公司对外直接投资时必须具备所有权优势、内部化优势和区位优势，这一理论为区位选择研究提供了基本的研究方向。但是发展中国家的投资实践与发达国家有所不同,发展中国家并不具备所有权优势、内部化优势等传统理论认为的投资必要优势。那么为什么会投资呢?本节主要从纺织企业的投资动机和东道国制度两个方面分析可能影响纺织服装企业对外投资区位选择的影响因素,进而提出相应的研究假设。

根据 Glaister and Buckley(1996)的分类,外国直接投资大致可分为资源寻求型、市场寻求型和效率寻求型三种类型。蒋冠宏和蒋殿春(2012)利用 2003—2009 年中国 OFDI 的数据通过引力模型验证了中国企业 OFDI 存在这三种动机。出于不同的动机导向,企业将其生产经营活动分布在全球各个地区,以充分利用投资地的区位优势,实现企业发展目标和利益最大化。本节使用中国纺织服装企业的对外直接投资的数据来验证国内纺织企业对外投资动机以及区位选择的影响因素。

(1)市场寻求动机

市场寻求是企业对外直接投资的重要动机。市场规模在已有文献中被普遍考察是影响 OFDI 的区位选择因素,与 FDI 流入呈正相关。因为当市场规模越大时企业越容易扩大生产规模进而实现规模经济和降低经济成本。虽然本节研究的是企业的个体行为而非 FDI 的流入,但仍然认为企业投资的区位选择与一国的市场规模有正向关系。不仅与总体市场规模相关,也与一国的市场潜力相关,纺织企业在市场潜力大的国家和地区能有机会获得有利于其长期发展的市场资源。因此假设:

H1a:东道国的市场规模、市场潜力与企业在该国设立投资分支机构的可能性成正比。

(2)效率寻求动机

所谓效率寻求动机是指企业为了降低劳动力成本提高企业整体生产效率而进行海外直接投资。虽然此前有学者认为中国企业的效率寻求型投资并不广泛(Buckley,2007),但是就中国纺织企业而言其主要的生产环节仍然需要依赖大量廉价劳动力,随着中国国内劳动力成本的提升和中国纺织产业升级的压力,纺织产业在中国尤其是东部地区的比较优势弱化。东部地区一些有实力的纺织企业为降低劳动力成本，提高产品竞争力而纷纷在海外布局生产。因此假设：

H1b：东道国劳动力资源越丰富，劳动力成本越低，纺织企业对该国投资的倾向性越大。

（3）战略资源寻求动机

战略资源是纺织企业提升行业竞争力，提高品牌价值不可缺少的条件。随着中国纺织服装企业长期的技术和资金积累，以及近几年的转型升级发展，有众多规模以上纺织服装企业具备较强的经济实力和技术水平，不再定位于低端制造环节，而要攀升价值链高端提升企业自身的研发技术实力并参与到全球的市场竞争当中。对于纺织机械制造，高级布料生产还有服装的设计等方面在与发达国家的品牌竞争中仍然显出较大差距，因此纺织服装企业要在战略资源丰富的国家进行投资，靠近设计、技术研发和管理人才集中的地区以缩短中国与发达国家企业之间的差距。因此假设：

H1c：东道国的战略资源丰裕程度与中国纺织企业选择该地进行直接投资的可能性成正比。

除了从以上动机的角度考虑，如何减少交易成本、降低投资风险也是进行区位选择时需要考虑的重要因素，因为这关系到企业的对外直接投资以及后续经营活动的开展能否顺利进行。因此本研究分别从政治制度和经济制度这两个方面来研究制度因素对于中国纺织服装企业OFDI的区位选择的影响。

（4）政治制度

良好的政治制度环境会降低企业的投资风险，使企业在东道国的财产和人员安全更加得到保障，因此在不考虑其他经济因素的情况下企业一般会选择制度质量更高的国家进行投资。但是学界对于东道国制度质量对中国企业OFDI区位选择的影响尚未达成共识，可能和选取的样本不同和企业OFDI动机不同有关，有学者研究认为资源寻求型企业投资偏好制度质量差的国家，这对于纺织服装企业制度质量的影响作用可能会有不同，基于此提出以下假设：

H2a：纺织服装企业在东道国设立投资分支的可能性与该国的政治制度

质量成正比。

(5) 经济制度

东道国的经济制度关系到企业的经营交易成本，开展对外贸易的便利性，是企业在海外投资时需要考虑的一项重要因素。本节用美国传统基金会公布的经济自由度来表示一国的经济制度质量，该项目由商业自由度、贸易自由度、财政自由度、政府支出、货币自由度、产权保护、腐败自由度等十项指标衡量，衡量数值的范围为 [－0.00，100.00]，经济自由度高表示经济制度质量高，反之则表明经济质量水平低。因此提出假设：

H2b：纺织服装企业在东道国设立投资分支的可能性与该国的经济制度质量成正比。

(6) 影响中国纺织服装企业对外投资的其他因素

除了上述与企业投资动机和东道国制度有关的因素外，还存在其他影响纺织服装企业 OFDI 的区位选择因素。结合以往学者的研究，本研究认为东道国的地理距离、东道国服务业发展水平、物流运输状况、通信发达程度、以及贸易对外开放度都在一定程度上影响着企业对外投资的区位选择决策，因此将以上影响因素也纳入考察范围。

通过数据整理发现国内的纺织企业在研发设计、生产制造以及营运销售等环节均有对外直接投资，本节重点对上述三个不同的价值链环节的对外投资影响的因素进行研究。

6.3 模型的设定

由于本节是根据纺织服装企业的微观数据来研究其对外投资的区位选择，因此本节参照麦克法登（MacFadden，1973）对于个体经济行为的离散数据的做法，即采用条件逻辑回归进行模型分析。条件逻辑模型属于个体选择模型，在已有文献中这一模型常被用来研究企业的区位选择问题（张会清和王剑，2011；阎大颖，2013）。在对外投资区位选择问题上企业主体根据自身的发展目标和投资动机（周君芝，2014），结合备选国家和地区的区位特征做出选择。本节所采用的逻辑模型的因变量的形式为 0—1，如果个体选择某方案则标记为 1（choice=1），反之则标记为 0（choice=0）。自变量为影响主体做出该选择的一系列特征因素，假定一家跨国公司母公司 i 面临一系列境外可选择的投资目标国（J=j，……，n）。

我们将 π_{ij} 作为潜变量来表示企业 i 在 j 公司进行投资所获得的收益，且表示为

$$\pi_{ij}=\beta X_{ij}+\varepsilon_j \qquad 式（6-1）$$

X_{ij} 是可能的投资目标国 j 的各种可观测的区位因素所构成的影响区位选择决策的特征向量，β 是我们要进行估计的系数，ε_j 是投资地 j 不能观测到的特征。我们不直接计算企业在投资东道国设立投资机构的收益，而是根据企业的投资行为（投资或者不投资）来分析企业主体对于东道国的区位因素的偏好程度，或者说是东道国的区位特征对于企业做出行为选择的影响程度。

由于因变量是用 0 和 1 来表达的企业做出的区位决策，因此用概率形式来表示，即如果公司 i 在 n 个备选投资地当中选择了 j 地，假定这一选择能使公司 i 获得的效用大于其他一切备选地，则在 j 地建立投资分支的概率为：

$$P_j \equiv \mathrm{Prob}(\pi_j > \pi_k) = \mathrm{Prob}(\varepsilon_k < \varepsilon_j + \beta(X_j - X_k))$$
$$\forall_j \neq k \qquad 式（6-2）$$

根据 MacFadden（1973），条件逻辑模型的关键假设在于误差项的独立不相关性，它表明对一个东道国的选择是独立于其他备选地选择的，如果遵循上述假设那么公司 i 在 n 个备选东道国中选择 j 国的概率表达式就可以用以下式子进行表达：

$$P_j = \exp(\beta X_j) / \sum_{i=1}^{n} \exp(\beta X_i) \qquad 式（6-3）$$

等号右边是一个值域范围在 [0，1] 之间的表达式，因此可以对等号左边的概率式子进行表达。用极大似然估计方法（Maximum Likelihood Estimation，MLE）对模型进行估计，所估计得出的系数越大表示在该东道国特征因素的影响下跨国母公司 i 选择该东道国 j 的可能性越大。

6.4 数据来源与变量选取

商务部公布的《对外投资企业（机构）名录》（以下简称《名录》）涵盖了截至2015年中国境内企业到海外进行直接投的备案情况，其中包含了境内企业投资主体名称，投资的东道国和地区，境外设立的投资机构名称，企业在东道国和地区的经营范围，以及核准投资日期等信息。由于更新后的名录公布的信息不完整，所以本节采用2015年这一版本《名录》数据，并且在其中选取出2011—2015年期间中国纺织服装企业的数据来研究其对外投资的区位选择行为。

具体做法是通过对经营范围以及企业主体的名称进行关键词的检索，初步得到涉及纺织服装类产品交易的企业。在这些企业中又经过逐一筛选，将有关贸易零售类的企业进行剔除，仅保留主营业务为纺织服装的企业，具体包括服装企业，家用纺织品企业，针织纺品、棉麻纺织、丝绸等企业，化学纤维制造企业，纺织机械制造企业等。通过整理数据发现到香港地区的投资多为转口贸易，除了税率和开放政策以外其他的区位因素对于企业的投资决策影响不大，因此我国香港地区对外投资不作为本节研究对象。

本节选择中国纺织服装企业投资较多的前35个东道国作为研究对象①，这35个东道国囊括了约90%的境内企业对外投资的投资项目。最终筛选得到一份包含887个境内投资主体2011—2015年期间去这35个东道国设立949个境外投资分支的数据。所得的数据形式为企业—投资年份—投资目标地，对外投资区位选择时将这35个东道国视为潜在目标对象，因此对每一个转移的企业有35个观测值，其中所选择的东道国标记为1，而对其余的34个国家则标记为0，最终得到的总体样本的观测值应该为33 215。由于样本中有一些国

---

① 所选择的35个OFDI样本国家为：美国、柬埔寨、日本、阿拉伯联合酋长国、缅甸、越南、韩国、俄罗斯联邦、英国、孟加拉国、意大利、埃塞俄比亚、德国、澳大利亚、尼日利亚、印度、南非、印度尼西亚、法国、巴西、泰国、加拿大、坦桑尼亚、新加坡、巴基斯坦、乌兹别克斯坦、老挝、荷兰、智利、马来西亚、罗马尼亚、埃及、墨西哥、波兰、朝鲜。

家的作为解释变量的特征因素数据的缺失，对于这部分缺失的数据Stata15.0在进行分析报告时会自动舍去，但是所舍去的观测值相较于总体观测值来说这部分是少的，因此不影响结果。

(1) 被解释变量

由于部分样本企业的对外投资金额的具体数据难以获得，因此本节将企业的投资行为（choice）作为被解释变量进行定性分析。企业在一系列目标国中进行选择，如果投资地被选中，则choice=1，反之则choice=0。

(2) 主要解释变量

基于上述假设和数据的可获得性，并尽可能多地考察东道国区位因素，因此选取以下变量。

市场规模（gdp）和市场潜力（pgdp）。本节选择东道国的GDP总量和人均GDP分别作为市场规模和市场潜力的代理变量，数据来源于世界银行数据库，选取的是2011—2015年的数据。为了降低异方差，对市场规模和市场潜力指标取自然对数。

劳动力资源（labor）和劳动力成本（cost）。由于纺织产业作为劳动密集型产业，主要寻求的是对劳动力素质没有特别高要求的劳动力资源，因此参照周君芝（2014）的做法选择农村人口占总人口比重作为劳动力资源的代理变量。劳动力成本代理变量的选用则参照杨亚平和高玥（2017）和彭冬冬和林红（2018）的做法，选择人均国民收入作为劳动力成本的代理变量。同样数据选自世界银行，对劳动力成本取对数。

战略资源（tech）。一国的战略资源丰裕程度，在一定程度上能够通过该国所生产和出口的高科技产品数量来体现，因此在数据可获得性的条件下本节选择各国高科技产品出口占总产品出口比重来衡量该国的战略资源丰裕程度。

政治制度质量（inst）。世界银行每年会公布衡量各国制度质量的全球治理指数（Worldwide Governance Indicators，WGI），该指标6个分项指标：话语权与问责制、政治稳定、政府效率、管制质量、法治水平、腐败控制，每项指标分数范围是[−2.5, 2.5]，得分越高的反映在该项指标上制度质量越高，本节参照杨亚平和高玥（2017）以及彭冬冬和林红（2018）的做法，通过主成分分析计算得出一个衡量各国制度质量的综合指标,来表达一国政治制度质量的综合得分。

经济自由度(ief)。根据美国传统基金会会公布的 2011—2015 年经济自由度指数表征,其中包含十个分项指数来衡量一国的经济制度质量,有商业自由度、贸易自由度、财政自由度、政府支出、货币自由度、投资自由度、金融自由度、劳动自由度、产权保护和腐败自由度。根据总分来衡量总体的经济自由度水平。它也表示政府对经济的干涉水平,当经济自由度越高,政府干涉水平就越低,反之若经济自由度低表明政府干预水平越高。本研究使用经济自由度的平均得分来衡量经济制度质量,分值范围在 [－0.00,100.00]。

(3) 控制变量

地理距离(dist)。用投资目标国首都到中国首都的球面距离表示,数据从 CEPII 数据库中获得。本节对于地理距离也取对数代入模型。

贸易开放度(opentrade)。以世界银行公布的 2011—2015 年东道国的进出口总量占 GDP 比重作为贸易开放度的代理变量,东道国的贸易开放水平高的国家也间接说明外部环境有利于外国企业发展,更有利于企业在该东道国开展对外贸易。

服务业发展水平(service)。以服务业产值占 GDP 比重来衡量服务业发展水平,一国服务业发展水平影响企业在当地营商的便利性。服务业越发达企业经营活动的交易成本就越低。

物流运输水平(traffic)。考虑到纺织服装企业去东道国设立投资分支,在生产制造环节和销售对于货物运输尤其是海运运输有一定的要求,因此将货柜码头吞吐量作为衡量东道国物流运输水平的代理变量,选自世界银行 2011—2015 年的数据并取对数。

通信水平(internet)。母国公司与海外子公司和机构进行沟通的主要方式是互联网等通信手段,因此将每百万人互联网安全服务器的数量作为通信水平的代理变量,数据取自世界银行。

具体变量指标和含义详见表 6-2。

表 6-2 变量指标及含义

变量类型	变量符号	变量含义	变量指标
被解释变量	choice	区位选择	0—1
解释变量	lngdp	东道国市场规模	GDP 对数值
	lnpgdp	东道国市场潜力	人均 GDP 对数值
	labor	劳动力禀赋	农村人口/总人口比重
	lncost	劳动力成本	人均国民收入对数值
	tech	战略资源禀赋	高科技产品出口比重
	Inst	政治制度质量	全球治理指标的综合指标
	Ief	经济制度质量	经济自由度综合得分
控制变量	service	服务业发展水平	服务业附加值/GDP
	internet	通信水平	每百人互联网安全服务器数量
	lntraffic	物流运输水平	货柜码头吞吐量
	opentrade	贸易开放度	东道国进出口/GDP
	lndist	地理距离	主要城市的球面距离

6.5 实证结果

6.5.1 转移动机和制度质量对于对外投资影响的总样本实证结果

在进行实证分析前我们先对各变量进行描述性统计，对于一些非比率的变量数值取了对数来进行后续的分析。具体分析结果如表 6-3。

表 6-3 样本观测值的描述性分析

变量	观测值	均值	标准差	最小值	最大值
lngdp	32 266	26.90471	1.656753	22.89223	30.52808
lnpgd	32 266	9.015204	1.505479	5.871685	11.12297
labor	33 215	0.3868288	0.2342782	0	0.82265
lncost	32 266	8.999931	1.52483	5.966147	11.09544

续表

变量	观测值	均值	标准差	最小值	最大值
tech	33 215	12.26245	11.59476	0	49.27542
inst	33 215	0.0091352	2.261727	−4.130657	3.556786
ief	32 266	62.03492	14.78134	1	89.40501
service	33 215	57.25553	15.81654	0	79.32848
internet	33 215	448.6487	714.5628	0	2 827.581
lntraffic	29 419	15.53139	1.22366	12.37978	17.68638
opentrade	33 215	65.64279	50.65802	0	280.9298
lndist	33 215	8.6292	0.7144635	6.696464	9.85639

对于纺织服装企业OFDI区位选择影响因素的研究，首先我们对总体样本进行检验，即对于900多个样本企业在2011—2015年期间在35个投资地的选择与东道国的区位特征进行回归分析。检验结果如下：

对总体样本的实证检验结果显示，市场规模（lngdp）、劳动力资源（labor）、战略资源（tech）、政治制度质量（inst）、经济制度质量（ief）、地理距离（lndist）、通讯水平（internet）和贸易开放度（opentrade）这些变量指标的显著性水平P值小于0.001，即变量间相关系数在0.001水平显著，市场潜力（lnpgdp）p值小于0.01，劳动力成本（lncost）、服务业发展水平（service）p值小于0.05均为较强的显著性；海运能力（lntraffic）的结果在总体样本中不够显著。

表6-4 纺织企业对外投资区位选择影响因素的总体样本回归结果

影响因素变量	符号	系数	标准差	Z值	P值
lngdp（市场规模）	+	0.4482749	0.0916293	4.89	0.000
lnpgdp（市场潜力）	+	2.172048	0.6435588	3.38	0.001
labor（劳动力资源）	+	6.041966	0.5772609	10.47	0.000
lncost（劳动力成本）	−	−1.549381	0.6688769	−2.32	0.021
tech（战略资源）	−	−0.0478112	0.007935	−6.03	0.000
inst（政治制度质量）	−	−0.3937716	0.0624202	−6.31	0.000

续表

影响因素变量	符号	系数	标准差	Z值	P值
ief（经济制度质量）	+	0.0879267	0.01003	8.77	0.000
lndist（地理距离）	−	−0.394528	0.0849809	−4.64	0.000
service（服务业发展水平）	+	0.0172149	0.0074175	2.32	0.020
lntraffic（海运能力）	+	0.1444497	0.0805318	1.79	0.073
internet（通信水平）	+	0.0003168	0.0000786	4.03	0.000
opentrade（贸易开放度）	+	0.0064165	0.001776	3.61	0.000

(1) 纺织企业投资动机的假设检验结果

表6-4回归结果表明市场规模和市场潜力对中国纺织企业进行东道国选择时具有显著正向作用，验证了假设H1a，说明中国的纺织企业的对外投资有较强的市场寻求动机；东道国的劳动力资源对企业进行区位选择有显著正向作用，而东道国的劳动力成本对于企业的选择明显呈负相关，假设H1b得到验证，这点表明中国纺织企业倾向于去廉价劳动力资源丰富、劳动力成本低的国家投资，体现出较强的效率寻求动机；用高科技产品出口来表示的战略资源结果与企业的投资倾向呈负相关，与假设H1c相违背，说明纺织企业对于东道国科技发展水平不够敏感，并未表现出很强的战略资源寻求动机。

(2) 纺织企业对外投资的区位选择与制度因素关系的假设检验结果

政治制度质量和经济制度质量结果均有较强的显著性，但东道国的政治制度质量与企业投资倾向的相关性为负，与假设H2a不符；而东道国的经济制度质量结果显示与企业投资倾向为正相关，与假设H2b相符。说明纺织企业在投资时倾向于选择经济自由度水平较高的国家，来获得更大的商业自由、贸易自由等，在海外进行投资的企业本身就存在一些外来者劣势，经济制度质量高的国家则能够更好地保证企业能够处在一个良好的公平的市场环境中。但是企业并不十分看重东道国的政治制度质量，这与一些学者的研究结果相同（王恕立和向姣姣，2015、刘敏，2016等）。

（3）其他影响因素结果分析

结果分析表明地理距离与中国纺织企业对外投资的区位选择有较强的负相关，这点说明在总体样本中企业更愿意去地理距离较近的国家和地区进行投资。例如东南亚地区成为中国企业投资办厂的热门地区。服务业发展水平、通信水平和贸易开放度均与企业的投资区位选择呈正相关，表明企业投资还是需要更多考虑这些影响企业经营的外部环境，为企业的经营提供良好的外部设施服务，以及开放的贸易环境。

6.5.2 对不同发展程度国家的样本检验

通过第 3 章的描述性分析可以看到，对外直接投资的纺织服装企业在发达国家和发展中国家有着均衡数量的分布。研发设计型的企业较多选择在美国，日本，意大利，韩国等发达国家进行 OFDI；生产加工型的企业则较多选择在柬埔寨，越南等发展中国家；而营运销售类的企业在发达国家和发展中国家的分布较为均衡。为此，在本节中将样本企业按照投资的国家分为发达国家样本和发展中国家样本，分别研究在不同发展程度国家进行 OFDI 时，企业受到的东道国区位选择的影响因素。结果如表 6-5 所示。

表 6-5　在不同发展程度国家投资的区位选择的影响因素检验结果

影响因素变量	全部样本国家	发展中国家	发达国家
lnpgdp	2.955*** (4.86)	3.168** (3.28)	−2.260 (−1.76)
lncost	−3.155*** (−5.07)	−2.718** (−2.70)	1.981 (1.44)
tech	−0.0521*** (−7.75)	−0.0778*** (−7.45)	0.0148 (0.95)
inst	−0.317* (−2.47)	0.338** (2.81)	−0.421* (−2.39)
ief	0.0420*** (4.81)	−0.0845*** (−4.61)	0.0368 (1.92)

续表

影响因素变量	全部样本国家	发展中国家	发达国家
lndist	−0.316*** (−4.38)	−0.382* (−2.06)	0.157 (1.11)
service	0.0290*** (4.44)	0.00802 (0.67)	0.0375 (1.77)
lntraffic	0.512*** (9.95)	−0.221*** (−3.31)	0.953*** (8.39)
internet	0.000277*** (4.01)	−0.00698*** (−4.44)	0.000229 (1.93)
opentrade	−0.0000702 (−0.07)	0.0176*** (6.65)	−0.0132*** (−6.58)
N	25 740	7092	5568

t statistics in parentheses, * $p<0.05$, ** $p<0.01$, *** $p<0.001$。

通过结果可以看出，在发达国家和发展中国家进行投资的企业，受到的东道国区位因素的影响作用有时候相反。人均GDP即市场潜力在发展中国家对企业投资的作用为正，而发达国家则表现为负；可以看出企业在发展中国家投资更加看重当地的发展潜力。劳动力成本对企业建立分支机构的可能性在发展中国家表现为负，即劳动力成本越高投资的可能性越低，也反映了企业在发展中国家的投资是为了寻求低价劳动力。科技水平的吸引力在发展中国家为负，在发达国家为正，说明企业在发展中国家并不是为了寻求战略资源，在发达国家有战略资源寻求倾向但是不显著。政治制度质量对发展中国家投资的企业有显著的正向作用，发展中国家普遍制度环境较差，企业更加偏好制度质量较好的国家，而发达国家普遍制度质量较完善，因此不存在这样的偏好。而企业在发展中国家投资对经济制度质量却表现出负相关作用，这可能与生产加工类企业对经济制度质量要求不高的因素有关。

6.5.3 对不同价值链环节的样本检验

为了研究纺织服装企业不同价值链环节投资的影响因素，本节对于根据价值链环节进行分类后的样本企业，分析东道国区位因素对企业区位选择的影响。参照徐康宁和陈健（2008）、闫大颖（2013）、孟醒和董有德（2015）有关价值链的分类和计算方法，根据所筛选出来的 OFDI 的纺织服装企业的经营范围，将企业所设立的对外投资分支分为营运销售环节、研发设计环节、生产加工环节，发现企业在欧美以及日韩等发达国家设立的投资分支多数会涉及研发设计以及销售环节，而将生产加工环节多设立在东南亚、非洲的发展中国家。

其中有企业不仅在一个环节投资，而是会涉及多个环节，则将该企业分别计入各环节一次。例如宁夏中银绒业股份有限公司在英国设立的子公司邓肯有限公司其经营范围包括山羊绒纱线、制品生产、研发、销售，则将该公司分别纳入生产、研发和销售环节各一次；具体的价值链分支机构数目情况在第 3 章进行了描述。最终将企业按照价值链环节进行重新划分，得到研发设计类投资分支有 114 家，有关生产环节的投资有 427 家，而进行销售的投资有 775 家。

对这些按照价值链环节分类的企业分别研究影响其区位选择的因素，研究方法和变量选取上与总体样本保持一致，即对于这三类样本再分别作条件逻辑回归。但是针对不同的价值链环节特征，会考察预计对于这一环节影响较大的因素。

对于营运销售环节的投资。由于销售类型的企业其投资的动机就是寻找市场进行产品销售，因此预计市场因素会对其产生较大影响；而对于研发设计类的投资则是以寻找战略资源为动机，所以预计东道国的战略资源会对研发类的企业分支机构设立形成正向影响作用；对于生产加工类的分支机构的投资设立则是趋于需求廉价劳动力，所以考虑劳动力资源和成本因素对区位决策影响较大。并且还对不同的价值链环节下，制度因素对于企业投资的影响程度进行研究。

表6-6 不同价值链环节的企业对外投资区位选择的检验结果

变量	（1）营运销售	（2）研发设计	（3）生产加工
lngdp	0.628*** (6.76)		
lnpgdp	−0.173* (−2.21)		
tech		−0.0212 (−1.10)	
labor			9.436*** (9.22)
lncost			1.026*** (5.78)
inst	−0.295*** (−5.31)	0.0156 (0.10)	−0.294** (−3.25)
ief	0.0585*** (6.11)	−0.0195 (−0.76)	0.0406** (2.73)
lndist	0.0886 (1.24)	−0.307 (−1.76)	−0.425*** (−3.38)
lntraffic	−0.0451 (−0.52)	0.841*** (5.52)	−0.0223 (−0.37)
service	−0.0235** (−3.25)	0.0564** (2.82)	0.00794 (0.72)
internet	0.000432*** (5.50)	0.000103 (0.53)	0.000564*** (4.06)
opentrade	0.00310* (2.00)	−0.00753* (−2.32)	0.00134 (0.87)
N	21 450	3300	10 980

* $p<0.05$，** $p<0.01$，*** $p<0.001$。

（1）对营运销售类的企业对外投资区位选择影响因素的检验结果

由表6-6结果，模型（1）是对营运销售环节的对外投资影响因素进行研究。通过实证检验发现，市场规模对于营运销售环节的企业投资东道国产生了较大的吸引作用，但是人均 GDP 即市场潜力没有显著的正向作用反而是负向作用，对此可能的解释是纺织类的产品并不属于高价值含量的产品，因此其产品的营运销售并不依赖于高人均收入。

政治制度质量和经济制度质量结果均为显著，研究结果反映的是企业的营运销售环节投资与政治制度质量呈反相关关系，这点与总体样本的回归结果一致。但是经济自由度对于营运销售类企业来说有显著的正向作用，即经济自由度越高企业的投资倾向性就越大。除此之外，服务业发展水平和通信水平对于企业的营运销售环节 OFDI 区位选择也具有显著正向作用。

(2) 对研发设计类的企业对外投资的区位选择影响因素检验结果

模型 (2) 是对研发设计类企业的区位选择影响因素进行检验，但是实证检验结果表明战略资源变量不显著，即东道国的技术水平对纺织服装企业的研发设计没有显著的正向影响作用。并且这一类的企业投资对东道国的政治制度质量和经济制度质量也不敏感。但是与海运能力以及服务业发展水平有正相关关系。说明企业的设计环节倾向于投资在交通便利以及服务业发达的国家和地区。

(3) 对生产加工类的企业对外投资的区位选择影响因素检验结果

模型 (3) 是对于生产加工类企业的区位选择进行考察。主要检验的是劳动力资源和成本因素的影响，检验结果显著为正，说明纺织企业的生产加工环节属于寻求低成本劳动力资源的效率寻求型投资。政治制度质量对企业的生产环节投资有负向作用，经济制度质量和企业的投资呈正相关关系。企业的倾向去制度质量差的国家和地区设立生产加工类分支，但是倾向于去经济自由度水平较高的国家。另外地理距离与企业的投资倾向成负相关，说明企业的生产加工部门更倾向于设立在距离母国更近的国家，东道国的通信水平与企业的投资倾向呈正相关。

综上，通过对总体样本检验，得出中国纺织服装企业在总体上具有市场寻求动机和效率寻求动机，在进行东道国的区位选择时倾向去市场规模大、廉价劳动力资源多的地区，但是纺织服装企业对战略资源的寻求倾向并不明显；制度因素的作用体现在纺织服装企业倾向去经济制度质量不高的国家进行投资，但是对于政治制度质量并不十分看重，甚至去政治制度质量差的国家进行投资；同时企业更加愿意去地理距离近、服务业发展水平高、通信发达以及开放度高的国家设立投资分支。

企业在发展中国家的投资表现出市场寻求动机和效率寻求动机，政治制度因素的影响显著为正，经济制度因素的影响显著为负；企业在发达国家的投资受到战略资源的正向作用，但是不显著，政治制度的影响为负而经济制度影响为正。

将样本企业按照不同的价值链环节和投资的国家进行分类，分别研究不同情形下的企业投资区位选择的影响因素，可得出不同价值链环节的纺织服装企业进行对外投资区位选择时所偏好的东道国区位因素不同。营运销售环节对东道国的市场规模较为敏感；研发设计环节对于东道国的技术水平不敏感，其区位选择更偏好交通便利和服务业发达的地区；生产加工环节则受东道国的劳动力资源以及劳动力成本影响较大。政治制度质量对营运销售、生产加工和研发设计的企业投资吸引力并不大甚至呈负相关性；经济制度质量对营运销售环节的企业投资和生产加工环节的企业投资均有显著正相关作用，且对营运销售环节的显著性更强，但是对研发设计环节作用不显著。

第7章

中国纺织产业高质量发展评价

7.1 中国纺织企业绿色化转型选择[①]

产业绿色化转型是产业高质量升级的必然要求，也是大势所趋。对于产业绿色化转型的定义，国内学者给出了不同定义。国际上对于产业"绿色化"的解释是通过减少材料使用成本，环境和安全成本，提高生产效率，从而实现绿色生产（Yuan et al.，2019；Agarwal et al.，2020）。国内对于产业绿色化转型的理解和定义主要是从"可持续发展"角度，从产业层面对"生态承载力"的有限性因应，其本质内涵是提高生态效率（钟茂初，2015；裴庆兵等，2018）。

7.1.1 绿色化转型的文献综述

当前我国学者对于传统产业绿色化转型升级的影响因素进行了深入研究，但主要集中在三个方面。

一是对技术创新与产业绿色化转型关系的研究。学者普遍认为技术创新是实现传统产业绿色转型的重要驱动因素之一。韩立达等（2020）将技术创新对工业绿色化影响的作用机理进行实证检验，论证了技术创新有利于实现产业绿色化，技术创新通过溢出效应促进邻近地区工业绿色化。技术创新对工业绿色化影响的市场传导机制需要通过市场外溢才能够实现，也就是借助技术创新形成的技术外溢效应（辛胜阳等，2018）。

二是从制度因素探究制度创新对传统产业绿色转型升级的促进作用。于斌斌（2012）运用进化博弈模型对区域经济中传统企业与新兴企业的创新链接机理进行了分析，研究认为政府行为中的政府补贴、法治因素对传统企业向创新型企业种群方向具有催化用。高萍（2017）等人通过构建制造业绿色化评价指标体系研究，发现税收绿色化对制造业转型有显著促进作用。

三是从消费者的环保意识及对"绿色产品"需求程度对传统产业绿色转型升级进行研究。Norazah（2016）等讨论了环境问题对消费者购买绿色产品

[①] 本节部分内容选自赵君丽，高雨筠. 独立转型还是合作转型——基于纺织印染企业绿色转型的研究[J]. 丝绸，2023，60（02）：1—13。

的影响，分析了社会价值在消费者购买绿色产品中的作用，明确了企业要增加绿色产品的利润需要预测消费者购买绿色产品的意愿。郑君君（2018）给予消费者的环保意识和排污权的交易机制，对比分析了企业在完全理性和有限理性、联合生产和单独生产下的传统产品与绿色产品的生产策略。

从微观角度来看，企业为了追求利润最大化，抢占市场份额，获取竞争优势，必须依靠先进的技术水平，以创新为驱动，依靠绿色技术研发、转化和推广，实现技术转型。企业为了响应国家绿色转型的号召，会努力提高产品的质量和绿色化程度，以及整个公司的绿色化转型程度，尤其是寡头企业，作为行业的龙头企业，这些企业掌握着该行业的产品定价、政策制定等话语权，往往率先利用其雄厚的资产加快绿色技术和工艺的研发突破和推广应用，进行生产工艺、供应链管理等环节的绿色化，以获得绿色标准认证，不断提高环保产品市场占有率，塑造绿色环保形象，吸引潜在消费者；逐步实现绿色产品和服务有效供给不断增加，形成并不断完善科技含量高、资源消耗低、环境污染少的绿色制造体系，巩固自身的市场地位。

但产业绿色化转型中的高技术绿色产品研发，对技术和研发投入要求较高，具有高风险性、高投入性、高加速性以及高收益性的特点（韩兵等，2018），此外，企业的绿色创新会挤占研发投入，使得企业无法在短时间内通过绿色创新获取经济价值（王旭等，2019），因此企业也不会立即获得相应的成本优势，其投入的绿色创新技术也不会立即带来相应的内外部绩效，反而会因为企业在整合新资源和探索开发绿色技术时耗费了资源，从而降低了企业的内外部绩效；当企业逐渐适应环境，整合好新资源，克服了组织惯性，进入了新的知识边界，企业的绿色创新技术才可以逐渐为其带来内外部收益（袁文融等，2020）。

随着技术加速进步和技术创新日益复杂化，单一的高技术企业难以适应日趋复杂的市场需求（曹霞等，2016）。因此企业为了能够在激烈的竞争中得以生存和发展，常常需要突破自身的技术能力和创新资源等方面的限制，通过合作并组建R&D联盟的方式，联合外部力量以发掘并充分利用市场机遇。R&D联盟也称技术创新联盟。寡头企业在市场中存在激烈的竞争，努力提升自己在行业中的话语权和核心竞争力，但寡头之间也存在一定的合作关系，存在竞合关系的两家企业会通过知识共享、共同研发、成本共担来共同实现收益的提升。曾能民（2020）指出在现代运作管理中，竞争与合作还可以相互转换，有时竞争对手会变成纯粹的合作伙伴，合作伙伴会变成纯粹的竞争对手，竞争与合作完全可以共存。王萍通过建立寡头垄断市场下寡头竞争的一般模型，论证寡头企业选择合作策略能提高其利润，并实现帕累托最优。因此，寡头企业之间既存在竞争也存在一定的合作关系，但无论如何，他们都是以各自利润最大化为决策目标的。

一个优质的创新联盟网络拥有多样性的知识，比单个企业的独立创新更有效率（郑小勇，2014）。随着社会经济的不断发展，社会竞争越来越激烈，企业要想在竞争中立于不败之地，必须不断进行创新，而创新主要来自R&D。同时创新成本越来越高，这使得竞争的企业不得不在R&D方面进行合作。王珊珊将R&D联盟的组建形式分为非股权技术协议、共建研发机构、共建社团组织、股权投资和股权合资五种类型。其中，共建研发机构是指是指联盟成员投入一定的资源，实现长期的技术研发合作模式。龙勇（2012）构造了技术创新联盟两阶段的非合作动态博弈模型，分析了知识投入和知识开放水平在联盟不同时期对企业均衡利润的影响，提出了在对称的情况下纳什均衡存在并有唯一解的条件。

知识联盟是技术联盟的一种高级形式，指企业在实现创新战略目标的过程中，为共享知识，促进知识流动和创造新知识，与其他企业、大学和科研院所之间通过各种契约或股权而结成的优势互补、风险共担的网络组织。通过在知识领域的战略合作，联盟伙伴不仅可以获取市场交易等方式无法获得的经验、能力等隐性知识，而且能够通过知识的互补创造出单个企业无法创造的新知识（Norman，2002）。

企业创新联盟中各参与主体是选择和其他企业进行合作还是竞争，这是一个复杂的博弈过程，每个企业都是有限理性的主体，都以追求自身利益最大化为目标，合作企业之间的信息不对称性和不完全性容易引发机会主义行为而良好合作氛围的形成往往依赖于相应的激励和引导。Santos（2016）等通过研究间接互惠行为对合作双方博弈的影响，发现能够促进合作的主导规范取决于社区规模以及参与博弈的双方对待信誉良好或信誉不佳的合作伙伴的态度。王萍等（2012）指出保证合作的发生，寡头企业间的信任是必要条件。通过论证找到一个信任度"阈值"，从而保证寡头企业总会选择合作策略。陈果（2015）等以企业的风险态度为视角，将企业知识共享行为分为互惠主义行为和机会主义行为，利用动态博弈论分析了知识共享双方行为的动态演化过程，探讨了风险态度对双方知识共享行为的影响机理，以及促进双方最终均选择互惠主义行为的措施。

本文基于以往对于R&D联盟和绿色转型升级的研究，定义绿色创新联盟为企业为进行高技术绿色产品研发和生产而与其他企业结成的知识共享、优势互补、风险共担的网络组织。

协同创新演化博弈在社会交往中普遍存在，它是社会契约的基石，协同过程中的信息传递也表现出典型的演化博弈特征（Huttegger等，2014）。演化博弈的主要思想为：以博弈主体的有限理性和学习能力代替了传统博弈中博弈主体完全理性的假设，有限理性决定了博弈主体不可能在每次博弈中都能找到自己的最优均衡点，而是通过不断试错和对较高收益策略进行模仿学习，最终达到博弈均衡。演化博弈的重要概念包括演化博弈稳定策略和动态复制方程。

因此，利用演化博弈理论来研究纺织企业竞合关系有助于从微观的角度了解各参与主体的决策过程。本文通过演化博弈的方法从纺织企业这一微观视角对于绿色转型进行分析研究。基于有限理性的演化博弈理论，本文将探讨绿色创新联盟动态过程中寡头企业之间合作伙伴选择、政策影响、市场因素的角度来研究内外部因素如何在绿色产品的研发过程中维持绿色创新联盟稳定性。最后借助Matlab软件对两家色纺纱龙头企业进行案例分析和仿真模拟检验不同因素对最终稳定策略的影响，并根据检验结果给出相关建议。

7.1.2 基于演化博弈的理论模型分析

（1）假设条件：

①将知识共享过程设定在绿色创新联盟的两个有限理性企业A和B，两

者的技术知识是互补的。两者原有知识收益为 R_1、R_2,即两者均采取不共享知识时,继续保持原有竞争状态的收益。

②在采取了共享策略时,企业收益包括正常收益 R_i、知识外溢收益 M_i、合作协同收益 N_i。其中外溢收益是指吸收对方知识转化的收益 M_i,与两企业对方的共享知识量 K_i 和两企业的知识收益转化系数 α_i 相关,即 $M_i = \alpha_i K_j$,$(i \neq j)$。合作协同收益 N 与两企业的协同系数 β,两企业的信任程度 γ_i 相关,且是总知识量 K 的函数,其中 $K = K_1 + K_2$,$N = \gamma_i \beta K$。

③知识共享需要支付共享成本。假设一项绿色产品的研发成本为 C,两企业的成本系数分别为 c_i,则两企业的成本投入为 $C_i = \frac{1}{2} c_i K i^2$。

④风险态度表明越是风险偏好型企业其更倾向于投入较高的成本,认为高投入高回报。设定风险系数为 λ_i,则两企业最终支付的成本为 $C_i = (1 + \lambda_i) \frac{1}{2} c_i K i^2$,同时获得的最终协同收益为 $N_i = (1 + \lambda_i) \gamma_i \beta K$。

⑤当两个企业均采取了合作并成功研制出绿色产品时,两公司均可获得来自政府的奖励。若一方采取积极合作,另一方采竞争策略,选择合作的一方由于缺少对方的知识投入无法研制出绿色产品,因而无法获得政府奖励;但选择竞争策略的一方由于已经获得对方的知识投入,可以继续研发出绿色产品并投入市场,此时政府也会给予奖励 S。

⑥违约金为 F,当签订合约的双方中有一方采取机会主义,背叛合约,虽然他将获得来自对方的知识投入而产生的外溢收益,但同时也会支付相应的违约金给合作企业。

表 7-1 博弈矩阵

项目		企业 2	
		合作(y)	竞争($1-y$)
企业 1	合作(x)	$R_1 + M_1 + N_1 - C_1 + B$ $R_2 + M_2 + N_2 - C_2 + B$	$R_1 - C_1 + F$ $R_2 + M_2 - F + B$
	竞争($1-x$)	$R_1 + M_1 - F + B$ $R_2 - C_2 + F$	R_1 R_2

(2) 混合纳什均衡结果

根据收益支付矩阵和演化博弈理论，企业 1 选择合作的收益为：

$$E_1^x = y(R_1 + M_1 + N - C_1) + (1-y)(R_1 - C_1 + F)$$
$$= y(M_1 + N + S - F) + R_1 - C_1 + F \quad \text{式 (7-1)}$$

选择竞争的收益为：

$$E_1^{1-x} = y(R_1 + M_1 + N - C_1) + (1-y)(R_1 - C_1 + F)$$
$$= y(M_1 + N + S - F) + R_1 - C_1 + F, \quad \text{式 (7-2)}$$

则企业 1 的平均收益为：

$$\overline{E}_1 = xE_1^x + (1-x)E_1^{1-x} = xyN + x(C_1 - F) + y(M_1 + S - F) + R_1。$$
$$\text{式 (7-3)}$$

企业 2 选择合作的收益为：

$$E_2^y = x(R_2 + M_2 + N - C_2) + (1-x)(R_2 - C_2)$$
$$= x(M_2 + N + S - F) + R_2 - C_2 + F \quad \text{式 (7-4)}$$

选择竞争的收益为：

$$E_2^{1-y} = x(R_2 + M_2) + (1-x)R_2 = x(M_2 + S - F) + R_2, \quad \text{式 (7-5)}$$

则企业 2 的平均收益为：

$$\overline{E}_2 = xE_2^y + (1-y)E_2^{1-y} = xyN + x(C_2 - F) + y(M_2 + S - F) + R_2。$$
$$\text{式 (7-6)}$$

两企业均为了实现自身的利润最大化，因此可以得到混合纳什均衡解为：

$x = \dfrac{C_1 - F}{N_1}$，$y = \dfrac{C_2 - F}{N_2}$。即两企业的混合纳什均衡解取决于合作协同收益、成本和违约金的数值。

(3) 演化博弈均衡结果

两企业演化博弈双方的复制动态方程组为：

$$F(x) = x(1-x)(E_1^x - E_1^{1-x}) = x(1-x)[yN_1 - C_1 + F]$$
$$\text{式(7-7)}$$

$$F(y)=y(1-y)(E_2^y-E_2^{1-y})=y(1-y)[xN_2-C_2+F]$$
式（7-8）

根据以上动态关系和复制动态方程组，运用雅可比矩阵对演化博弈的渐进稳定性进行分析，雅可比矩阵为：

$$\begin{bmatrix} (1-2x)[yN_1-C_1+F] & x(1-x)N_1 \\ y(1-y)N_2 & (1-2y)[xN_2-C_2+F] \end{bmatrix}$$
式（7-9）

雅可比矩阵行列式为：

$$Det=(1-2x)(1-2y)[yN_1-C_1+F][xN_2-C_2+F]-xy(1-x)(1-y)N_1N_2$$
式（7-10）

雅可比矩阵的迹为：

$$Tr=(1-2x)[yN-C_1+F]+(1-2y)[xN-C_2+F]$$
式（7-11）

演化博弈动态过程中的五个均衡点分别为：

$(0,0)$，$(0,1)$，$(1,0)$，$(1,1)$，(x^*,y^*)，其中 $x^*=\dfrac{C_1-F}{N_1}$，$y^*=\dfrac{C_2-F}{N_2}$。
式（7-12）

因为 x^* 和 y^* 位于 (0, 1) 之间，因此 $F<C_i<N_i+F$。

表7-2　演化博弈的均衡点及稳定性

均衡点	行列式	迹	性质
E_1 (0, 0)	+	−	ESS
E_2 (0, 1)	+	+	不稳定
E_3 (1, 0)	+	−	不稳定
E_4 (1, 1)	+	−	ESS
E_5 (a^*, b^*)		0	鞍点

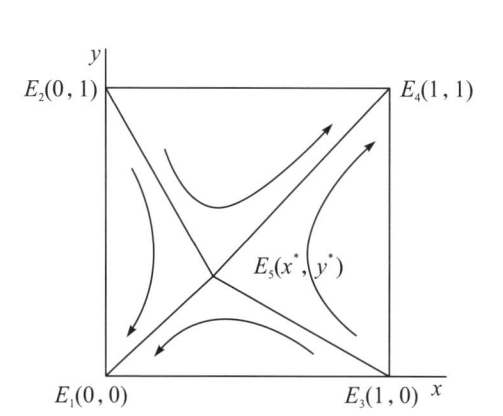

图 7-1　演化路径图

资料来源：作者自绘。

从图中可知，点 E_2 和 E_3 是不稳定点，点 E_1 和 E_4 是稳定点，即此博弈的演化稳定状态。点 E_2 和 E_3 和 E_5 构成收敛于不同策略模式的分界线，最终结果向点 E_1 或 E_4 演化，即两个企业均选择"积极合作"或者均选择"消极合作"。当两企业的博弈策略落在 $E_1E_2E_5E_3$ 区域时，最终的博弈策略将向点 E_1 演进，最终收敛域（竞争，竞争）的稳定策略组合；当两企业的博弈策略落在 $E_4E_2E_5E_3$ 区域时，最终的博弈策略将向点 E_4 演进，最终收敛域（合作，合作）的稳定策略组合。总体而言，对于整个社会以及企业而言，后者的稳定策略所带来的收益由于前者。企业最终将会朝着哪一个稳定策略演化，取决于两参与人对对手策略选择的预期和判断，信任度、风险偏好程度、合作协同收益、投入成本以及违约金额因素在博弈过程中的影响力度。

混合纳什均衡解与演化博弈稳定策略的区别在于，混合纳什均衡点是指当企业具有均衡点处概率时，两个企业均能够实现在给定对方策略情况下的自身企业的利润最大化。而演化博弈稳定策略（Evolutionarily stable strategy，ESS）是在不同初始值下，两企业最终能够实现的策略均衡。

ESS 的规则是将个体引至一个最优策略的规则。如果整个种群不处于 ESS，但是在其所在的状态下，纯策略 A 与其他策略相比拥有更高的回报，为了能够实现企业双方绿色转型的结果，我们先对模型中考虑到的参数进行分析：

将演化路径图下方图形 $E_1E_2E_5E_3$ 面积设为 $M_{E_1E_2E_5E_3}$，则：

$$\text{面积 } M_{E_1E_2E_5E_3} = \frac{1}{2}(x^* + y^*) = \frac{1}{2}\left(\frac{C_1 - F}{N} + \frac{C_2 - F}{N}\right)$$

$$= \frac{1}{4\beta} \cdot \left[\frac{c_1 K_1^2}{\gamma_1(K_1 + K_2)} + \frac{c_2 K_2^2}{\gamma_2(K_1 + K_2)}\right] -$$

$$\frac{1}{2\beta} \cdot \left[\frac{F}{(1+\lambda_1)\gamma_1(K_1 + K_2)} + \frac{F}{(1+\lambda_1)\gamma_2(K_1 + K_2)}\right]$$

式（7-13）

由该面积函数分别对参数求偏导，并进行分析得到：

表 7-3 不同因素影响方向

参数	知识储备 K_i	成本系数	协同系数	风险偏好	信任度	违约金
偏导	+	+	−	+	−	−

因此可以总结：两家公司的知识储备、风险偏好与面积呈正相关。两企业知识储备较高或者风险偏好、成本系数较高将会更倾向于选择竞争的策略，即两企业的策略选择最终将会演化至（0，0）。两企业的知识协同系数、信任度以及违约金与面积呈负相关。即企业拥有较高的协同系数、信任度以及违约金，能够促进两企业实现积极合作，维持绿色联盟的稳定。但是知识外溢效益以及政府奖励并不对面积产生影响，即对于两企业是否选择合作进行绿色产品研发没有影响。

7.1.3 色纺行业绿色化转型的 Matlab 模拟仿真

本文借助 Matlab 程序以案例作为基础，利用相关数据进一步论证以上两个模型的均衡点，以及两个博弈主体在不同的初始值点向均衡点演化的轨迹。

纺织行业作为我国传统支柱行业，传统纺织行业内企业间竞争较为激烈，较少有合作关系。色纺行业作为纺织行业的细分领域，在技术有别于传统纺织行业，属于高技术产业，起点较高，具有一定的行业准入门槛。浙江百隆东方，浙江华孚时尚是我国两家色纺纱龙头企业，且两企业在 2019 色纺纱销量排名位居全国第一二名，其色纺纱销量占高端色纺纱行业的 70%。两企业无论是在环保意识层面还是绿色创新方面均排在国内前列。但通过对于两企业的研究发现，两企业虽是行业的龙头企业，且资金、技术较高，均进行了绿色产品研发，且投入资金较大，研发时间较长，但二者之间尚未达成合作。通过理论分析可以看出，寡头企业实现了知识联盟合作时，能够获得更高的收益。因此，本文采用这两家企业的相关数据，进行模拟分析两家企业未能实现合作的因素，以及在何种条件下能够促进两企业组建绿色创新联盟，实现绿色产品的研发合作。

本文将从两个企业2020年年报中的相关数据入手，将数据加入模型中，进行模拟分析。选取了以下参考因素：风险偏好系数、信任程度、协同系数、知识储备、成本系数、违约金额。

华孚时尚和百隆东方分别作为企业一和企业二，2020年两公司的研发费用分别为113百万元和138百万元，总研发费用为251百万元。假设违约金额为2000万元，成本系数均为0.02。

表7-4 色纺纱龙头双寡头博弈初始系数

	K_1	K_2	K	F			
初始设定值（百万元）	113	138	251	20			
	协同系数	风险系数1	风险系数2	成本系数1	成本系数2	信任度1	信任度2
系数初始设定	1	0.5	0.5	0.02	0.02	1	1

如图7-2所示：

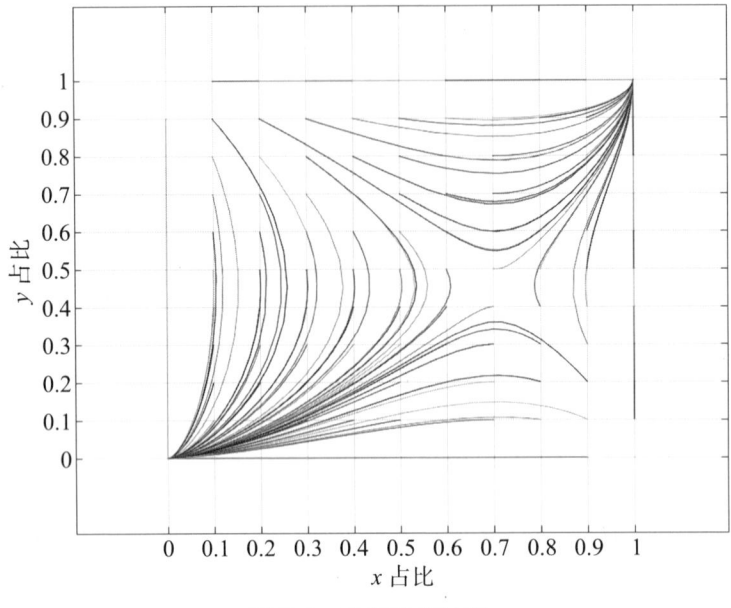

图 7-2　动态演化过程

按照初始值模拟出的动态演化过程表明，鞍点约为 (0.7, 0.45)，且在不同初始概率的条件下，两企业最终的演化结果有差异，可能会演化至 (0, 0) 或 (1, 1)。通过调整不同的系数值，最终得到以下模拟结果。

由图 7-3 可知，违约金的设定值为 50、30、20 时，两企业在鞍点处的最终演化结果为 1，即两企业最终会选择合作且随着违约金的增加，两企业实现积极合作的速度越快；但当违约金设置为 10、5、0 时，两企业最终演化结果为 0，即最终会选择竞争策略，且当违约金越低，即两企业背叛的成本越低，两企业会更快地选择竞争。

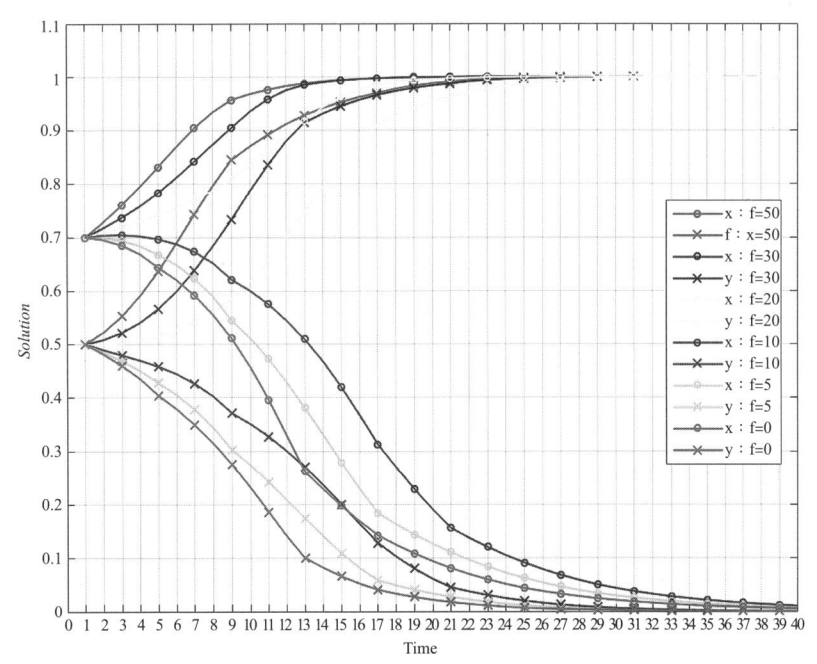

图 7-3 违约金对参与主体的动态演化结果

由图 7-4 可知，两企业只有同时是风险规避者的情况下，才会选择在进行绿色产品研发时积极合作，如果两企业均具有较高的风险偏好（均为 1）或者风险中立（均为 0.5），则最终两企业会选择消极合作即竞争策略，此外如果一方是风险爱好者，一方是风险规避者或中立者，最终也无法实现积极合作。当两企业均为风险偏好者时，两企业选择消极合作即竞争策略的速度越快。

由图 7-5 可知，当两企业均选择信任对方的条件下，能够实现积极合作。如果一方完全信任，但另一方未能完全信任对方，则最终将演化为消极合作，且随着信任度的降低，企业选择消极合作的速度越快。

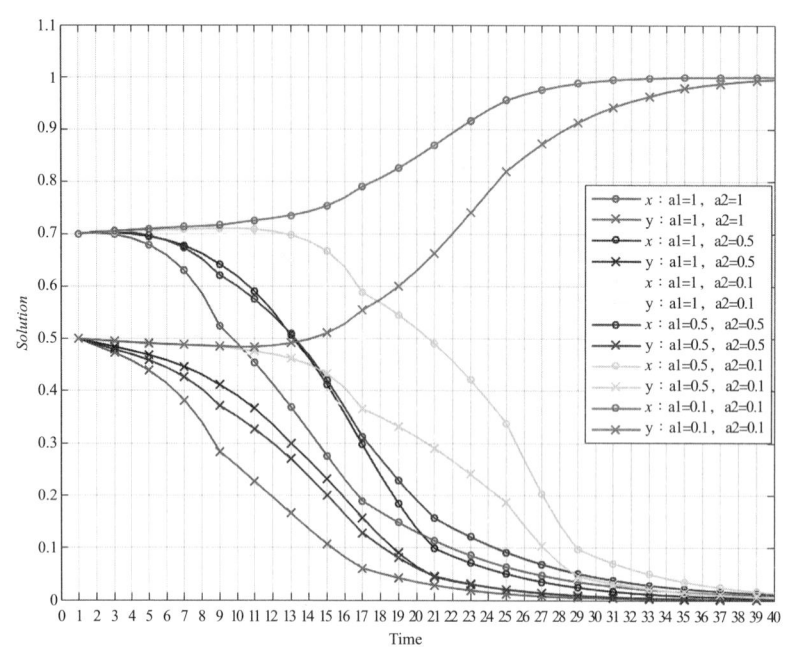

图 7-4　风险偏好对参与主体的动态演化结果

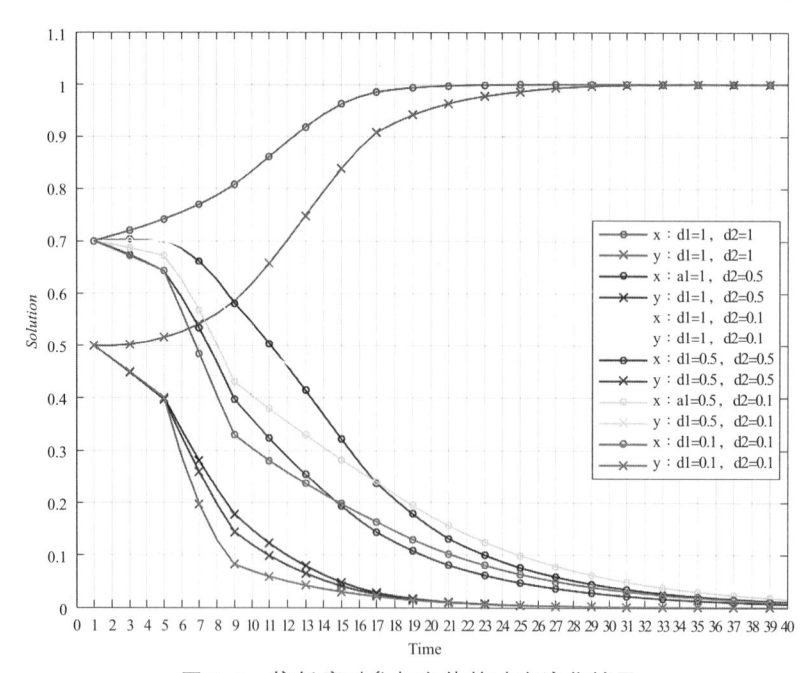

图 7-5　信任度对参与主体的动态演化结果

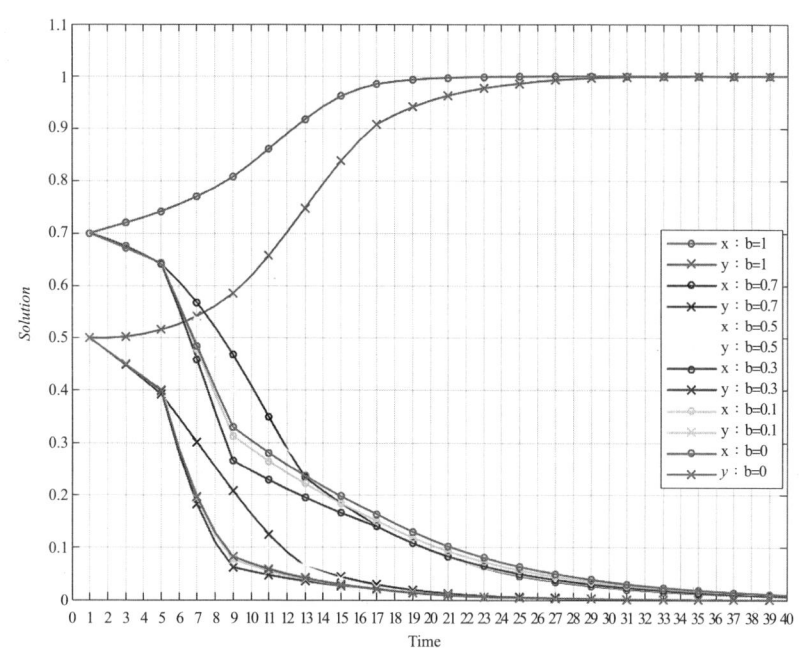

图 7-6　协同系数对参与主体的动态演化结果

由图 7-6 可知，当两企业的知识协同系数为 1 时，即两企业知识互补度较高，有利于实现两企业的积极合作。知识协同程度越小，则越不利于实现积极合作，最终会演化成两企业的竞争关系。

通过对于以上影响因素的分析，可以看出，两企业之所以当前尚未形成合作研发的因素可能为：两企业拥有较高的资金实力、科技实力，抵御风险的能力较强，因此可能均为风险偏好型企业，能够通过自身知识、资金能力独立进行高技术绿色产品的研发。此外，两企业生产的产品相似度较高，接近于同质产品，具有较低的互补性，因此企业知识协同效应不明显，协同收益较低，对两企业的吸引力较低。由于两企业长期属于竞争对手关系，需要双方彼此高度信任才能达成合作关系，且在合作的基础上需要较高的违约金才能够维持合作关系的长期稳定。

因此，如果要实现在绿色创新联盟条件下的企业合作，可以以中小企业作为试点，中小企业的知识储备以及资金实力决定了他们的抗风险能力较低，因而对于风险是厌恶的，而合作研发能够降低他们的研发风险，有利于促进中小企业共同进行绿色转型。

7.1.4 绿色化转型结论与相关建议

(1) 结论

本文利用演化博弈理论,首先构建了基于企业之间的绿色产品研发的合作竞争博弈支付矩阵,分析了企业选择合作研发绿色产品的动力机制问题。重点探讨了影响两企业进行合作与竞争的影响因素,包括违约金、信任程度、企业的风险偏好、知识协同系数等因素对纺织企业进行绿色产品研发的影响路径。其次,利用纺织产业中色纺纱行业的两大龙头企业进行案例分析,并利用 Matlab 进行仿真模拟,结果表明,难以在绿色创新联盟基础上实现两个实力较强的色纺纱寡头企业的合作的原因在于两企业拥有较高的知识资金实力,抗风险能力较强,且知识互补性较低,双方各自能够实现自主研发,并且避免合作中的机会主义的出现,因而最终两者将仍会保持竞争关系。

(2) 构建绿色联盟的启示和建议

①联盟建立的建议。由于在绿色创新联盟基础上实现合作而产生的外溢效应、成本降低、风险共担效率提升的优势是不可忽视的,因而在企业间建立绿色创新联盟时,需要考虑以下因素:

企业的选择。建立绿色创新联盟的企业应当避免生产同质产品的大企业,具有较高知识互补性的企业能够创造出更高的知识外溢效应,且中小规模企业往往是风险厌恶者,更愿意与其他企业共担风险,共同研发。合作企业间较高的互补性可以提高彼此的合作意愿,建立较为紧密的合作关系。企业进行选择合作伙伴时,尽量选择创新能力、市场地位、企业文化与自身企业互补度较高的企业,实现相互依赖、相互学习、相互促进。

企业资信水平。当企业的资信水平较佳时,两企业对彼此的信任度较高,更有利于实现合作,维持联盟的稳定,因此企业在合作伙伴的选择上,要选择资信水平良好,口碑良好的企业作为合作伙伴。

违约金额。两企业在签订合作合同时的违约金额对于是否达成合作起到重要作用,越高的违约金越能够减少机会主义的出现,维持两企业的合作。

政府政策。虽然政府的激励政策对于两公司是否实现合作没有影响,但政府的激励政策能够在社会中形成引导，鼓励企业研发生产绿色产品，促进企业实现绿色转型，对于整个社会而言是有积极作用的。因此，政府在实行激励政策时，可以采取多种不同类型的激励政策，有效影响到企业的行为。例如，在财政补贴方面，支持企业研发绿色产品，降低碳排放；对于实行绿色转型的企业，采取减税政策。此外，政府应当继续加大绿色监管和环境规制水平，使市场形成绿色消费的氛围，促使企业进行绿色转型。

②联盟维持的建议。当企业已经建立了绿色创新联盟后，为了维持联盟合作的稳定性，双方企业可以采取以下措施：

第一，构建企业间共享知识库，建立高效的合作平台，提高知识储备。如共同出资建立技术研发机构，明确联盟中企业的知识分布，简化共享难度。维持知识共享机制和平台的稳定性，建立良好的沟通机制，促进企业间正式及非正式的人员交流，充分利用网络技术，实现沟通常态化，帮助企业提高企业自身技术实力，提高绿色转型所需技术创新水平，营造长期知识共享创造良好的内外部环境。

第二，建立有效的惩罚机制，减少企业因为恶性竞争而出现的恶意违约事件。企业间合作的长期稳定性意味着要解决合作中存在的更多问题，例如信息不对称、信任问题等，这些不利因素均会影响到企业合作关系。因此，在双方签订合约时，要明确双方的责任和义务，如果一方违约，则需付出高额违约成本来弥补对方的损失。

第三，建立合理的成本分摊机制，实现企业间的公平合作。双方在合作时的成本投入都将是企业实现利润最大化时需要考虑的因素，不合理不公平的成本分摊将打消企业合作的积极性，甚至导致合作失败。因此，灵活公平地制定成本分摊系数有利于企业的长期合作关系的维系。

本文推演并揭示了企业在绿色创新联盟实现合作研发绿色产品的动力机制，为企业实现绿色转型及实现企业间长期稳定的合作关系的提供了一定的参考依据。但由于演化博弈支付矩阵参数限制，本文未能考虑到其他影响因素，研究还不够全面；再者受数据资料及实地调研的限制，目前仅停留在理论推演研究层面，仍然存在一定的不足。

7.2 中国纺织产业高质量发展综合评价

产业的高质量包括产业规模壮大、结构优化、创新驱动转型升级、绿色可持续发展、质量效益不断提升等维度。本文从产业发展、数字化、绿色化、供给要素与供给体系质量、产出质量5个维度构建纺织产业高质量发展评价指标体系。

7.2.1 纺织产业高质量发展评价指标体系构建

纺织产业高质量发展指标体系基本框架如图7-7所示。产业经济发展维度包括产业规模、产业增加值、产出规模等指标。数字化包括数字化基础、数字化研发、数字化人员投资、数字化销售等指标。供给要素和供给体系质量包括高性能纤维产量、产业用纺织品占纤维消耗量的比重、大企业数量、服装家纺产品网上零售成交额。产出质量包括产品结构和贸易结构。绿色化指标包括纺织产业废水、废气、固体废物排放和污染治理费用。

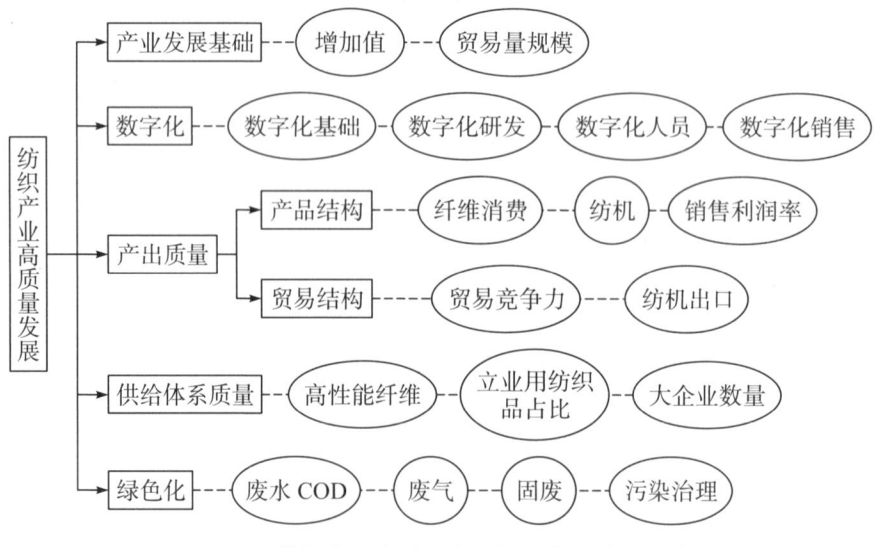

图7-7 纺织产业高质量发展评级指标体系构建

资料来源：作者制作。

7.2.2 指标选取和数据来源

本文从产业发展、数字化、绿色化、供给要素与供给体系质量、产出质量 5 个一级指标、23 个二级指标构建纺织产业高质量发展评价指标体系。一级指标、二级指标、计算方法和数据来源详见表 7-5。

表 7-5 纺织产业高质量发展评价指标体系

一级指标	序号	二级指标	计算方法	数据来源
经济发展	1	纺织产业主营业务收入	规模以上纺织 4 行业工业企业主营业务收入（1. 纺织业；2. 纺织服装、服饰业；3. 皮革、毛皮、羽毛及其制品和制鞋业；4. 化学纤维制造业）合计	中经网统计数据库，CSMAR
	2	纺织产业增加值增长率	规模以上纺织及相关行业增加值增速	中经网统计数据库
	3	纺织品服装出口额占全球比重	中国纺织品服装出口/全球纺织品服装出口	中国纺织工业发展报告
	4	纤维加工量占全球比重	中国纤维加工量/全球纤维加工量	中国纺织工业发展报告
数字化	1	数字化销售	纺织工业电子商务销售额	中纺联信息化部
	2	数字化研发投入	研发投入/营业收入	CSMAR
	3	数字化研发产出	有效发明专利数量	CSMAR
	4	数字化人员投入	研发技术人员数量/工人数量	CSMAR、中国科技统计年鉴、中经网统计数据库
供给要素与供给体系质量	1	高性能纤维产量	化学纤维产量与合成纤维产量的总和	中经网统计数据库
	2	产业用纺织品占纤维消耗量的比重	产业用纺织品/纤维消耗量	中国纺织工业联合会
	3	大企业数量	四类规模以上纺织工业企业单位数合计	中经网统计数据库
	4	服装家纺产品网上零售成交额	纺织家纺网络零售额	中纺联，智妍咨询

续表

一级指标	序号	二级指标	计算方法	数据来源
产出质量（产品结构与贸易结构）	1	国内人均纤维消费量	三大终端产业纤维消耗占纤维加工总量比重＊中国纤维加工总量＝三大终端产业纤维消耗量；三大终端产业纤维消耗量/全国常住人口＝国内人均纤维消费量	中经统计数据库，中国纺织工业联合会，纤维年报
	2	人均主营业务收入	规模以上纺织4行业工业企业主营业务收入/规模以上纺织4行业工业企业平均用工人数	中经网统计数据库，CSMAR
	3	纺织品服装贸易竞争力指数	贸易竞争力TC＝（中国纺织品服装出口额－进口额）/（中国纺织品服装出口额＋进口额）	中国纺织工业发展报告
	4	化纤出口竞争力指数	依据"HS54化学纤维长丝、短丝"贸易数据计算，化纤贸易竞争力TC＝（中国化纤出口额－进口额）/（中国化纤出口额＋进口额）	中经网统计数据库
	5	纺机出口额	中国纺织机械出口金额	Uncomtrade
	6	企业销售利润率	利润总额/主营业务收入	CSMAR，中经统计数据库
绿色化	1	工业二氧化硫排放总量	现有指标基础上对纺织行业（1.纺织业；2.纺织服装、服饰业；3.皮革、毛皮、羽毛及其制品和制鞋业；4.化学纤维制造业）统计值加总	中国环境数据库
	2	化学需氧量排放量		
	3	氨氮排放量		
	4	一般工业固体废物产生量		
	5	工业废气治理设施本年运行费用		

其中产业经济发展中第一个二级指标原来定为纺织产业增加值，但是没有获得产业增加值数据，用纺织产业主营业务收入代替，纺织产业主营业务收入是规模以上纺织4行业工业企业主营业务收入合计，包括纺织业，纺织

服装、服饰业，皮革、毛皮、羽毛及其制品和制鞋业，化学纤维制造业 4 个子行业数据合计。

纺织产业增加值增长率：计算方法为纺织业，纺织服装、服饰业，皮革、毛皮、羽毛及其制品和制鞋业，化学纤维制造业 4 个子行业，各年度 12 月累计同比增速平均值。

国内人均纤维消费量的计算方法如下：第一步是三大终端产业纤维消耗占纤维加工总量比重＊中国纤维加工总量＝三大终端产业纤维消耗量；第二步是三大终端产业纤维消耗量/全国常住人口＝国内人均纤维消费量。

数字化销售：为纺织工业电子商务销售额。

数字化研发：包括研发投入/营业收入和有效发明专利数量，后者依据 58 家纺织行业上市企业申请且授权的有效专利（包括：发明专利、实用新型专利、外观设计专利）加总，自授权日期起计算，有效期按照提供的专利有效时长统计。

数字化人员投入：58 家纺织行业上市企业各年度研发人员数量占比统计。

产业用纺织品占纤维消耗量的比重：产业用纺织品占纤维消耗量的比重。

规模以上纺织工业企业单位数合计：四类子行业企业数量之和（1. 纺织业；2. 纺织服装、服饰业；3. 皮革、毛皮、羽毛及其制品和制鞋业；4. 化学纤维制造业）。

人均主营业务收入：规模以上纺织四行业工业企业主营业务收入/规模以上纺织四行业工业企业平均用工人数（1. 纺织业；2. 纺织服装、服饰业；3. 皮革、毛皮、羽毛及其制品和制鞋业；4. 化学纤维制造业由于缺少 2012 年平均用工人数，故使用 2011 年用工人数替代 2012 年进行计算）。

纺织品贸易竞争力：2015—2019 年依据中国纺织工业发展报告的"中国纺织品成衣进出口贸易状况"计算得出，中国纺织品服装贸易服装竞争力 TC ＝（中国纺织品服装出口额－进口额）/（中国纺织品服装出口额＋进口额）。

化纤贸易竞争力：依据"HS54 化学纤维长丝、短丝"贸易数据计算，化纤贸易竞争力 TC＝（中国化纤出口额－进口额）/（中国化纤出口额＋进口额）

企业销售利润率：2012—2018 年数值由主营业务利润率＝利润总额／主营业务计算得出，数据来源于中经统计数据库；2019 数据由纺织行业利润率平均值计算得出（1. 纺织业；2. 纺织服装、服饰业；3. 皮革、毛皮、羽毛及其制品和制鞋业；4. 化学纤维制造业）来源于 CSMAR。

绿色化转型指标均来自中国环境统计数据库，纺织 4 个行业（1. 纺织业；2. 纺织服装、服饰业；3. 皮革、毛皮、羽毛及其制品和制鞋业；4. 化学纤维制造业）统计值加总。

通过上述方法获得 2012—2019 年 23 个二级指标的年度数据。

7.2.3 计算方法和指标权重确定

本文使用熵值法，通过五步计算纺织产业高质量发展水平。具体测算过程如下：

（1）数据的标准化处理，考虑到各指标的属性、量纲和数量级不同，易造成结果偏误，本文首先采用离差标准化法对数据进行去量纲处理，并在处理过程中对正向指标和逆向指标加以区分。

对于正向指标的处理：

$$q_{ij} = \frac{x_{ij} - \min(x_{1j}, x_{2j}, \cdots x_{nj})}{\max(x_{1j}, x_{2j}, \cdots x_{nj}) - \min(x_{1j}, x_{2j}, \cdots x_{nj})} \quad 式（7-14）$$

对于逆向指标的处理：

$$q_{ij} = \frac{\max(x_{1j}, x_{2j}, \cdots x_{nj}) - x_{ij}}{\max(x_{1i}, x_{2i}, \cdots x_{ni}) - \min(x_{1i}, x_{2i}, \cdots x_{ni})} \quad 式（7-15）$$

式中，$i=1, 2, \cdots\cdots n$，分别代表 n 个考察对象；$j=1, 2, \cdots\cdots, m$，分别代表 m 个指标；x_{ij} 为考察对象 i 指标 j 的原始数值，y_{ij} 为标准化之后的结果。

（2）经过标准化处理后，计算第 i 年份第 m 项指标的比重：

$$y_{ij} = q_{ij} / \sum_{i=1}^{n} q_{ij} \quad 式（7-16）$$

(3) 计算指标信息熵:

$$e_j = k \sum_{i=1}^{n} (y_{ij} \times \ln y_{ij})$$ 式（7-17）

其中，$k>0$，$e_j>0$，令 $k=1/\ln(n)$，n 为样本量。

(4) 计算信息熵冗余度:

$$d_j = 1 - e_j$$ 式（7-18）

(5) 计算指标权重:

$$w_i = \frac{d_j}{\sum_{j=1}^{n} d_j}$$ 式（7-19）

表 7-6 纺织产业高质量发展评价指标权重

一级指标	序号	二级指标	指标权重
经济发展	1	纺织产业主营业务收入	0.03756
	2	纺织产业增加值增长率	0.05709
	3	纺织品服装出口额占全球比重	0.03434
	4	纤维加工量占全球比重	0.08373
数字化	1	数字化销售	0.04519
	2	数字化研发投入	0.04653
	3	数字化研发产出	0.03538
	4	数字化人员投入	0.05631
供给要素与供给体系质量	1	高性能纤维产量	0.03345
	2	产业用纺织品占纤维消耗量的比重	0.03757
	3	大企业数量	0.02676
	4	服装家纺产品网上零售成交额	0.0390
产出质量	1	国内人均纤维消费量	0.02879
	2	人均主营业务收入	0.02503
	3	纺织品服装贸易竞争力指数	0.04723
	4	化纤出口竞争力指数	0.02973
	5	纺机出口额	0.03680
	6	企业销售利润率	0.05745

续表

一级指标	序号	二级指标	指标权重
绿色化	1	工业二氧化硫排放总量	0.05388
	2	化学需氧量排放量	0.04538
	3	氨氮排放量	0.04931
	4	一般工业固体废物产生量	0.02955
	5	工业废气治理设施本年运行费用	0.06383

资料来源：根据熵值法测算。

7.2.4 纺织产业高质量发展评价结果及分析

在上述五步计算的基础上，计算单指标评价得分，方法如下：

$$s_{ij} = w_i \times q_{ij} \quad \text{式（7-20）}$$

将单指标评价得分求和即可得到最终的中国纺织产业高质量发展指数，该数值介于 0—1 之间，数值越大表明中国纺织产业发展质量越高，最后得出高质量发展输出结果，如表 7-7 所示。

表 7-7　纺织产业高质量发展评价结果

年份	综合	经济发展	数字化	供给要素与供给体系质量	产出质量	绿色化
2012	0.126	0.066	0.000	0.015	0.015	0.030
2013	0.250	0.080	0.014	0.041	0.068	0.047
2014	0.349	0.075	0.029	0.058	0.127	0.059
2015	0.436	0.089	0.099	0.073	0.107	0.068
2016	0.563	0.061	0.124	0.078	0.135	0.165
2017	0.648	0.118	0.149	0.078	0.104	0.200
2018	0.667	0.105	0.152	0.096	0.102	0.211
2019	0.819	0.118	0.180	0.110	0.189	0.223

资料来源：作者测算。

从结果看，纺织产业高质量发展整体水平逐年提高，其中数字化、绿色化、产出质量的作用最近几年起到较大的作用，数字化和绿色化变化最为显著，上升较快；产业经济发展的作用比较稳定，变化不大；供给体系和供给质量指数也逐年稳定上升，但是上升幅度较小。

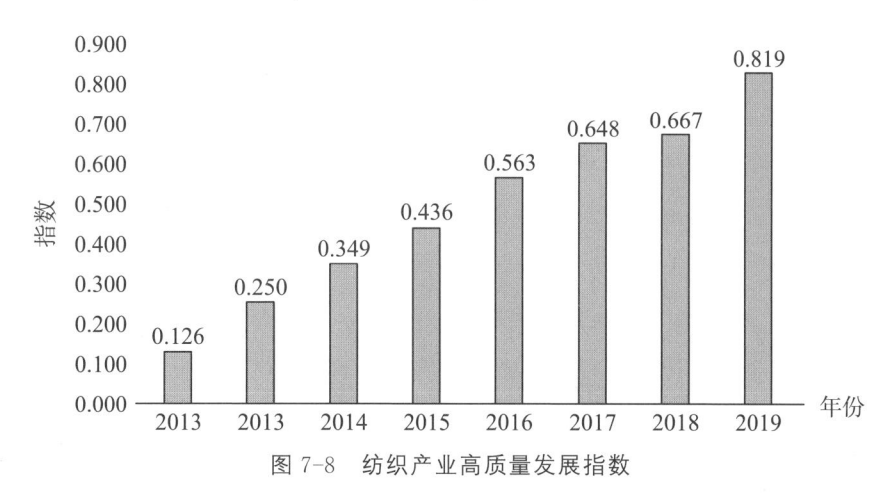

图 7-8 纺织产业高质量发展指数

资料来源：作者测算。

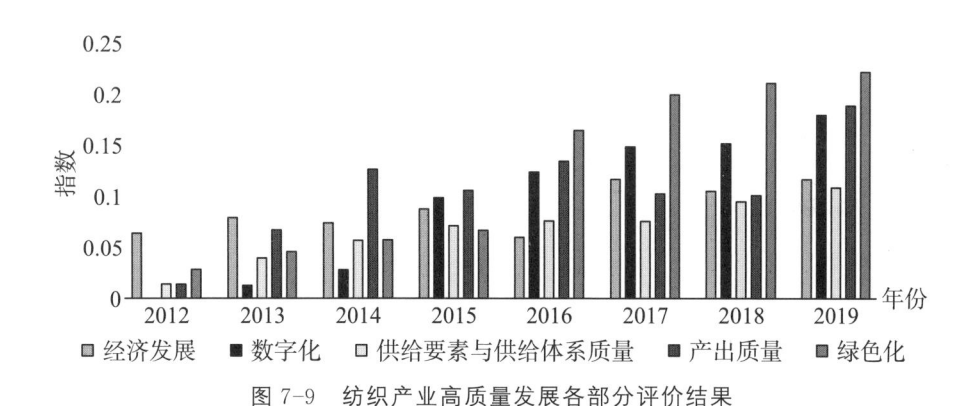

图 7-9 纺织产业高质量发展各部分评价结果

资料来源：作者测算。

第8章

中国纺织产业对外投资与高质量发展的实证检验

8.1 对外投资影响纺织产业高质量发展机制分析和研究假设①

纺织产业是中国传统支柱产业，也是重要的民生产业。中国改革开放四十多年来，已率先建成世界领先的全产业链现代纺织制造体系，成为全球纤维制品生产、出口和消费的第一大国，逐渐从第四次国际产业转移的"承接方"，转变为第五次国际产业转移的"投资方"。根据商务部数据测算，2003—2018 年，中国纺织产业对外直接投资 OFDI 累计达 97.96 亿美元，年均增速为 15.6%。然而，随着外部环境和中国要素禀赋的变化，市场和资源两头在外的国际大循环动能明显减弱。在此背景下，对外直接投资规模达到峰值后逐渐萎缩，中国纺织产业面临着如何利用 OFDI 外向集成全球资源（江小涓和孟丽君，2021）推进高质量发展的问题。

关于对外直接投资影响母国产业发展的研究，学术界有三类不同的观点：第一类认为 OFDI 推动了中国产业转型升级（彭继增等，2020；江小涓和孟丽君，2021；孙传旺和张文悦，2022；马广程等，2022）；第二类观点认为 OFDI 并没有显著地提升中国企业的生产率（苏莉和冼国明，2017）；第三类认为对外直接投资效应具有双面性或非线性特征（申晨等，2022；余鹏翼等，2022；朱洁西和李俊江，2022）。上述研究聚焦 OFDI 影响高质量发展的某一个因素，为本文提供了较好的理论依据。然而，中国生产函数正在发生变化，高质量发展成为现阶段多重约束下的最优解（刘鹤，2021）。从创新、协调、绿色、开放、共享的新发展理念研究 OFDI 与产业高质量发展的文献不足，学术界对产业高质量发展的评价指标体系也存在分歧（李金昌等，2019；张涛，2020）。在此背景下，从理论和实证层面深入研究新时期中国对外直接投资与产业高质量发展问题具有十分重要的意义。本文基于新发展理念，构建 OFDI 影响产业高质量发展的理论框架，采用扩展的投资引力模型，对 OFDI

---

① 本节内容部分选自赵君丽，张文秋. 对外投资与中国纺织产业高质量发展. 丝绸，2023，60（12）：17—27。

影响产业高质量发展的总体与细分、时间与空间的异质性进行探究,对仅聚焦于产业发展某一侧面的研究形成有益补充;验证 OFDI 促进产业高质量发展的路径机制,为传统制造业"走出去"与高质量发展提供启示。

8.1.1 OFDI 影响产业高质量发展的理论基础与研究假设

学界对 OFDI 影响母国产业发展的研究存在不同观点。多数学者认为 OFDI 可以促进母国生产率提高和产业结构升级(Macdougall,1960;朱文涛等,2019;李洪亚,2021;宛群超等,2019),提升其在全球产业链和价值链中的地位(刘钧霆等,2022)。中国企业技术寻求型 OFDI 有利于技术水平和生产率提升(李洪亚,2021),在中长期内可以促进整体经济增长(李钒和孙林霞,2018)。同时,OFDI 通过产业转移效应、技术进步效应和资源补缺效应及省域间的空间溢出效应推动了中国产业升级(卜伟和易倩,2015),但其作用强度可能呈倒"U"型特征曲线(宛群超等,2019)。从绿色低碳转型方面,部分学者认为 OFDI 通过逆向技术溢出机制对降低母国环境污染有益(欧阳艳艳等,2020;Hao et al.,2019)。也有少部分学者认为 OFDI 并没有显著地提升中国企业的生产率(苏莉和冼国明,2017),随着生产技术的更新换代,核心技术依旧由发达国家企业垄断,中国企业无法从根本上实现国际竞争力的提升(李童和皮建才,2019)。综合多数学者的研究,OFDI 对于母国生产率、全球价值链地位和绿色低碳转型具有促进作用,本文提出假设1。

H1:纺织产业 OFDI 有利于促进母国纺织产业高质量发展。

8.1.2 OFDI 对于产业高质量发展的影响机制分析

(1) 成本降低效应

"边际产业扩张理论"认为失去竞争优势的传统产业,可采取对外投资的方式推动产业升级(Kojima,2010)。寻求资源是中国向其他发展中国家顺梯度 OFDI 的主要动因之一(李童和皮建才,2019),其目的在于获得发展中国家丰富的生产要素,降低生产成本(刘海云和聂飞,2015)。因此,传统劳动密集型产业可凭借资源寻求型对外投资进行产业升级。据测算,1998—2009

年中国纺织业的劳动贡献率为 0.528，在国内劳动力和原材料成本上升的背景下，纺织产业作为劳动密集型产业逐渐失去传统优势（杨汝岱，2015）。中国纺织产业可以通过 OFDI 利用东道国劳动力或原材料资源降低生产成本，产生边际产业转移效应，促进母国产业转型升级和结构优化（Acemoglu and Linn，2004；张春萍，2012）。据此本文提出假设 2。

H2：纺织产业 OFDI 通过降低生产成本促进纺织产业高质量发展。

(2) 市场扩张效应

"需求引致创新理论"认为市场需求能够影响企业创新行为（Schmookler，1952）。纺织产业国际转移伴随着生产、销售和国际市场的扩展。纺织企业"走出去"伊始，通常先建立以贸易销售类公司为主的国际营销网络，以便更快地把握当地市场脉搏、增加国外订单、提高企业的总销量和利润率（范毓婷和刘卫东，2018）。东道国纺织品消费市场规模的快速扩张，可以促使规模经济和企业创新行为（Acemoglu and Linn，2004），有利于产业升级。进一步地，由于 OFDI 的出口创造效应和出口效率提升作用（张春萍，2012；王培志和孙利平，2020），中国纺织企业在东道国投资可带动纺织品出口贸易增加。据此本文提出假设 3。

H3：纺织产业 OFDI 通过扩展东道国纺织品消费市场促进纺织产业高质量发展。

(3) 逆向技术溢出效应

"技术地方化理论"和"技术创新产业升级理论"为发展中国家对外直接投资产生的逆向技术溢出效应提供了佐证（Lall，1982；Dunning and Tolentino，1993）。发展中国家以技术寻求型对外投资为杠杆，学习发达国家技术管理等战略资源（Mathews，2006）。中国纺织机械制造、高级布料生产和服装设计等环节与发达国家仍存在较大差距，借对外投资逆向技术溢出效应获得战略性资源，促使自主创新能力提升（沙文兵，2012）。通过向技术资源密集地区投资，中国纺织企业一方面利用当地技术资源，另一方面规避贸易壁垒（范毓婷和刘卫东，2018）。在互联网日益发展的同时，东道国数字基础设施建设和信息技术应用的提升对中国 OFDI 有正向影响（董有德和米筱筱，2019），互联网应用水平同时反映了创新知识接受程度和扩散水平（贾妮莎和雷宏振，2019）。通过互联网整合设计研发、供应链衔接、品牌和营销渠道，产生逆向技术溢出效应，促进数字化和绿色化水平提升。据此本文提出假设 4。

H4：纺织产业 OFDI 通过逆向技术溢出效应促进纺织产业高质量发展。

因此，OFDI 对高质量发展的影响机制可总结为成本降低效应、市场扩张效应、逆向技术溢出效应三条中介渠道，具体影响机制如图 8-1 所示。

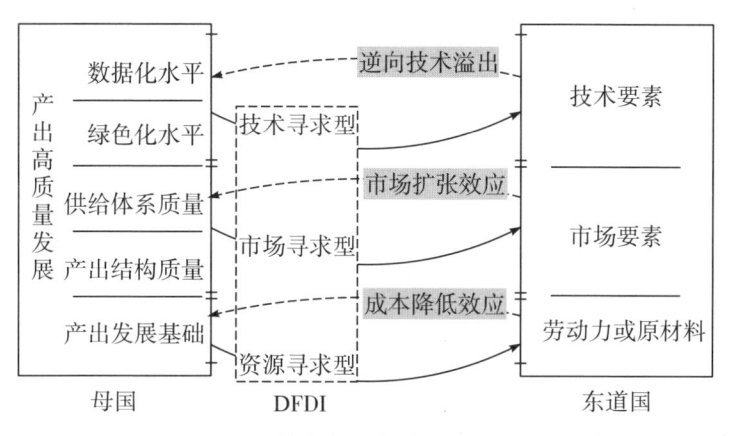

图 8-1　OFDI 影响产业高质量发展的分析框架

8.2 对外投资影响纺织产业高质量发展研究设计

8.2.1 模型设定及说明

本文采用扩展的投资引力模型，以中国纺织产业高质量发展为被解释变量，纺织产业对外直接投资为核心解释变量，以其他双边影响因素作为控制变量，构建如下基准计量模型：

$$Score_{it} = \beta_0 + \beta_1 \ln ofdi_{it} + \beta_2 X_{it} + \lambda_t + \mu_i + \varepsilon_{it} \quad 式（8-1）$$

式中：ln 表示取对数，i、t 分别表示国家和年份，$\ln ofdi_{it}$、$Score_{it}$ 分别表示 t 年中国纺织产业对 i 国直接投资和纺织产业高质量发展水平，X_{it} 为控制变量，λ_t、μ_i 分别为时间与国别固定效应，ε_{it} 为随机误差项。

在总效应回归之后，将 $Score_{it}$ 分解为产业发展基础、数字化水平、供给体系质量、产出结构质量和绿色化水平 5 个维度进行回归检验。

8.2.2 变量选择与描述

（1）被解释变量

中国纺织产业高质量发展水平（$Score$）。基于高质量发展的新理念、新要求及评价方法（李金昌等，2019；张涛，2020；金碚，2018；刘志彪，2018；王一鸣，2020；魏敏和李书昊，2018），立足于新格局下中国纺织产业"科技、绿色、时尚"高质量发展新定位（孙瑞哲，2018）和《纺织行业"十四五"发展纲要》，中国纺织产业应在贯彻创新、协调、绿色、开放、共享新发展理念的前提下，通过提质增效实现纺织产业更高水平、更有效率、更健康平稳地发展。具体包括：巩固产业发展基础，优化产业基础配置；促进科技创新要素参与，提升数字化智能化应用；提高纺织产业供给体系质量，促进产业协调发展；优化产出结构质量，向供应链更高端迈进；促进产业绿色发展，降低纺织产业污染物排放，增强产业环境治理效率，助力人与自然和谐发展。因此，本文参考纺织产业高质量发展评价体系（赵君丽和张文秋，2023），从产业发展基础、数字化水平、供给体系质量、产出结构质量和绿色化水平 5 个一级指标维度，选取 23 项二级指标，分别为纺织产业主营业务收入、纺织产业增加值增长率、纺织品服装出口额占全球比重、纤维加工量占全球比重、数字化销售、数字化研发投入、数字化研发产出、数字化技术人员投入、高性能纤维产量、产业用纺织品占纤维消耗量的比重、具有供给影响力的企业数量、服装家纺产品网上零售成交额、国内人均纤维消费量、人均主营业务收入、纺织品服装贸易竞争力指数、化纤出口竞争力指数、纺机出口额、企业销售利润率、工业二氧化硫排放总量、化学需氧量排放量、氨氮排放量、一般工业固体废物产生量、工业废气治理设施本年运行费用。运用熵值法测度中国纺织产业高质量发展水平。该数值介于 0~1，数值越大表明中国纺织产业发展质量越高，测算结果和变化趋势如图 8-2 所示。

2012—2019 年中国纺织产业高质量发展水平明显改善，整体上呈现增长趋势。从一级指标角度来看，扎实的产业发展基础与稳定的供给体系在各个阶段为产业高质量发展持续供能，产出结构质量在 2012—2014 年和 2018—2019 年有较为明显的阶段性优化提升。数字化水平和绿色化水平先后在 2014—2015 年快速提高，共同助推产业整体发展水平的提升。

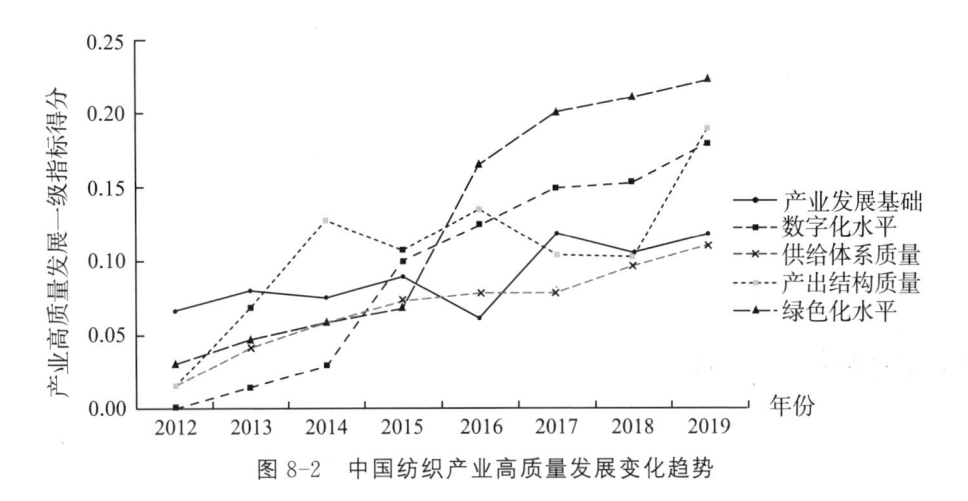

图 8-2 中国纺织产业高质量发展变化趋势

（2）核心解释变量

中国纺织产业对外直接投资规模（$\ln ofdi$）。2015—2019 年对外直接投资流量与存量数据来源于商务部发布的《中国纺织行业投资目的地及投资金额》数据快报，2012—2014 年纺织产业投资缺失数据，利用"中国全球投资跟踪"数据库进行匹配补充。

（3）中介变量

在探讨成本降低效应、市场扩张效应和逆向技术溢出效应作用机制时，选取纺织产业发展基础（electricity）、市场规模（gdp）、互联网基础设施（servers）和互联网用户比例（internet）为代理变量，分别采用东道国纺织产业电力消费量、国内生产总值、每百万人互联网服务器数量和互联网用户比例（贾妮莎和雷宏振，2019；韦东明和顾乃华，2021）来衡量。

（4）控制变量

参考文献（杨丽丽等，2018；傅帅雄和罗来军，2017），从东道国的宏观经济水平、要素禀赋结构距离、基础设施与营商环境角度选取控制变量，具体包括经济发展程度（pgdp）、技术（td）和劳动力（ld）禀赋结构距离、港口吞吐能力（port）、航空货运能力（freight）、清关便利度（clear）、社会安全指数（death）、审批成本（cost）和关税水平（tariff）变量，分别采用目的地人均国内生产总值、双边研发人员密度差、劳动力自由度差值、港口标准集装箱运送数量、航空货运载货量、海关清关天数、因战斗死亡的人数、企业初创流程成本占企业成本比重及各国对工业制成品征收的关税平均加权税率衡量。

8.2.3 样本筛选与数据说明

本文选取的考察期为2012—2019年，以中国纺织产业对外直接投资存量的面板数据为样本。据商务部快报数据统计，中国在此期间总计向56个国家（地区）进行了纺织产业相关投资。结合数据可获得性，剔除撤回投资样本及流向开曼群岛、英属维尔京群岛等离岸金融中心样本，本文最终确定49个投资目的地为研究样本。被解释变量各指标数据来源于中经网统计数据库、中国经济金融研究数据库（CSMAR）、《中国纺织工业发展报告》、《中国科技统计年鉴》、中国纺织工业联合会统计数据库、联合国贸易统计数据库、中国环境数据库。核心解释变量数据来源于商务部发布的《中国纺织行业投资目的地及投资金额》数据快报和中国全球投资跟踪数据库，控制变量数据来源于世界银行数据库、美国传统基金会经济自由度指数，并且对部分变量做相应的对数化处理。

8.3 对外投资影响纺织产业高质量发展实证结果分析

经检验模型各变量之间相关度较低，通过方差膨胀因子检验，得到VIF均值为6.12，远小于10.00。因此，模型不存在严重的共线性问题。通过Hausman检验确定使用固定效应模型，并使用混合效应模型和最小二乘虚拟变量模型作为稳健性检验参照。

8.3.1 总样本分析

首先,使用模型(1)对OFDI影响中国纺织产业高质量发展的总效应进行实证检验。表8-1中,第(1)列是仅对控制变量进行回归估计的检验结果,第(2)列显示仅加入核心解释变量时,$\ln ofdi$ 系数为0.0011且在1%的水平上显著为正,这表明核心解释变量可以在一定程度上对高质量发展指标进行解释。第(3)至(5)列显示在分别使用固定效应、混合效应和最小二乘虚拟变量模型(LSDV)后 $\ln ofdi$ 都通过了1%显著性检验,表明OFDI规模扩大对中国纺织产业高质量发展有显著的促进作用,假设1得证。

表8-1 总样本回归检验

变量	(1) 仅控制变量	(2) 仅核心解释变量	(3) 固定效应	(4) 混合效应	(5) LSDV
$\ln ofdi$	—	0.0011*** (0.0001)	0.0009*** (0.0001)	0.0008*** (0.0001)	0.0011** (0.0004)
控制变量	Yes	No	Yes	Yes	Yes
国别效应	Yes	Yes	Yes	No	Yes
时间效应	No	No	No	No	Yes
观测值	392	392	392	392	392
R^2	0.4256	0.3150	0.4904	0.4631	0.8954

注:"***""**""*"分别表示在1%、5%及10%的显著性水平上显著;括号内数据为标准误。表8-1~表8-6同。

其次,分解作用效果如表8-2所示,第(1)至(5)列分别为OFDI对产业发展基础、数字化水平、供给体系质量、产出结构质量、绿色化水平5个纺织产业高质量发展分解维度的回归结果。结果显示,OFDI对数字化水平、供给体系质量和绿色化发展具有促进作用,对产业发展基础负向影响较弱,但对产出结构质量具有显著抑制作用。具体而言,①在数字化、绿色化和供给体系层面,$\ln ofdi$ 分别在1%、5%和10%的水平下显著为正,系数分别为0.0051、0.0014、0.0003,这表明纺织产业"走出去"在提高国际资源利用效率的同时，有利于企业利用信息技术优化设计、生产与销售环节，提升供给影响力和环境污染治理能力，但由于生产环节污染物排放的阻滞周期长，OFDI 的绿色化提升效果需假以时日。②在产业基础和产出结构层面，$\ln ofdi$ 分别在 10% 和 1% 的水平下显著为负，系数分别为 −0.0007 和 −0.0022，可能的原因是 2018 年中国纺织行业向湄公河流域投资额全球占比为 51.31%（中国纺织工业联合会，2021），投资区位集中于亚洲 9 国，形成的替代效应对纺织产业增加值、产品结构和出口贸易产生抑制作用，这与"中国总体对外投资有显著出口创造效应"的结论（毛其淋和许家云，2014）相比，存在行业异质性。

表 8-2 分解回归检验

变量	(1) 产业发展基础	(2) 数字化水平	(3) 供给体系质量	(4) 产出结构质量	(5) 绿色化水平
$\ln ofdi$	−0.0007* (0.0004)	0.0051*** (0.0003)	0.0003* (0.0002)	−0.0022*** (0.0008)	0.0014** (0.0006)
控制变量	Yes	Yes	Yes	Yes	Yes
国别效应	Yes	Yes	Yes	Yes	Yes
观测值	392	392	392	392	392
R^2	0.6579	0.9706	0.9518	0.6714	0.9398

8.3.2 作用机制检验

为了识别对外投资促进作用的影响机制，本文运用中介效应分析方法，进一步构建模型（2）和（3）。其中，中介变量 M_{it} 包括要素成本降低效应、市场扩张效应和逆向技术溢出效应。参考 Baron and Kenny（1986）的方法，①在进行中介效应模型检验前，确定 OFDI 对纺织产业高质量发展具有显著影响。②将 M_{it} 对核心解释变量 $\ln ofdi_{it}$ 进行回归，若系数 b_1 显著则进行第三步。③将 $Score_{it}$ 对 M_{it} 进行回归，同时控制 $\ln ofdi_{it}$，若系数 b_1 和 c_1 均显著，则存在中介效应。

$$M_{it} = b_0 + b_1 \ln ofdi_{it} + \tau_t + \nu_i + \varepsilon_{it} \quad \text{式 (8-2)}$$

$$Score_{it} = c_0 + c_1 M_{it} + c_2 \ln ofdi_{it} + \kappa X_{it} + \tau_t + \nu_i + \varepsilon_{it} \quad \text{式 (8-3)}$$

(1) 成本降低效应检验。表 8-3 第 (1) 列显示 $\ln ofdi$ 在 5% 显著性水平上促进东道国纺织产业基础 (electricity) 提升，系数为 2.9248；第 (2) 列中 $\ln ofdi$ 和 electricity 均在 1% 水平上显著为正，系数分别为 0.0013 和 0.0001。模型通过 Sobel 检验后判断 electricity 是 OFDI 促进纺织产业高质量发展的部分中介变量，证实 OFDI 提升了东道国纺织产业基础，在合理运用当地纺织产业生产资源的同时具有要素成本降低效应，假设 2 得证。

(2) 市场扩张效应检验。第 (2)(3) 至 (4) 列实证结果显示市场规模 (gdp) 并非中介变量，市场扩张效应的中介作用路径未能得到证实，因此拒绝假设 3。在一定程度上可以认为海外市场对中国纺织产业的高质量发展带动作用较弱，由于 2010 年以后中国"国内市场扩大"而"外循环地位下降"（江小涓和孟丽君，2021），市场和资源两头在外的国际大循环动能明显减弱，经济发展转向更多地依靠国内大循环，在新的发展阶段纺织产业更应重视本土市场的消费需求。

(3) 逆向技术溢出效应检验。第 (5) 和第 (7) 列显示 $\ln ofdi$ 在 5% 显著性水平上为正，系数分别为 0.2390 和 0.0088，这表明 OFDI 有助于推动东道国网络基础设施建设水平（servers）与互联网用户比例（internet）的提升；第 (6) 和第 (8) 列显示 $\ln ofdi$、servers 和 internet 均在 1% 水平上显著为正，servers 和 internet 的系数分别为 0.0017 和 0.0191。Sobel 检验显示两者发挥部分中介作用，OFDI 可通过东道国互联网建设与发展产生逆向技术溢出效应，从而促进中国纺织产业高质量发展，假设 4 得证。综上所述，要素成本降低效应和逆向技术溢出效应是中国纺织产业 OFDI 促进国内产业高质量发展的重要途径，而市场化中介效应不显著。

表 8-3 中介作用检验

变量	(1) 纺织产业基础	(2) 高质量发展	(3) 市场规模	(4) 高质量发展	(5) 互联网基建水平	(6) 高质量发展	(7) 互联网用户比例	(8) 高质量发展
$\ln ofdi$	2.9248** (1.1926)	0.0013*** (0.0002)	−0.0032 (0.0200)	0.0013*** (0.0001)	0.2390** (0.0397)	0.0009*** (0.0002)	0.0088** (0.0039)	0.0012*** (0.0002)
M		0.0001*** (0.0001)		0.0039*** (0.0003)		0.0017*** (0.0002)		0.0191*** (0.0018)

续表

变量	(1) 纺织产业 基础	(2) 高质量 发展	(3) 市场 规模	(4) 高质量 发展	(5) 互联网基 建水平	(6) 高质量 发展	(7) 互联网用 户比例	(8) 高质量 发展
控制变量	Yes	Yes	Yes	Yes	Yes	Yes	Yes	Yes
Sobel test	0.021** [0.010]		−0.004 [0.022]		0.119*** [0.022]		0.047** [0.021]	
Mediation	Partial		No		Partial		Partial	
观测值	392		392		392		392	

8.3.3 稳健性检验

(1) 替换变量数据与分位数回归

首先，采用对外直接投资流量数据替换核心解释变量的方式进行稳健性检验，如表 8-4 和表 8-5 所示。表 8-4 第 (1) 至 (3) 列分别为固定效应、混合效应和最小二乘虚拟变量模型实证检验结果，$\ln ofdi$ 分别在 1%、1% 和 5% 的水平上显著为正，系数分别为 0.0006、0.0006 和 0.0007。表 8-5 第 (1) 至 (5) 列为分解作用的实证检验结果，$\ln ofdi$ 在 1% 水平上显著促进纺织产业数字化和绿色化水平，回归系数分别为 0.0039 和 0.0013。因此，OFDI 对纺织产业高质量发展总指标与分指标的作用效果与前文估计结果保持一致。其次，采用分位数回归估计法，选定被解释变量在分位数 (θ) 等于 0.20、0.40、0.60 和 0.80 处的样本进行分析。实证结果如表 8-4 的 (4) 至 (7) 列所示，当 θ 等于 0.20 和 0.40 时，OFDI 的系数在 5% 显著性水平下为正，系数均为 0.0002，随分位数的增加其回归系数递增且显著性递减。这表明 OFDI 具有阶段异质性作用：在纺织产业发展质量较低时，OFDI 促进效应更强；而当产业发展水平逐渐提升后，OFDI 正向促进作用减弱。上述结果表明，研究结论具有良好的稳健性。

表 8-4 总样本稳健性检验

变量	(1) 固定效应	(2) 混合效应	(3) LSDV	(4) $\theta=0.20$	(5) $\theta=0.40$	(6) $\theta=0.60$	(7) $\theta=0.80$
$\ln ofdi$	0.0006*** (0.0001)	0.0006*** (0.0001)	0.0007** (0.0003)	0.0002** (0.0001)	0.0002** (0.0001)	0.0003 (0.0002)	0.0003 (0.0004)

续表

变量	(1) 固定效应	(2) 混合效应	(3) LSDV	(4) $\theta=0.20$	(5) $\theta=0.40$	(6) $\theta=0.60$	(7) $\theta=0.80$
控制变量	Yes	Yes	Yes	Yes	Yes	Yes	Yes
国别效应	Yes	Yes	Yes	Yes	Yes	Yes	Yes
时间效应	No	No	Yes	No	No	No	No
观测值	392	392	392	392	392	392	392
R^2	0.4793	0.4492	0.8929	0.1971	0.2835	0.3505	0.4475

表 8-5 分解回归稳健性检验

变量	(1) 产业发展基础	(2) 数字化水平	(3) 供给体系质量	(4) 产出结构质量	(5) 绿色化水平
lnofdi	−0.0007*** (0.0003)	0.0039*** (0.0003)	0.0003* (0.0002)	−0.0014** (0.0006)	0.0013*** (0.0005)
控制变量	Yes	Yes	Yes	Yes	Yes
观测值	392	392	392	392	392
R^2	0.6361	0.9587	0.9419	0.6346	0.9315

(2) 内生性问题

在现实中可能因纺织产业发展水平提升而促进纺织企业对外直接投资，从而导致 OFDI 与纺织产业高质量发展存在双向因果关系，因此，采用面板工具变量法进一步控制内生性问题。参考韦东明等（2021）的做法，本文采用中国与东道国首都地理距离（DIS）作为纺织产业对外直接投资规模的工具变量。从相关性角度判断，双边地理距离近有利于中国企业对其投资。从排他性角度判断，双边地理距离不会影响一国产业总体发展水平的进步或衰退。综上所述，选用地理距离作为中国纺织产业对外直接投资的工具变量具有可行性。实证结果如表 8-6 所示，第（1）至（2）列报告了二阶段最小二乘法（2SLS）工具变量检验结果，正则相关性检验在 1% 水平上显著，拒绝工具变量识别不足的原假设。弱工具变量检验的 Cragg-Donald Wald F 统计值至少大于该指标名义显著性 5% 水平上的偏误值，拒绝存在弱工具变量的原假设，表明 DIS 是外生的。通过工具变量检验，$\ln ofdi$ 均在 1% 水平上显著为正，与前文论述一致，从而增强了结论的稳健性。

表 8-6 内生性问题讨论

变量	(1) 2SLS 检验	(2) 2SLS 检验
$\ln ofdi$	0.0017*** (0.0001)	0.0025*** (0.0004)
控制变量	No	Yes
国别效应	Yes	Yes
时间效应	No	No
Anderson LM statistic	145.184 (0.0000)	46.750 (0.0000)
Cragg-Donald WaldF	251.006 (16.38)	52.411 (16.38)
观测值	392	392
R^2	0.2022	0.0275

8.3.4 异质性检验

(1) 对外投资阶段性视角

依据纺织产业发展过程中不同的主导指标，本文将样本期划分为 2012—2016 年"基础提质"和 2017—2019 年"绿色转型"两组进行分阶段回归，如表 8-7 所示。在基础提质阶段，$\ln ofdi$ 的系数为 0.0006，且在 1% 的水平上显著，因而 OFDI 显著促进纺织产业高质量发展；在绿色转型阶段，$\ln ofdi$ 对供给体系与产出结构质量的影响均在 10% 水平上显著为正，系数分别为 0.0001 和 0.0052，相较于基础提质阶段 $\ln ofdi$ 对两者的显著负向影响，OFDI 在绿色转型阶段有利于供给体系与产出结构质量提升。分析认为，由于投资目的地集中在发展中国家和欠发达地区（范毓婷和刘卫东，2018），在"走出去"伊始，OFDI 引致的边际产业转移效应致使中国国内纺织产业供给体系与产出结构面临东道国纺织产业的竞争与替代。近年来，企业差异化投资策略与多样化目的地选择，形成了地域分工明确的生产网络，有利于中国纺织产业供给体系与产出结构的优化升级。

表 8-7 阶段异质性检验

组别	变量	(1) 总指标	(2) 产业发展 基础	(3) 数字化 水平	(4) 供给体系 质量	(5) 产出结构 质量	(6) 绿色化 水平
基础提质阶段	$\ln ofdi$	0.0006*** (0.0001)	0.0006 (0.0003)	0.0051*** (0.0004)	−0.0003** (0.0001)	−0.0053*** (0.0005)	0.0002 (0.0008)
	R^2	0.4078	0.3270	0.9586	0.9789	0.9353	0.8377
绿色转型阶段	$\ln ofdi$	0.0001 (0.0002)	0.0013* (0.0008)	0.0015* (0.0009)	0.0001 (0.0000)	0.0052 (0.0031)	0.0002* (0.0001)
	R^2	0.4665	0.2849	0.8261	0.9997	0.7438	0.9901

注：异质性检验过程已控制相关控制变量，表 8-8—表 8-9 同；2012—2016 年基础提质阶段和 2017—2019 年绿色转型阶段组别的观测值分别为 244 和 147。

(2) 经济发展水平差异视角

为了检验 OFDI 对母国纺织产业高质量发展的促进效果是否受东道国经济发展水平影响而存在异质性，本文依据 OECD 数据库将样本分为发达国家和发展中国家两组进行对比分析（本文提到的"国家"均指"国家或地区"），如表 8-8 所示。结果显示，在发达国家组别，$\ln ofdi$ 对产业高质量发展总指标的影响系数为 0.0006 且在 1% 水平上显著，在 5% 显著性水平上对绿色化水平的影响系数为 0.0023；在发展中国家组别，$\ln ofdi$ 的系数为 0.0002 且在 5% 水平上显著。上述结果表明，流向发达国家的 OFDI 对产业高质量发展的促进作用更显著，尤其是发达国家纺织行业较高的产品标准与生产技术对中国纺织产业绿色化转型的促进效果更明显。

表 8-8　经济水平异质性检验

组别	变量	(1)总指标	(2)产业发展基础	(3)数字化水平	(4)供给体系质量	(5)产出结构质量	(6)绿色化水平
发达国家	ln ofdi	0.0006*** (0.0002)	−0.0003 (0.0008)	0.0041*** (0.0005)	−0.0005* (0.0003)	−0.0042*** (0.0014)	0.0023** (0.0011)
	R^2	0.9153	0.6868	0.9855	0.9797	0.7803	0.9483
发展中国家	ln ofdi	0.0002** (0.0001)	−0.0007 (0.0005)	0.0054*** (0.0005)	0.0003 (0.0003)	−0.0030*** (0.0011)	0.0013* (0.0008)
	R^2	0.6038	0.6604	0.9699	0.9511	0.6845	0.9423

注：发达国家和发展中国家组别的观测值分别为 127 和 264。

(3)"一带一路"倡议视角

为考察投资流向"丝绸之路经济带"与"21 世纪海上丝绸之路"沿线是否存在异质性，本文依据"一带一路"统计数据库将样本分为"一带"沿线和"一路"沿线两组。表 8-9 的第 (1) 列显示：总指标层面，OFDI 对"一带"沿线样本的影响系数在 1% 水平显著为 0.0004，而"一路"沿线相关系数小且显著性弱，因而纺织产业对外投资促进效应在"一带"沿线更显著。一级指标层面，第 (2) 列表明 OFDI 流向"一路"沿线有利于巩固产业发展基础，第 (6) 列显示向"一带"沿线投资对纺织产业绿色化水平提升有正向影响。

表 8-9　"一带一路"异质性检验

组别	变量	(1)总指标	(2)产业发展基础	(3)数字化水平	(4)供给体系质量	(5)产出结构质量	(6)绿色化水平
"一带"沿线	ln ofdi	0.0004*** (0.0001)	−0.0003 (0.0006)	0.0046*** (0.0005)	0.0002 (0.0003)	−0.0034*** (0.0012)	0.0007 (0.0008)
	R^2	0.6997	0.6680	0.9766	0.9624	0.7288	0.9567
"一路"沿线	ln ofdi	0.0001 (0.0001)	0.0002 (0.0009)	0.0053*** (0.0007)	0.0005 (0.0004)	−0.0049*** (0.0018)	−0.0014 (0.0012)
	R^2	0.8702	0.6839	0.9801	0.9672	0.7498	0.9612

注："一带"沿线和"一路"沿线组别的观测值分别为 160 和 104。

8.4 结论与建议

8.4.1 研究结论

基于外向集成全球资源促进高质量发展的视角，本文采用2012—2019年中国纺织产业对外直接投资存量面板数据，实证检验对外直接投资影响产业高质量发展的机制与效果，通过变量替换、分位数回归、内生性讨论等稳健性检验及时空异质性检验后，得出如下结论：

（1）在总体指标层面，中国纺织行业OFDI规模扩大对中国纺织产业高质量发展有显著的促进作用。OFDI一方面通过东道国纺织产业良好的发展基础降低成本，另一方面通过互联网引致的逆向技术溢出路径促进产业高质量发展，但海外市场扩张效应不显著。

（2）在高质量发展具体内涵层面，OFDI对产业数字化水平、绿色化水平和供给体系质量具有促进作用；对产业发展基础负向影响较弱但对产出结构具有显著抑制作用，即OFDI对产品结构丰富性和出口贸易产生负面影响，该结果与中国总体OFDI显著的出口创造效应相比，存在行业异质性。

（3）OFDI影响产业高质量发展的效果存在时空异质性。时间上，相较于"绿色转型调整"阶段，对外投资在"基础提质"阶段的整体促进作用更强；在"绿色转型"阶段，有利于供给体系与产出结构质量提升。空间上，与流向"一路"沿线国家或发展中国家的投资相比，流向"一带"沿线或发达国家的投资，更有助于整体产业高质量发展和绿色化水平提升。

本文对于对外直接投资影响纺织产业高质量发展的作用效果与路径机制的探讨，可以为其他传统制造业"走出去"与高质量发展提供借鉴意义，也可对构建国内国际双循环相互促进的新发展格局提供重要的研究启示。

8.4.2 政策建议

基于前文的实证分析，本文从以下三个方面提出政策建议：

(1) 兼顾两类生产要素，实行差别化策略

对于正处于工业化中期的中国纺织产业来讲，在"走出去"的过程中要兼顾两种要素在两类市场的侧重，落实差别化行动策略：一方面是推动中国纺织产业剩余生产要素和生产能力在劳动力要素密集的发展中国家进行梯度转移，另一方面是重视从技术要素更密集的发达国家引进创意、设计、技术和管理等稀缺战略资源，以提升自身在世界纺织品市场的竞争力。

(2) 巩固与调整传统投资选择，提高投资效率

在保持产业梯度的基础上，继续通过 OFDI 提升中国纺织企业对东南亚和南亚地区劳动力生产要素、自然资源和消费市场的利用效率，促进纺织产业过剩产能的转移。同时，重视多样性选择以降低东南亚和南亚地区纺织产业集聚对中国纺织产品贸易的替代性。对于研发创新能力较强、市场容量大并且消费能力强的发达国家，可以有重点地通过合资、并购或设立创新研发与创意设计中心等方式，提高中国纺织产业研发与管理技术水平，促进纺织产业的数字化与绿色化转型升级。

(3) 规避不确定性风险，重视"一带一路"沿线纺织投资区位因地制宜的多样化选择

第一，由于丰富的劳动力要素资源对于 OFDI 促进纺织产业高质量发展有强大效果，"一带一路"共建国家中纺织产业基础较好并且劳动力丰富的国家可以作为投资选择参考。第二，考虑到发达国家纺织产业投资所带来的数字化和绿色化转型效应，同时，为应对发达国家政策调整导致的国际经贸环境不确定性，一方面可以选择"一带一路"沿线的中东欧发达经济体，进而将产品辐射欧洲甚至全球更多地区；另一方面也可以考虑"一带一路"沿线与发达国家存在贸易优惠政策的部分发展中国家，以达到一定程度的贸易壁垒规避效果。

第9章

中国纺织产业对外投资与高质量发展的案例研究

9.1 案例研究说明

本研究第 4、5、6 章采用实证方法，运用计量分析，从投资国因素、东道国因素、全球价值链角度对于中国纺织产业对外投资的制约因素、区位选择、转移模式、不同价值链环节的海外投资进行了实证检验。第七章评价了纺织产业高质量发展水平。第八章对海外投资与高质量发展关系进行了实证检验。为了更深入分析微观企业对外投资的问题，本章采用案例分析方法对纺织企业海外投资与高质量发展进行具体分析。案例方法可以解释现实，尤其是解释新兴市场企业之间的相互作用的复杂机制（Hoskisson et al., 2000）。一批中国纺织服装骨干企业通过主动进行全球垂直产业链布局和优质资源整合，致力于成为全球跨国企业集团。本章选取其中的申洲国际、红豆集团、山东如意、鲁泰纺织、雅戈尔、达丽、信泰、新业鸿八家典型企业，分别从区位选择、文化距离、制度因素、转移模式、不同价值链投资、融资约束角度剖析这些企业对外投资与高质量发展的问题。案例分析可以与上述几章的实证结果相互验证。

9.2 案例1：申洲国际对外投资的区位选择

9.2.1 申洲国际简介

申洲集团创建于1988年，其主体企业为宁波申洲针织有限公司，是一家集织布、染整、印绣花、裁剪与缝制四个完整的工序于一体的企业，是中国最大的纵向一体化针织服装制造商。申洲集团是2004年度中国最大的针织服装出口企业，也是中国出口至日本的最大的针织服装制造商，主要以代加工（OEM）方式为客户制造针织品。公司产品涵盖了所有的针织服装，包括运动服、休闲服、内衣、睡衣等。公司与国内外知名客户建立了稳固的合作伙伴关系，主要客户包括 UNIQLO、NIKE、ADIDAS、PUMA 等国际知名品牌客户。公司产品覆盖亚太及欧美地区市场，同时积极布局国际化产销体系。

生产基地位于宁波市经济技术开发区和越南,并在中国衢州市和安庆市、越南胡志明市和柬埔寨金边市设有制衣工厂,在上海、香港及大阪均设有销售办事处或代表处。

申洲集团公司出口为主,内销为辅。2017年公司实现收入180.8亿元,其中海外市场收入占比占主导,欧美市场持续扩大,日本市场较为平稳。2016年,欧洲地区已超越日本成为公司第一大海外市场,2017年欧洲地区收入同比增长30%至40.3亿元,近5年收入持续上升,年复合增长率23.4%。2017年美国地区收入同比上升53%至23.4亿元,5年来收入虽有波动但仍保持27%的年复合增长率。2017年日本地区收入同比增长4%至31.3亿元,较上一年虽有小幅增长但仍不及5年前水平,年复合增长率-2%。

2017年国内实现营收48.4亿元,占比27%。2013—2017年,公司收入年均复合增长率为15.8%,而国内收入年均复合增长率则高达26.2%,国内收入增长率的提升,主要得益于国际品牌在国内市场销售上升,以及国内市场消费需求的持续增长。

在国内生产成本上升和外贸不稳定的内外压力下,申洲国际开始了海外转移的步伐。如图9-1,公司最早于2005年在柬埔寨金边设立第一家制衣工厂,并在2011年启动柬埔寨二期新制衣工厂。柬埔寨制衣工厂的建立有效提升了公司产能,在提高公司综合竞争能力等方面发挥了重要作用。柬埔寨成衣工厂的建设使用为公司海外生产基地布局提供了成功的实践经验,公司2014年开始向越南转移,先后在越南建立面料生产基地、成衣工厂和特种面料工厂,形成海外基地纵向一体化生产模式。本案例重点分析申洲国际选择转移越南的影响因素。

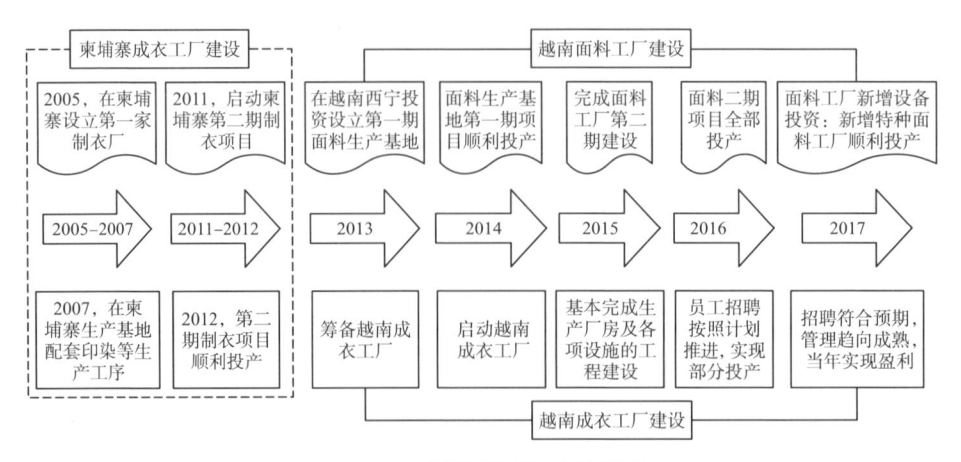

图 9-1 申洲国际对外投资进程

资料来源:根据公司网站相关资料制作。

9.2.2 申洲国际选择投资越南的东道国因素

越南是一个拥有 3260 多千米海岸线的临海国家,地处东南亚的中南半岛东部,国土面积 32.9 万平方千米,与柬埔寨、老挝、中国广西和云南接壤。越南国土较为狭长,毗邻中国南海、北部湾、泰国湾,拥有丰富的海洋资源和 43 个主要港口(其中北部 7 个、中部 17 个、南部 19 个)。越南国会第十次会议将全国划分为 58 个省和 5 个直辖市。此外,越南还有丰富的煤炭资源、石油天然气资源、铁铬钛等金属矿藏和磷灰石、高岭土等非金属矿藏。中国和越南各项对比情况如表 9-1 所示。

截止到 2022 年 4 月年,越南有 9920 万人口,是全球人口密度最高的国家之一。人口结构方面,越南人均年龄中位数仅 31 岁,是一个年轻的国家,低于中国人均年龄 37 岁,以及日本 46 岁。69% 的人口在 15—64 岁之间,65 岁以上的人口占比约为 7.9%,低于中国的 14.2%。越南总和生育率稳定在 2.0 左右的水平,与时代更替水平(2.1)相近,显著高于中国(1.3)。

(1)越南经济发展基本情况

1986 年越南革新开放至今,经济上取得较快的增长。2018 年越南 GDP 总量达到 2449 亿美元,实际同比增速 7.1%。2019 年,越南经济保持强劲上升势态，上半年实际GDP增速达到6.8%，其中制造加工业增长11.2%，服务业增长6.7%。越南主要出口产品逐渐从农产品和原材料等第一产业演变成机械设备等第二产业，表明越南正进入工业化时代。

随着越南政府逐步开放市场，放宽外资持股比例等政策，积极鼓励外商战略性投资，越来越多国家和地区带着先进的科学技术和资金涌向越南。2006年7月，越南宣布出台新《投资法》，正式宣布将外商投资和国内投资进行统一管理。取消之前诸多对外商的限制。2007年，越南宣布加入WTO，正式加入全世界的贸易体系，发挥自身海岸线绵长，港口众多的优势，吸引大量外资进入越南建厂。近年来，来自世界各地的投资者们更是将越南视为在东南亚的主要直接投资市场。其快速发展的经济、优越的自然条件、低廉的劳动力，种种优势助其腾飞，在新兴市场崭露头角。同时，随着越南加入WTO，逐步开放市场，放宽外资持股比例等政策，积极鼓励外商战略性投资，越来越多国家和地区愿意带着先进的科学技术和资金涌向越南，外国直接投资高速增长。根据越南外国投资局的资料，截至2018年10月，2018年FDI总额达到150亿美元。其中，47.5%投资来自制造业，20.4%投资来自房地产业；而且大部分外资投资主要来自亚洲国家，最大来源国是韩国，占所有外国直接投资的18.1%。

作为越南重要的邻国，中越两国之间存在许多共同点，例如经济发展模式、文化、风俗习惯、生活方式、消费心理、建设社会主义经济方面等。再加上中国推出"一带一路"的"五通"政策——政策沟通、设施沟通、贸易畅通、资金融通和民心相通，这些为两国之间开展国际直接投资活动拥有了坚定的支持和动力。

表9-1 中越各项情况对比

	越南	中国
国土面积	32.9万平方千米	约960万平方千米
人口	2022年约9920万人	2022年约14.12亿人
15—64岁人口占比	69%（2022年）	68.55%（2022年）

续表

	越南	中国
劳动力人口占比	51.3%（2021 年）	68.5%（2021 年）
劳动者人均月收入	440 美元（2022 年河内）	1407 美元（2022 年北京）；840 美元（2022 年成都）
人均消费支出占收入比重	约 40%（地区差异大）	66.53%（2022 年）
增值税	10%	13%
所得税	20%，部分工业区享受 10%，且 4 免 9 减半（0%，5%），不设消费税、城建税等其他税种	25%
纺织制品出口关税	0%（10%—30% 品类不同，美 14%，欧 10%）	美国 16%，欧盟 10%

资料来源：中国居民赴越南投资税收指南 2022，商务部，https：//mp.weixin.qq.com/s?__biz=MzAwMTIzNjY3OQ==&mid=2651033303&idx=1&sn=3fa73b7e750b021df9448263a011b12c&chksm=812be57bb65c6c69908694a1f1a485a7e3042fe4d8eb7e9ad1342bfc49179b08e75c7a051bd1&scene=27，下载日期 2024 年 1 月 5 日。

申洲国际选择在越南西宁省福东工业区建厂。福东工业区是越南最大的工业区之一，日韩企业进入越南投资较早（其中福东工业园中最早在 2005 年有韩国企业进入投资），中国企业 2013 年开始逐渐加快赴越投资的步伐。福东工业区内共有 21 家公司，其中中国公司数量最多，有 9 家；其次是韩国公司有 8 家；此外有 2 家英国公司、1 家越南公司、1 家文莱公司。而在 9 家中国公司中，有 5 家上市公司，分别为：百隆东方、鲁泰 A、申洲国际、赛轮金宇、好嚼（佩蒂股份全资子公司）。

（2）地理优势

申洲国际在越南转移地西宁省位于柬埔寨和越南的交界处，交通与贸易较为便捷，是越南西部大门以及南部主要经济区，是连接越南、柬埔寨和泰国的文化经济中心。所在的福东工业区坐落于越南西宁省展鹏（长鹏）县和鹅油县之间，占地面积 21 900 000 m²，与都市联合区合计占地 31 580 000 m²，现由 VGR 西贡投资公司负责开发，是越南橡胶工业集团直接投资的项目之一。工业区距离柬埔寨首都金边 188 千米，约 4 小时车程，距离柬埔寨与越南的 Moc Bai 边境大门约 20 千米，半小时左右车程，离胡志明市 52 千米，约两小时车程，离 Trans-Asia 高速 10 千米，距离最近的清福中转港 10 千米，协福集装箱港口 70 千米，距离新山一机场 50 千米，地理位置优越。

（3）配套设施支持

工业园区配套设施较为完备，规划建设的 4 个工业园电站，建设规模分别为 120 MW。园区附近有 2 条淡水河，油进湖储水量为 15.8 亿 m^3，东运河日供水量为 22 000 t，水质良好，适合纺织染整用水质。园区配件的水站，总占地面积 60 000 m^2，功率 300 000 t/d。现园区配套有 1 个污水处理厂，处理规模为 5000 t/d，另外一个污水处理厂已建设完成，还没有启用，处理量为 5000 t/d。

（4）成本优势

中越各项成本对比如表 9-2 所示。棉花成本占到棉纺企业总成本的 60%—70%，中国国内棉价受政府配额调控处于高位，内外棉价差持续存在，在越企业享受不限量低价棉；与国内相比，企业在无配额时可节省 2000 元/吨至 3000 元/吨的配额费。

表 9-2 越南与中国成本对比

各项成本	越南	中国
棉花成本	不生产棉，大部分棉从美国、澳大利亚、巴西、非洲进口，不受配额控制，进口税 0%	新疆棉（扎花厂直接采购等）+市场采购（兵团、贸易厂）+进口棉配额（根据出口产品的量分配），进口棉纱免关税
人工费用	1000—1800 元/月	3500 元/月
水费	1.8—2.4 元/吨	3—4 元/吨
电力成本	每度 0.42 元	每度 0.75 元（东部地区）
工业用地	一次性买断，根据园区不同 25—100 美金/平米，无土地使用税等，土地私有制	最低价格标准：最高等级 840 元/平米，最低等级 60 元/平米，另需缴税

资料来源：纺织贸促网，对外投资与贸易 http://www.ccpittex.com/zcqzt/jwcyyq/64483.html，2020 年 3 月 14 日下载。

相较于其他的东盟国家来说,越南的劳动力成本较低(图9-2),福东工业园地处展鹏县和鹅油县交界处,拥有丰富的劳动力人口,并且距离首都胡志明市较近,可以吸引高技能劳动者到这里务工。该园区建设比较成熟,是越南示范园区,管委会负责协调管理园区的后勤工作,包括员工的思想动态等,尽可能地提前预防和避免罢工等事件发生,以帮助企业解决生产的后顾之忧。园区内的水费为每吨 2.1 元,污水处理费是每吨 2.5 元,电费约为 0.42 元/度。

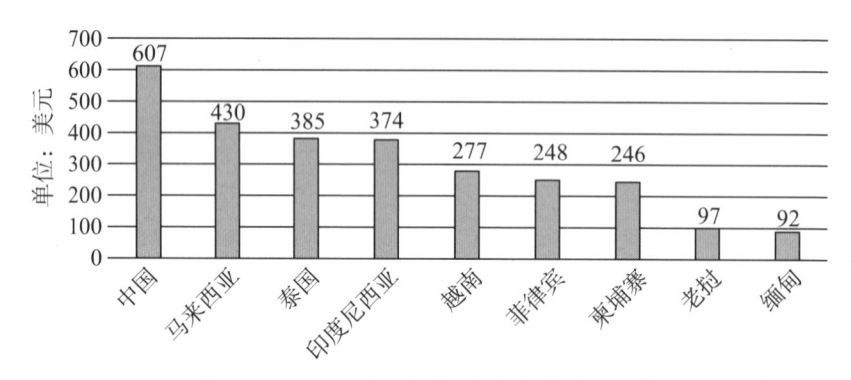

图 9-2　2022 年东南亚国家每月的基本工资

数据来源:2022 年度亚洲及大洋洲日资企业活动实况调查报告。

(5)税收政策优势

优质企业连续 15 年享受 10% 的企业所得税税率,并享受"4 免 9 减半"的税收优惠,进一步降低企业成本;越南对福东工业园区采用的税收政策和中国进行比较,结果如表 9-3 所示。

表 9-3　中越税收政策比较

国家	本地增值税	出口销售增值税	收入所得税	进项税范围	税负率
中国	17%	征 17%,退 16%	25%	扣除范围小	5%
越南	10%	0%	22%,优惠至 10%,4 年免税,9 年减半	扣除范围广	1.6%

资料来源:纺织贸促网,对外投资与贸易,网址 http://www.ccpittex.com/zcqzt/jwcyyq/64483.html,2020 年 3 月 14 日下载。

(6) 贸易环境

越南政府积极和海外主要经济体签订贸易协定以促进出口,与多个纺织进口大国享受低关税甚至零关税协定(出口欧盟10%,日本0关税),出口关税远低于中国;同时避免了中美贸易战的不确定性,越南直接出口优势凸显。

9.2.3 申洲国际在越南经营情况

申洲国际自2013年越南面料工厂项目启动以来,仅仅四年时间里,越南生产基地员工已经发展壮大为1.6万人,占公司总人数的20.7%。公司在越南投资兴建项目逐渐增多,非流动资产比例快速提升,至2017年规模已经扩展至31亿元,占公司总非流动资产总额的37%。在产业链建设上,越南面料工厂的新增设备投资,促进公司上游业务生产能力大幅提升,为国内基地的设备更新改造提供了产能弥补;在越南的成衣工厂技能培训进展顺利,管理水平趋向成熟;越南新建特种面料工厂顺利投产,完成了管理和技术人员的储备培养,为进一步产能规模扩充打下了基础。公司2017年收入同比增长20%至181亿元,其中海外业务收入为133亿元,占比达到73%。目前越南产能占公司总产能近1/3,其中越南面料工厂产能约为200吨/天,成衣工厂产能约为4000万件/年。

(1) 面料厂经营情况

公司自2013年9月在越南南部西宁省设立第一期面料生产基地以来,已经陆续完成两期项目的建设及投产,并于2017年进行新增设备投资,同年新建特种面料工厂顺利投产。2017年越南面料工厂产能达200吨/天,未来3—4年越南基地面料产能有望与国内持平。越南面料生产基地与柬埔寨成衣工厂毗邻,面料运输更为便捷,海外成衣工厂的交期明显缩短;生产基地的国际化布局满足了客户分散采购来源地的需要,在部分国家亦可享受进口环节低关税的优惠。面料工厂生产能力大幅提升,有效保障了公司产能和业绩理想增长,除供应越南和柬埔寨成衣工厂的面料需求外,也满足了中国大陆成衣工厂的部分面料短缺。

(2) 成衣厂经营情况

为充分利用越南面料生产基地的产能，公司于 2014 年启动越南成衣工厂建设，2015 年完成成衣工厂工程建设后，生产效率稳步提升，开始为公司全部核心客户提供产品服务。2017 年，在员工规模和效率提升的带动下，越南成衣工厂的产量快速提升，单位成品的固定成本分摊明显下降，并首年度实现了盈利。2017 年越南成衣工厂产能约为 4000 万件/年，占公司总产能的 10%。

9.2.4 申洲国际对外投资越南遇到的问题

(1) 员工的工作稳定性差，工作效率较低，企业招工困难

越南就业人口 5274 万，约占总人口的 58%。但随着越南各大工业园区的建设与发展，劳动密集型产业诸如轻工业、电子业等也需要占用大批的劳动人口，企业在当地经营将面临招工困难的挑战，且员工的工作效率也相对不高。

(2) 用工成本逐年攀升

越南共划分成四个区①，各区域的最低工资标准与下一区域相比均存在 10% 的增幅。此外，企业给雇员提供了良好的工作环境与生活条件，以此来提高企业员工的归属感与稳定性。但是，近年来越南的劳动力成本在逐年提高，2022 年一名普通越南工人的工资水平约为 277 美元/月，且正以 10% 的涨幅连年攀升。

(3) 产业链发展不够完善

越南纺织产业链的发展还缺乏相关的配套设施，纺织原料、面料等多依靠进口，而中国已经成为越南纺织面料的主要进口国家。多数中国纺织企业在越南生产制造各种下游产品，是为了保障自身上游企业的生产使用投入。

---

① 越南区域划分：越南政府发布 182/2013/ND-CP 规定，按企业、庄园、个体户、合作区和其他个人及组织工人的最低工资水平，把越南分成四个片区。一区的最低工资是 270 万越南盾（780 元），二区每月 240 万盾（约 693 元），三区每月 210 万盾（607 元），四区每月 190 万盾（549 元）。并于 2014 年 1 月 1 日开始执行。当时的汇率是 1 元人民币约合 2889 越南盾。

所以，中国纺织企业需要对市场需求与企业的客户资源进行全面系统的考量，从而实现上游纱线的产能输出与下游服装的市场需求相配套。

(4) 环保投入较大

对于纺织印染行业走出去进行对外投资而言，多数企业除注重考量生产成本、物流速度、交通便利因素外，也特别重视污水排放标准的设置。越南并未设定发布染整行业的总体污水排放标准，而是实行越南工业排放的统一标准。这一标准相较于中国染整污水的排放标准而言更加严苛，所涉及的项目种类也更多样，企业环保投入较大；水电杂费单价较低，但受高温潮湿气候因素影响用量较高，总体价格优势不明显。

(5) 安全问题

越南的政治环境相对较为稳定，但也存在工人罢工事件频发的问题。2014年5月13日，越南平阳省工业区内发生严重的暴动事件，众多中国企业因此遭受损失。企业在越南进行投资，是为了能够和在柬埔寨等周边国家开设的投资项目相辅相成，从而提高企业对外投资的安全性。

通过上述分析，申洲国际是比较典型的出口带动投资的企业，在区位选择中，越南成为选择的东道国的原因包括地理优势、成本优势、税收等，但是越南劳动力成本日益增加，专业技术人员的缺乏，劳动力成本优势减弱。水电杂费单价较低，但受高温潮湿气候因素影响用量较高，导致总体成本优势不大。作为以代工模式生产的申洲国际，其"两头在外"的特点，吸引企业投资越南的主要原因是：进口端受益于全球低价棉的自由进口采购；出口端享受越南与纺织进口大国欧美日等优惠的贸易条件；越南境内所得税和土地使用税相较国内都有明显优势。即进口、出口和税收优惠三方面的优势叠加是吸引企业投资越南的主要原因。

9.3 案例2：文化距离与红豆集团投资柬埔寨

中国与全球化智库曾对中国进行对外投资的企业进行了一次调查，结果显示：国际化人才、文化距离和企业管理水平是企业对外投资效益高低影响因素的前三名,其中文化距离排在第二位,由此可见,文化距离是中国企业对外投资区位选择决策的重要因素之一。基于上述背景并考虑到第5章文化距离的实证部分的数据只更新到2015年,存在一定的时效性问题,因此本研究用案例分析的方法进行补充探讨。

9.3.1 红豆集团简介

红豆集团有限公司(以下简称红豆集团)是一家大型民营企业集团,成立于1957年,历经几十年从一家民营乡镇企业发展成为拥有3万多名员工的大型上市公司,集团实行多元化经营的战略,触及纺织、房地产、医药、橡胶等行业。纺织行业占据红豆集团的半壁江山,主要包括T恤、西服、衬衫、羊毛衫以及休闲装等,以及上游的毛线、纱线以及印染等营业范围。旗下有"红豆男装""红豆家纺"和"小红豆童装"等3000余家一系列连锁品牌专卖店,曾荣获中国名牌、中国驰名商标、出口名牌等,在中国百强服装业中名列前茅。

红豆集团产品在国内覆盖了28个省、市、自治区,在国外出口销往日本、美国、澳大利亚、俄罗斯等20余个国家和地区。红豆集团外贸业务中,欧洲市场占有最大比例,达到50%—60%,美国市场占35%,日本市场占10%—15%左右,市场分布较为平衡。图9-3和图9-4分别为红豆集团2012—2022年的财务状况,由图可知集团经营稳步提升,从总体上,总营收和净利润变化均处于上升的趋势。

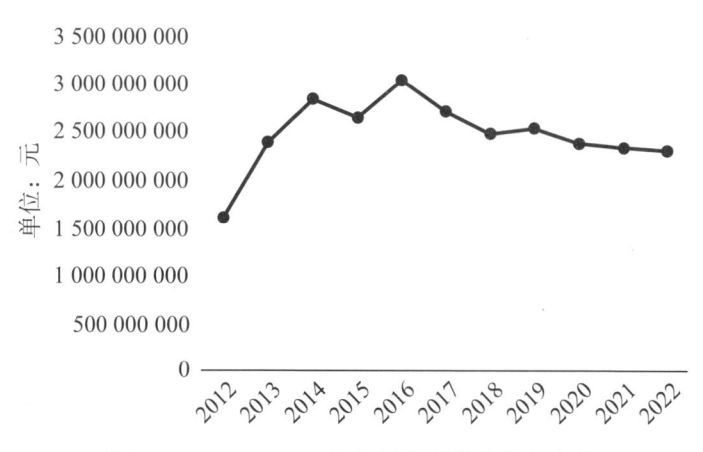

图 9-3　2012—2022 年红豆集团营业收入变化

资料来源：CSMAR 数据库。

2022 年红豆集团实现营业收入 23.14 亿元，同比下降 1.22%，实现归属于上市股东的净利润 0.16 亿元，同比大幅下降 79.6%。截至 2018 年 12 月末，红豆股份共有门店 1338 家，相比 2017 年末的 1093 家净增 245 家，其中红豆男装直营店 66 家，加盟联营店 1272 家。对于业绩情况，红豆在业绩报告中称，公司总营业收入同比下降 8.89% 主要是 2017 年尚有房地产销售 7.78 亿元，剔除房地产销售后总营业收入为 19.47 亿元，同比增长 27.48%。其中公司男装业务营业收入 23.4 亿元，同比增长 28.23%。报告期内归属于上市公司股东的净利润 2.07 亿元，同比减少 66.06%，主要是 2017 年 5 月出售控股子公司红豆置业股权确认的收益的影响，剔除以上因素，归属于上市公司股东的净利润同比增长 15.12%。

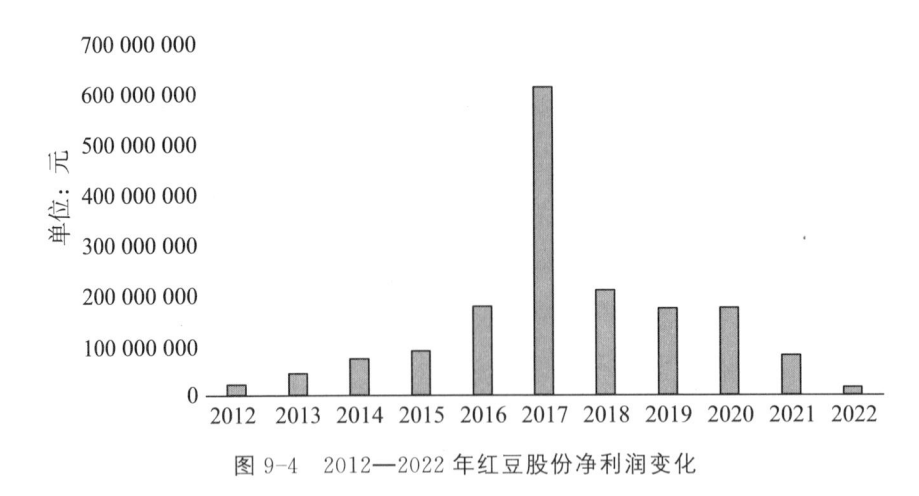

图 9-4　2012—2022 年红豆股份净利润变化

资料来源：CSMAR 数据库。

9.3.2 红豆集团的对外投资历程

红豆集团对外投资的发展历程如图 9-5 所示，可以从图中看出红豆集团从 1993 年在日本设立株式会社时，开始了对外投资的步伐，对外投资国家包括日本、美国、柬埔寨、新加坡、西班牙、孟加拉国和越南等。

在日本大阪设立红豆株式会社	在美国洛杉矶设立分公司	在美国纽约、日本东京设立分公司	在香港设立办事处	在柬埔寨牵头建设西港特区	在新加坡、西班牙设立海外分支	与孟加拉国和越南加工工厂合作
1993 年	2001 年	2002 年	2005 年	2007 年	2015 年	2015 年后

图 9-5　红豆集团对外投资的历程

资料来源：根据红豆集团官网等相关资料制作。

红豆集团有十多家子公司，面临资金、土地、劳动力成本等制约因素，红豆集团在新加坡、日本、美国和西班牙等多国设立了境外分支机构。2007 年红豆集团积极响应国家"走出去"政策，牵头打造了西哈努克港经济特区，特区规模为 11.13 平方千米，是中国第一批境外经贸合作区，现在该地区已成为柬埔寨批准设立的 9 个经济特区中最大的一个，也成为中国纺织企业成功转移生产基地的案例。红豆集团在西港特区设立南国制衣有限公司和红豆国际制衣有限公司两家工厂来生产纺织服装产品，成功地将企业的生产基地转移到了极具优势的柬埔寨，降低了纺织产品的生产成本，提高了企业的国际竞争力，这是其在东南亚布局的第一步，将服装订单在经济特区进行生产，享受柬埔寨的优惠各项政策，大大降低了生产成本，而西港特区也成为中国纺织企业将生产基地转移到东南亚的成功案例，为中国企业提供了一定的借鉴意义。

9.3.3 对外投资国家的文化距离

(1) 不同国家文化维度得分

从上面分析，红豆集团开展对外投资与合作的国家包括日本、美国、柬埔寨、新加坡、西班牙、孟加拉国和越南 7 个国家，经霍夫斯泰德网站可以查询到中国与这 7 个国家在 6 个分文化维度上的得分，绘制可得到图 9-6。

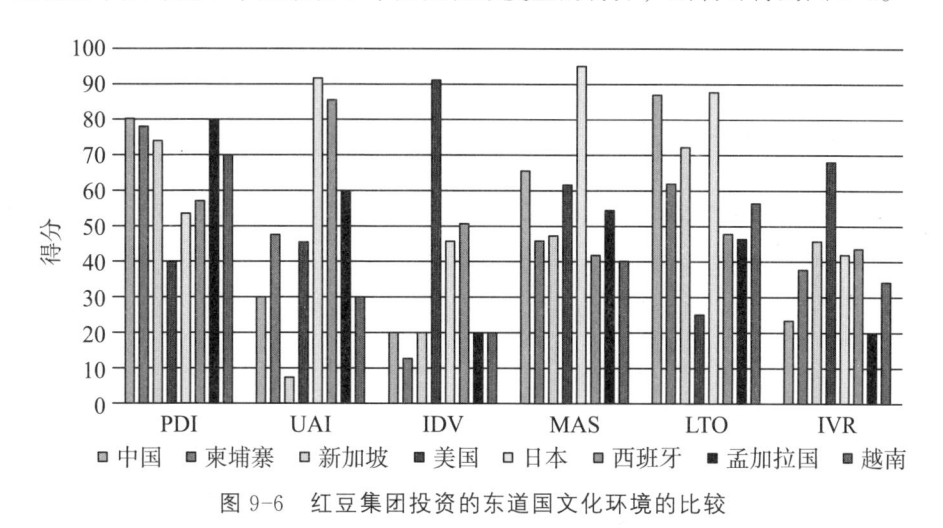

图 9-6 红豆集团投资的东道国文化环境的比较

数据来源：霍夫斯泰德文化研究中心。

霍夫斯泰德从文化的 6 个维度出发对某个国家的文化环境作出评估。根据中国在这 6 个分文化维度的得分，对中国和柬埔寨的文化环境作如下对比分析。

权力距离为 80 分，表明中国内部倾向权利集中，人们一般都习惯于听从领导的安排和管制，柬埔寨得分比中国低，中国比柬埔寨权力集中程度高。

不确定性规避为 30 分，表明中国规避不确定风险的意愿低，人们通常保留一定的原则但是以一种较为随意的态度生活，而柬埔寨得分较中国高，说明其对不确定性规避的意愿大于中国。

个人主义为 20 分，表明中国属于集体主义社会，崇尚集体利益优先，人们往往忠诚于集体、忍让别人和不愿意打破情面，在公司上班注重同事间的人际氛围，柬埔寨得分比中国低，说明其国民比中国更注重集体主义。

男性化得分为 66 分，表明中国相对倾向于男性化国家，人们渴望追求成功的事业并愿意为之付出更多的时间甚至休息时间，柬埔寨得分比中国低，说明其社会的女性化特征明显，人们之间较为平等团结，以妥协或协商的态度解决冲突，并且十分看重工作和生活质量。

长期取向为 87 分，表明中国务实程度极高，企业追求可持续稳定发展并且可以为实现长期目标而放弃短期利益，柬埔寨得分比中国低，说明其务实程度没有中国高。

纵容得分为 24 分，表明中国是约束型国家，认为享乐主义是在浪费生命，人们通常习惯于克制自己的欲望，努力拼搏，生活拘谨，柬埔寨与中国相似，但是没有中国的约束程度高。

（2）文化距离比较

利用 KSI 公式计算这些国家的文化距离值得到：柬埔寨＜新加坡＜越南＜孟加拉国＜日本＜西班牙＜美国。柬埔寨是红豆集团对外投资区位选择中文化距离相对最小的国家，较其他国家具有明显优势。柬埔寨国家的人民温和，华人华侨比例占其总人数的 5.04%，本土文化与中国的文化接近，中国企业对柬埔寨 OFDI 更容易获得当地民众的文化认同感，有利于红豆集团顺利地进入柬埔寨市场。

新加坡与中国的文化距离次之，新加坡是一个移民国家，其文化大都是中国文化，红豆集团对其 OFDI 产生的"外来者劣势"效应小。

越南和孟加拉国是亚洲发展中国家，文化距离虽然较柬埔寨和新加坡大，但是二者在国内有大量廉价的劳动力，非常适合纺织企业布局生产基地。此外，将各国历年来的 GDP 进行对比，发现越南和孟加拉国在亚洲发展中国家中 GDP 规模和增长率较高，说明二者的市场规模和潜力较好，由此得出红豆集团对越南和孟加拉国的 OFDI 具有一定的市场和效率寻求动机，从而对文化距离对其在发展中国家投资带来的不利影响起到一定的调节作用。

日本、西班牙和美国与中国的文化差异大，但红豆集团选择在这三个国家设立分支机构，主要是市场需求动机，同时，发达国家的战略资源丰富，中国纺织企业在纺织机械、面料生产和成衣设计环节较为薄弱，向发达国家学习其研发、设计和管理水平，以提高自身品牌形象，由此得出红豆集团对日本、西班牙和美国的 OFDI 具有一定的市场寻求和战略资源寻求动机，从而对文化距离对其在发达国家投资带来的不利影响起到一定的调节作用。

(3) 企业选择柬埔寨的文化距离的原因

为进一步了解文化距离对红豆集团 OFDI 区位选择和企业运营造成的不利影响及解决办法，本研究对红豆集团的中层管理人员进行了问卷调研和访谈，从调研和访谈结果中了解到柬埔寨有如下文化特点：

①柬埔寨的用工制度均按照本国劳动法执行，当地的员工非常熟悉劳动法，很懂得用法律保护自己，有时甚至会通过工会或者使用极端的方式如罢工来达到自己的诉求，这就要求企业要严格按照劳动法去经营。

②柬埔寨人民普遍有较强的家庭观念，几乎不会加班并会花很多时间来陪伴家人，这会降低企业的盈利能力，对此企业可以提出精益生产管理理念，试行计件制以提高工人的工作积极性，也可以适当引入智能化设备以减少对员工的依赖程度，还可以制定可行的培训计划以提升多技能工的占比。

③柬埔寨国民生活安逸，人们大都没有储蓄概念，工资发多少就花多少，对此企业可实施日结工资的制度满足当地员工的消费需求。

④柬埔寨人民认为左手污浊，使用左手被视作是没有礼貌的表现，他们还认为头部神圣切勿触碰，因此企业在使用语言或者肢体语言进行沟通和交流时，要特别注意当地的禁忌，避免引起不必要的争端。

9.3.4 影响对外投资的其他因素分析

除了文化距离外,红豆集团选择在柬埔寨投资建办园区,还基于其他方面的考虑,如地理位置、税收政策、劳动力资源和配套设施等方面的优势,都是中国企业对柬埔寨投资的有利影响因素,下面将展开具体的分析。据了解,目前到柬埔寨投资设厂的中国纺织企业已超过400家,到孟加拉国投资的中国纺织企业则将近100家。在接受记者采访中,大多数中国纺织企业认为,之所以选择在柬埔寨投资设厂而不选择孟加拉国主要有两个原因:一是柬埔寨的文化习惯与中国类似;二是孟加拉国较柬埔寨离中国要远。

(1) 地理优势

柬埔寨与中国的地理距离很近,其首都与北京的直线距离仅为3351千米,中国多地开通了直飞柬埔寨的航班;柬埔寨拥有独特的地理优势,地处东南亚交通枢纽位置,与越南、老挝和泰国接壤,航班前往其他东盟国家平均只需要1.5小时。

西港经济特区位于柬埔寨的第二大城市——西哈努克市,地理位置极具优势,特区靠近西港国际机场,通过四号国道连接首都金边,拥有国际级深水港码头——西哈努克港口,沿海交通便捷,海陆空均可提供便利顺畅的交通运输。此外,近年来柬埔寨基础建设的全面发展,为柬埔寨经济发展注入极大动力,并进一步彰显了柬埔寨的地理优势。

(2) 贸易政策优势

相比越南,红豆集团在柬埔寨投资设厂则有很多的好处。一是两国关系好,柬埔寨给予企业的优惠政策多;二是柬埔寨属于落后国家,世界给予了柬埔寨很多优厚的待遇;三是柬埔寨的经济发展起点低,以后发展的机会也多。由于柬埔寨属于落后国家,美、欧、日等28个国家给予柬埔寨普惠制待遇(Generalized System of Preference,简称GSP);对于自柬埔寨进口纺织服装产品,美国给予较宽松的配额和减免征收进口关税、欧盟不设限、加拿大给予免征进口关税等优惠措施,吸引了以中国(含港、澳、台)为首的纺织服装出口受限国家和地区来柬埔寨投资。而越南通过10年的经济发展,经济体系已经大体成型了,发展空间有限;越南并不是最落后国家,所以出口欧美并不会完全免税,并且出口有配额限制。

(3) 税收优势

柬埔寨对外来企业有优惠政策,所以,红豆集团将9年免税收,也不用付欧美出口税,另外,企业从中国进口的原料等也不用支付进口税,等等。据计算,如果将这些因素加在一起,红豆集团将节省40%的成本。红豆集团已经将柬埔寨视为"工业加工"的基地。能够免出口税、无配额限制、无反倾销顾虑、不存在贸易壁垒与贸易摩擦。此外,柬埔寨政府十分重视西港经济特区的发展,大力鼓励企业前来投资生产,为此实行了一系列相应的优惠政策,具体如表9-4所示,由表中所列内容可知,红豆集团在园区内投资建办公司较国内可节省大量的税费。

表9-4 柬埔寨政府的税收优惠政策

税种	生产企业
土地使用税	免税
利润汇出税	免税
出口税	免税
进口税	生产用的机械设备、零配件、原材料等免税
企业所得税	最多可以免税9年,免税期过后,所得税为20%
增值税	生产设备、建筑材料等增值税为0%

资料来源:根据柬埔寨西港特区相关资料整理。

(4) 劳动力优势

柬埔寨是人口出生率极高,城市家庭平均每户两个孩子,农村家庭很多都是5个孩子。柬埔寨人口结构趋于年轻化,平均年龄为24岁,有劳动能力的群体占比约为64.3%,近年来柬埔寨的总劳动力总数一直处于上升态势,可以说,柬埔寨劳动力数量十分充足。

图 9-7　2012—2022 年柬埔寨劳动力总数

数据来源：世界银行。

相较于其他的东盟国家来说，柬埔寨的劳动力成本很低，详见图 9-2，2022 年每月基本工资最低为 246 美元，2014 年每月基本工资最低为 120 美元，仅高于老挝和缅甸，在劳动密集型产品生产上具有较大的比较优势。

(5) 政治经济优势

①稳固的政治环境。柬埔寨国内政局稳定，政府关注民生，注重经济发展，治安环境良好。在国际上，柬埔寨奉行永久中立和不结盟政策，和绝大多数的国家关系保持良好的关系。中柬两国是友好近邻，传统友谊深厚。柬埔寨明确表示支持中国的"一带一路"倡议，并鼓励中国企业到柬埔寨投资设厂。

②开放的经济体制。柬埔寨是世界上经济自由度较高的国家之一，不实施外汇管制措施，汇兑风险较低，允许资金自由出入，在柬埔寨投资的企业可以完全控股，柬埔寨政府为了吸引外商投资，出台了一系列法规，这都有利于吸引各国到柬埔寨投资。此外，柬埔寨具有巨大的经济发展潜力，在东盟国家中增速最高，被誉为东亚经济新虎。2010—2018 年经济增长率均保持在 8% 以上，可见其经济发展的势头十分强劲。

③注重纺织产业的发展。柬埔寨发展极其倚重纺织行业，主要是因为纺织业占柬埔寨出口的 96% 和 GDP 的 13%。目前，柬埔寨制衣业出口量占全国出口工业产品的 75%。柬埔寨所有的出口服装，约 20% 出口美国，4% 出口加拿大，其余的则出口欧盟。

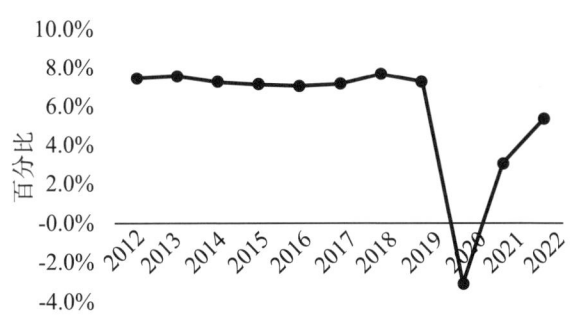

图 9-8　2012—2022 年柬埔寨 GDP 增长率

数据来源：世界银行。

(6) 配套设施优势

由于柬埔寨的投资环境优越，不仅吸引了大量的纺织企业前往投资建厂，还吸引了银行、物流和单证等多个行业公司聚集投资，园区内的配套设施（详见表 9-5）越来越齐全，政府还实现了"一站式"行政审批制度，为企业投资提供便利。

表 9-5　西港地区产业配套情况

项目	产业配套情况
土地	价格优惠，量身定制厂房，土地租赁 20—50 年
人才	红豆大学，西港培训中心，提供员工技能培训
基建	基础通信覆盖良好，网络、电话等一应俱全
安保	物业安全、安保等配套一应俱全
水电	建设有两家电厂，充足供应

资料来源：根据柬埔寨西港特区相关资料整理。

9.3.5 投资柬埔寨的建议

通过对红豆集团投资柬埔寨的案例分析，可以看出红豆集团能够较好地规避和解决中柬文化差异问题。目前柬埔寨已经成为企业 OFDI 投资的首选区位选择之一，建议中国企业对柬埔寨 OFDI 注意以下问题：

(1) 提前掌握情况。企业 OFDI 区位选择决策的正确性与其对东道国的了解程度息息相关，企业 OFDI 前期应通过中国驻柬经商机构或者其他正规渠道获取相关信息，考察调研建厂附近的自然环境，这些都是缩小中柬文化距离的有力举措。

（2）严格遵循法律法规。柬埔寨用工均按照劳动法执行，工人对劳动法非常熟悉。红豆集团在整个园区的建设中，始终聘请当地的律师作为法律顾问进行一系列的指导，确保所有的流程和手续都符合柬埔寨的法律法规，这也大大推进了其对柬 OFDI 进度。

（3）处理好与工会的关系。柬埔寨有 10 个势力强大的工会组织，其中，一些与政府相关，一些与反对派相关，投资的企业难以把握工会，有时职工会通过工会或者使用极端的方式如罢工，来达到自己的诉求，工厂生产将受到极大影响。

（4）了解当地的文化习俗。企业应学习一些常用的当地语言，主动关心当地员工的工作和生活情况，在当地用日常语言或肢体语言进行沟通和交流时，要特别注意柬埔寨的禁忌，避免引起不必要的争端；此外，柬埔寨为佛教国家，企业在运营时应注意尊重当地员工的宗教信仰。

（5）密切关注与当地劳工的关系。为了能够健康可持续地运行，中国纺织企业应该尽可能地招聘当地员工并培训其纺织专业技能，这也和当地政府的"技术人才本土化"倡议相契合。此外，柬埔寨的节假日很多，对此企业应根据自身运行情况适当调整工期或针对这些节日发放相关的福利，以表明企业对当地传统节日的重视，同时也能够很好地拉近与柬埔寨员工的雇佣关系。

9.3.6 文化距离对企业对外投资选择的影响机理

本节选用红豆集团投资柬埔寨的案例作为研究对象，从文化距离和其他因素解读柬埔寨对红豆集团的投资吸引力，并总结了中国纺织企业投资柬埔寨需要注意的问题，以期为中国纺织企业的对外投资区位选择问题提供一定的借鉴意义。

值得注意的是，基于总文化距离的分析中，本研究发现投资动机对文化距离对中国纺织企业对外投资区位选择有调节作用，在对部分发展中国家对外投资区位选择中，市场和效率寻求动机发挥调节作用；在对部分发达国家对外投资区位选择中，战略资源寻求动机发挥调节作用。由于选取的案例具有典型性，且结合以往学者关于企业投资动机的研究，本研究认为案例部分得出的结论是可靠的，由此绘制出文化距离对中国纺织企业对外投资区位选择的影响机理图。（图9-9）

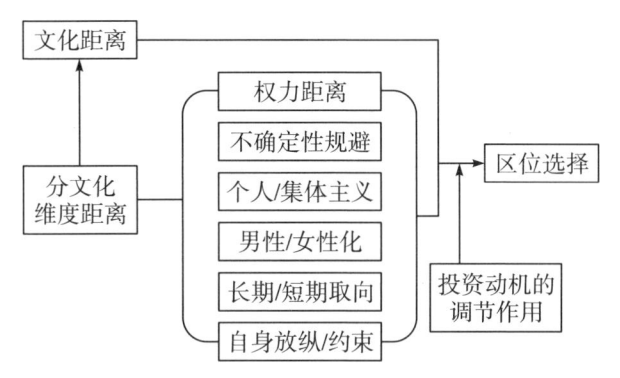

图 9-9 文化距离对对外投资区位选择的影响机理图

资料来源：作者自绘。

9.4 案例3：山东如意对外投资模式选择

9.4.1 山东如意简介

山东如意集团成立于1972年，前身是山东省济宁毛纺厂，2000年以前，如意一直致力于毛纺行业的做大做强，2004年起进军棉纺行业。到2014年，如意集团已成功跃居全国纺织行业500强企业第一位。根据山东如意2016年年报显示，截至2016年12月31日，如意总资产高达44.2亿元，归属上市公司股东的净利润达3 276.7万。在拓宽企业业务领域的同时，如意集团积极拓展企业规模，在国内掀起了一轮并购热潮，使得如意的实力得到迅速的提升。图9-10为山东如意在国内纺织行业的扩张之路。

```
1983年与上海         1991年收购         1999年收购东      2003年收购山
服装厂合作成    →   济宁印染厂    →   丽针织公司    →   东临邑澳泰纺
立服装公司                                                 织有限公司
                                                               ↓
2015年与中国       2009年并购        2006年山东嘉达      2004年汶上天
信保签订战略  ←   山东樱花纺   ←   纺织有限公司成  ←  容纺织有限公
合作协议           织集团           为全资公司          司加盟
```

图 9-10　山东如意国内并购发展图

资料来源：作者根据山东如意官网资料整理。

9.4.2　山东如意对外投资进程

在对国内产业进行并购整合的同时，山东如意开始谋求向跟高端的产业上游进军。如今，如意已经同时拥有两家上市子公司，一家在国内 A 股上市，另一家在日本上市，在国内外拥有 20 个全资和控股子公司。表 9-6 为山东如意截至 2016 年海外主要子公司一览表。

表 9-6　山东如意海外主要子公司一览表

子公司名称	投资国别	形成方式	持股份额	主营业务
SMCP 有限公司	法国	合资并购	80%（控股）	品牌销售
信实纺织有限公司	印度	合资新建	49%	纺织品加工
澳大利亚 Bell and Barnett 公司	澳大利亚	合资并购	80%	棉花生产与加工
德国派纳公司	德国	合资并购	主要控股	男装生产、品牌销售
瑞纳株式会社	日本	合资并购	41%	品牌销售、高端制造
澳大利亚伦普利羊毛公司	澳大利亚	合资并购	80%	羊毛生产与加工

资料来源：作者根据收集到的资料自行整理。

为更加直观的展示山东如意在全球产业布局的扩张路径，作者根据山东如意官网、商务部对外投资名录等渠道将收集到的山东如意旗下海外子公司的资料按照原料端、生产端和品牌端三个环节划分绘制成图，从图 9-11 可以清晰地看到山东如意海外并购正式开始于2010年后，此时正是中国纺织行业发展的瓶颈时期，面对来自国内外市场的压力，山东如意另辟蹊径，将企业长远发展的规划投眼于海外，在原料供给、加工生产和品牌培育三个方面进行了综合的规划，产业转移也摆脱了传统的向低成本区域的转移，反其道而行之向高端生产和品牌培植发力。

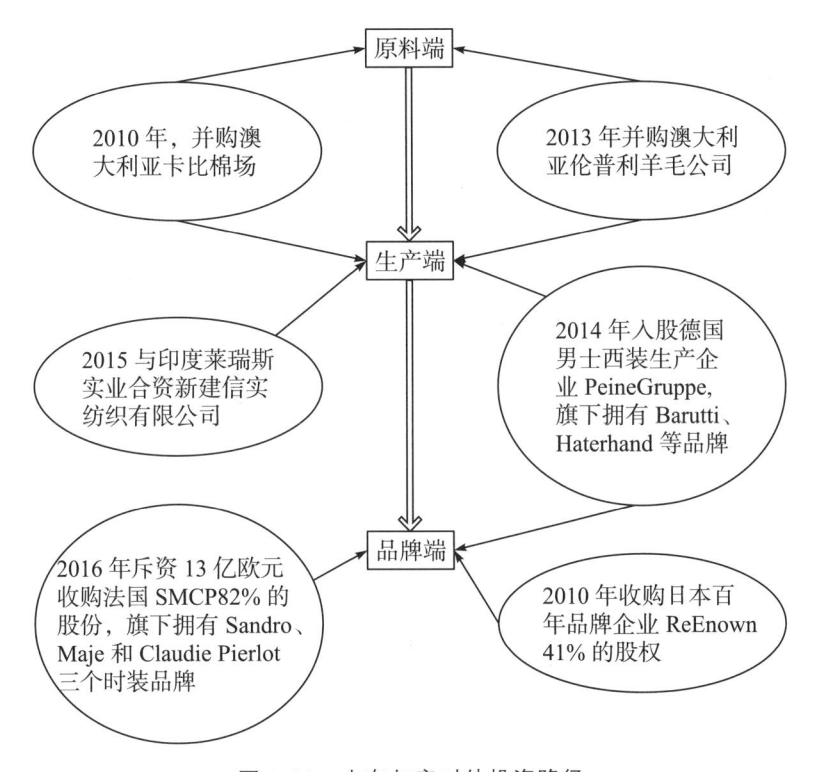

图 9-11 山东如意对外投资路径

资料来源：作者根据收集到的资料自行绘制。

9.4.3 制度距离对山东如意转移模式的影响

通过对山东如意子公司所在国别，成立方式以及主营业务的分析可以发现制度距离对其转移模式有着深刻的影响。

（1）转移倾向制度距离更大的发达国家

表 9-6 给出了如意海外子公司的主要分布国家和地区，其子公司主要分

布在法国、德国、日本、澳大利亚和印度，以上 5 个国家中，前 4 个均为发达国家，仅有印度一个发展中国家，且如意在印度设立的子公司也是从事纺织品的加工生产。图 9-12 给出了上述 5 个国家与中国在正式制度距离和非正式制度距离方面的差距，正式制度距离和非正式制度距离的数据均由 K-S 测算得出。从图中可以看到除印度外，其他四国与中国的制度距离都较大，在 4 个发达国家，如意并购的子公司以品牌销售为主，制度距离较大的发达国家意味着有着更加完善的市场机制和法律环境，在并购方面流程更加透明。

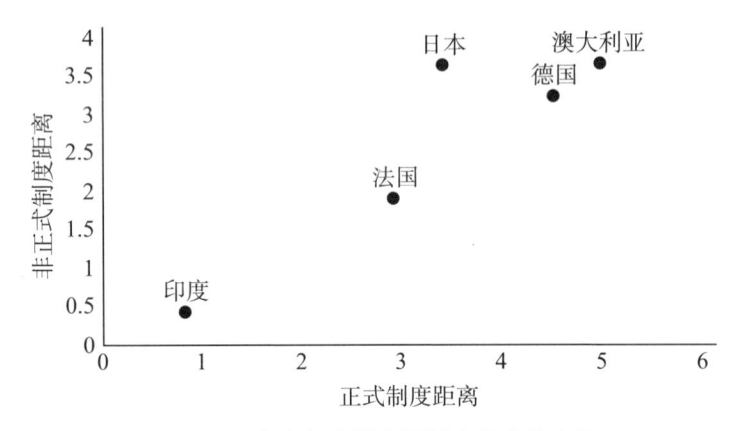

图 9-12 山东如意投资国制度距离散点图

资料来源：作者根据收集到的制度距离数据绘制。

(2) 投资模式以合资并购为主

山东如意对外投资中模式的选择上也具有很强的特点，不同鲁泰纺织的全资布局，山东如意更倾向于以合资的形式进入东道国，这并不是因为如意自身的资产不够雄厚，而是因为如意更侧重于对品牌的培植。目前中国还未形成世界知名的服装品牌，品牌的培植不仅要靠资金的支持更要靠时间的积淀，中国纺织行业虽然具有悠久的历史但一直都以加工制造为主，因此，要想在短期内拥有属于自己的知名品牌，最快捷的方式就是直接并购国外已有的知名品牌，这一点也在山东如意的海外布局上得到了很好的体现。在本研究结论中，合资背景下，制度距离越大（包括正式制度距离和非制式制度距离），企业越倾向于以并购的方式进入东道国，这一结论也得到了很好的体现，山东如意在 4 个发达国家子公司的获得均通过合资并购的方式。从制度距离的角度分析，面临较大的制度距离时，企业为避免风险损失，会倾向于选择合资的股权策略，同时为了进一步减轻企业进入东道国后的合法性危机，可以选择借助本土已有的企业，获得该企业已拥有的本土优势。

（3）投资动机的调节效应

第 5 章中提到在合资背景下，面对更大的制度距离特别是正式制度距离，在市场寻求动机的调节下企业会转而选择绿地模式，这是因为绿地能更好的保证母公司对子公司的控制程度，但在如意的实际案例中，面对较大的制度距离压力，如意依旧选择的是合资并购模式，这是否意味着推翻本研究的一般结论呢？答案是否定的，这是因为投资动机的调节作用。如意在发达国家并购的子公司多以获得已有品牌优势为目的，在投资动机的划分上更偏向于资源和战略寻求型，即寻求已有的品牌资源优势，进一步巩固母公司的全球战略布局，因此市场寻求动机的调节作用自然无法显著，如意依然会选择合资并购的模式，这与本研究第 5 章的结论并不违背。另一方面，如意在印度设立的信实纺织有限公司则从正面肯定了第 5 章的一般结论，印度信实纺织有限公司是如意与当地知名纺织企业瑞莱斯共同合作的，瑞莱斯现有的纺织业务是瑞莱斯的基础业务，它在印度纺织市场享有盛名，尤其是在精纺毛织物和合成花呢织物部分。印度是人口大国，市场前景广阔，如意进军印度更看中的是印度的市场背景，因此在市场寻求动机的驱动下，如意会转而选择合资绿地模式，以保证母公司对子公司的控制程度，并利用合资伙伴尽快打入印度市场。

9.5 案例 4：鲁泰纺织不同价值链环节对外投资的影响因素

9.5.1 鲁泰纺织简介

鲁泰纺织成立于 1987 年，是一家以纺织服装生产为主的综合性纺织企业，通过近 30 年多的发展，鲁泰纺织从最初的代理加工生产，逐步发展成为集产业上游的棉花种植到产业中游纺纱、制衣等一体的具有综合垂直生产能力的纺织服装企业集团。除中上游的生产加工外，鲁泰纺织还积极向营销、设计等前端进军，着眼产业国际布局，目前鲁泰纺织已成为世界规模最大的高档色织面料生产商和国际一线品牌衬衫制造商之一，在延长自身产业链的同时，鲁泰纺织更加重视技术研发与创新，多次获得国家级创新奖项，图 9-13 直观地展示了当前鲁泰纺织产业链生产全景。

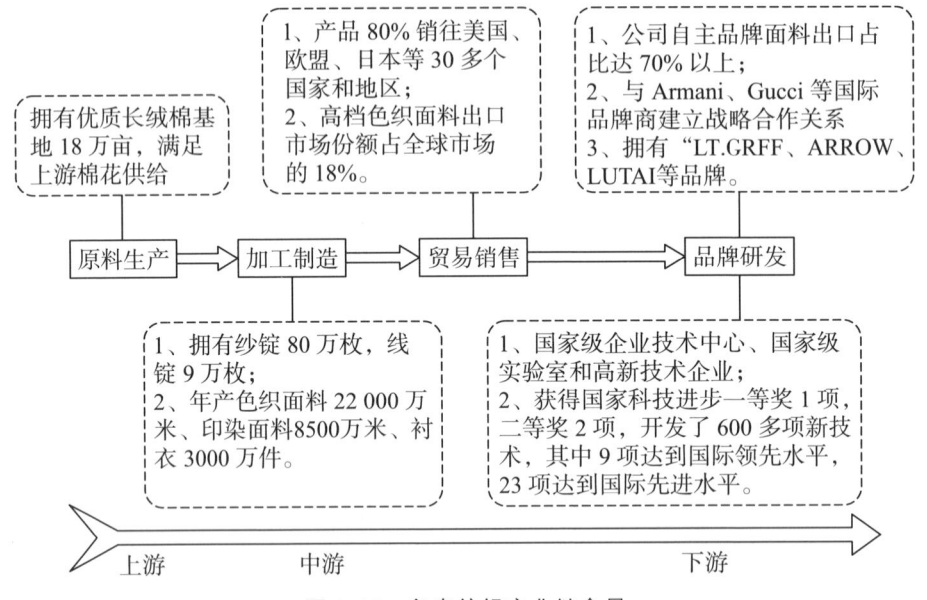

图 9-13　鲁泰纺织产业链全景

资料来源：作者根据搜集到的资料自行整理。

9.5.2　鲁泰纺织对外投资的价值链环节

自 2014 年开始，鲁泰先后在柬埔寨、缅甸和越南三个国家设立了生产制造基地，覆盖纺纱、漂染、织布、整理、成衣加工等环节。目前鲁泰位于柬埔寨和缅甸的成衣加工工厂年产高档衬衣能力分别达到 600 万件和 300 万件；其越南制衣工厂则分三期建设，计划产能为 900 万件，前两期 600 万件已投产。此外，鲁泰还在越南西宁省设立了纺纱和色织布生产基地，一期 6 万锭和二期 7.6 万锭纺纱生产线已全部投产；色织面料已形成 3000 万米生产能力,另外 4000 万米色织面料扩产项目正在施工中。凭借国内外多个生产制造基地的设立,鲁泰集团有效提升了向全球客户提供优质服务的能力,国际化布局也不断得到完善。

鲁泰纺织 2022 年度报告显示,截至 2022 年 12 月,鲁泰已在美国、缅甸、新加坡 3 个境外国家设立了 3 家境外全资子公司,设立的子公司涵盖生产和销售两个重要产业环节,表 9-7 为鲁泰纺织目前的海外子公司情况简介。

表 9-7 鲁泰纺织海外子公司一览表

子公司名称	主要经营地	形成方式	业务性质	母公司持股
鲁泰(美国)	美国	设立	批发零售业	100%
万国服饰	缅甸	设立	制造业	100%
天平国际	新加坡	设立	批发纺织品和皮革、控股公司	100%

资料来源:作者据鲁泰纺织 2022 年公告整理。

表 9-7 中给出了鲁泰纺织各海外子公司的主营业务,从鲁泰纺织全球布局中可以明显看出,投资到东南亚地区的企业以加工生产为主,而投资到美国的子公司则是为了开拓美国市场。即鲁泰纺织对外投资是具有全球价值链投资的特点,将低端制造价值链环节转移到成本更低的东南亚地区,而将销售和研发价值链环节转移到欧美发达国家。

9.5.3 制度因素对鲁泰纺织不同价值链环节投资的影响

进一步分析鲁泰纺织海外子公司的设立方式、设立国家、主营业务等方面特点,可以发现鲁泰纺织的海外投资呈现以下特征:

(1)转移国家制度环境相近

鲁泰纺织产业转移的国家先后包括了柬埔寨、越南、缅甸这 3 个东南亚国家,另一个子公司则是以开拓市场为主的美国,但在整体上以东南亚国家为主。这些东南亚国家除较为低廉的劳动力成本外,吸引鲁泰进入的则是由于他们与国内相近的制度环境。图 9-14 是鲁泰纺织海外投资 4 国的制度距离散点图,图中的正式制度距离和非正式制度距离数据均是通过 K-S 法测算后得出,从散点图中可以看到柬埔寨、越南、缅甸3国在正式制度距离和非正式制度距离方面与中国都比较相近,而美国的制度环境差距则较大。

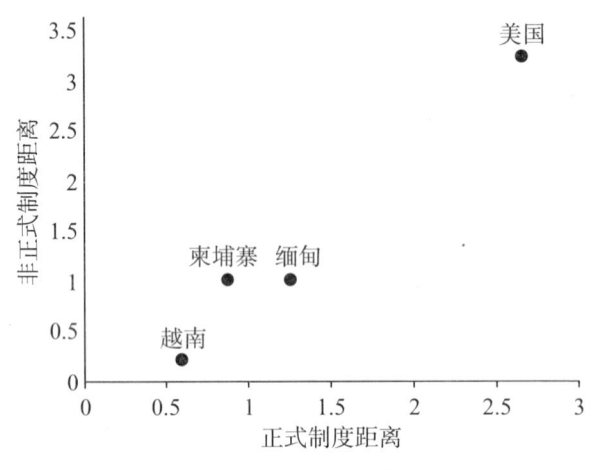

图 9-14　山东如意投资国制度距离散点图

资料来源:根据作者计算出的制度距离数据绘制。

(2) 转移模式以独资绿地为主

从表 9-7 鲁泰纺织海外投资子公司一览表中可以看出,鲁泰纺织在进行海外投资时,选择的模式均为独资绿地模式。对此可用从制度距离的角度进行分析,关于股权方式的选择,鲁泰纺织对海外子公司的控股模式均采取全资控股的方式,一方面是因为鲁泰纺织有着强大的资产支持,据鲁泰纺织年报显示,截至 2022 年 12 月,鲁泰纺织的总资产高达 133 亿,净利润达 9.6 亿,强大资产后盾使得鲁泰纺织在选择股权方式时更倾向选择对子公司控制程度更高、收益更大的独资方式;另一方面,根据本研究实证部分的结论,在独资背景下,制度距离越大时,企业越倾向于以并购的方式进入新市场,反之,制度距离越小时,企业越倾向于绿地,而通过前文对鲁泰纺织转移东道国的分析发现,鲁泰纺织的海外投资区域集中在东南亚地区,因此较小的制度距离使得鲁泰纺织在进入这些国家时面临较小的合法性压力,特别是东南亚国家经济发展还较为落后,对国外投资持欢迎态度,并给予政策层面的支持,这也大大降低了制度距离的威胁,以上因素都为鲁泰纺织海外转移时采取独资绿地模式创造了条件,鲁泰纺织实际的转移模式选择也与本研究的实证结论相一致。

9.5.4 投资动机对鲁泰纺织海外投资的调节作用

鲁泰纺织的美国子公司似乎并没有遵循制度距离的一般规律，在图9-14的散点图里，美国与中国的制度距离较大但鲁泰纺织依然选择使用独资绿地的转移模式，以上这点，我们可以从转移动机的调节角度进行解释。从制度距离的角度出发，中美之间的制度环境差异特别是正式制度环境差异对纺织企业而言是巨大的，企业在进入美国初期最先面临的便是正式制度距离的压力，包括市场经济规则、法律环境的不同等等，但在开拓市场，提高品牌知名度的投资动机的驱动下，鲁泰纺织依然选择独资绿地的模式，这是保持母公司对子公司的控制权，以便更好地执行母公司的策略。

9.6 案例5：产业集群对天生全球化企业催生作用的多案例分析

为了更为形象和生动地揭示天生全球化企业的成长路径以及产业集群的影响路径，本部分采用案例分析的方法对催生作用进行具体分析。本文选取晋江市达丽服装织造有限公司与信泰集团两家诞生于福建省纺织产业集群不同生命周期阶段的天生全球化企业，分别从驱动因素、竞争优势、运营模式等角度对比分析企业的国际化战略。同时，为使研究结果更具客观性，本文还引入了诞生于长三角纺织产业集群的天生全球化企业——上海新业鸿刺绣服饰有限公司作为对比案例，进一步提高研究的可信度。希望通过案例分析结果来丰富与强化实证研究的结论。

2021年4月12日，作者前往福建省晋江市深沪镇拜访了达丽服装总部，并与企业创始人之一林先生进行了访谈。访谈约持续两小时，主要交流了达丽服装创始人的创业历程以及企业发展的近况。2021年4月18日，针对第一次访谈后的整理的记录稿，笔者根据论文撰写需求，对林先生进行了二次访谈，进一步充实了案例细节。

2021年4月14日,前往福建省晋江市陈埭镇拜访了信泰集团总部,并与集团创始人之一进行了访谈。访谈约持续两小时,主要交流了信泰集团创始人的创业历程以及企业发展的近况。2021年4月18日,针对第一次访谈后的整理的记录稿,对创始人进行了二次访谈,进一步充实了案例细节。

2020年11月18日,作者前往上海市松江区九亭镇访谈了上海新业鸿服饰有限公司创始人,访谈约持续两小时。2021年1月15日,针对第一次访谈后的整理的记录稿,进行了二次访谈,进一步充实了案例细节。

9.6.1 晋江市达丽服装织造有限公司

达丽服装织造有限公司(以下简称达丽服装)最早起源于福建省晋江市深沪镇,位于晋江市东南部,是重要的工贸港口城镇之一。凭借着深沪港"国家一类口岸"的优势,深沪镇沿海地区的工业发展极为繁荣。现有386家规模以上企业,从业人员达3.2万人。

1986年达丽服装成立初期,深沪镇的产业集群尚处于形成期,呈现出地缘性的、低水平的、成本小、国际化水平低等产业集群特点,产业集群虽然可以促进竞争、刺激企业提高生产效率,但难以发挥有力的、持久的支持作用。虽然在前期阶段给予了企业低成本进入行业的机会,但却难以支撑企业更好、更快地进军国际市场,因而达丽服装的生产规模也一直未能有突破性的增长。

1990—2000年,伴随着国民消费水平的提升,国内市场的需求逐步扩大,推动着深沪镇集群经济飞速发展,出现一批织造、化纤、服装、印染等纺织企业,纺织产业的价值链逐步完善,配套企业增多,集群的外部规模效应逐步体现。达丽服装的营销额也在这一阶段实现了指数级增长。

福建省纺织产业集群对达丽服装的支持有以下几方面:一是在集群的形成期内,集群内充足、低廉的劳动力以及便利的水陆交通赋予了企业最初的竞争优势;集群的成长期内,配套企业增多、产业链日趋完善,集群的集聚效应大大消减了企业的生产、运营成本。二是集群与海外客户贸易频繁(尤其是东南亚客户),在国际市场上具有较强的集群品牌效应,大大降低了企业进入国际市场的阻力。无论是前期所赋予的低成本优势、还是后期所创造的集群品牌效应，福建省纺织产业集群对于达丽服装的支持都是企业顺利发展的必要条件之一。

9.6.2 信泰集团

与起步于 20 世纪 90 年代的达丽服装发展历程不同，成立于 2005 年的信泰集团，得到了更为成熟的晋江鞋服产业集群地的强力支持。晋江制鞋业最早可追溯至 20 世纪 80 年代，经过四十年的长足发展，目前已是我国重要的鞋业集群地之一，产业集群规模效应十分突出，被誉为"中国鞋都"。晋江制鞋行业目前已是涵盖了机械设备生产、原材料、中间产品加工、最终产品营销等环节的产业链条。2018 年晋江市鞋业出口近 15 亿双，约占全国鞋制品年出口额的 15%。

得益于优越的地理位置以及长期的纺织产业积累，截至信泰成立时，晋江的鞋服产业已有 20 余年的发展历史，在全国乃至全球均享有盛名。2006 年，晋江政府抓住机遇，进行了全面改革，重塑了晋江市的鞋服产业。斥资 3.5 亿元倾力打造了首个鞋业交易市场——中国鞋都。中国鞋都占地近 200 亩①，内设约 2100 家店面。凭借着规模化、专业化的市场，中国鞋都吸引了大批包括浙江、广东等地的客商进驻，晋江鞋业的集群品牌效应进一步凸显。与此同时，晋江鞋服的国际市场也在蓬勃发展，出口额逐年攀升，主要通过网上销售到中国台湾、中国香港、韩国、澳大利亚、意大利等地。

晋江鞋服产业集群对信泰集团的支持主要表现在以下两个方面：一是集群内拥有完整的配套产业链、区域性劳动力市场以及良好的创新学习环境，使信泰得以在资源有限的条件下进入鞋服产业，并与时尚与技术前沿时刻保持一致。二是晋江政府大力支持鞋服产业发展，斥巨资筹建鞋业市场——中国鞋都，开办展会，提高集群知名度，这一集群品牌效应大大降低了企业在开辟国际市场上的难度。

---

① 约 133 333 平方米。

9.6.3 上海新业鸿刺绣服饰有限公司

上海新业鸿公司最早起源于浙江省绍兴市,是目前全国规模最大的纺织产业集群地,被誉为"全国纺织产业基地县"。拥有包括马鞍、杨讯桥在内的7大纺织名镇和中国轻纺城这一全球规模最大的轻纺产品交易市场。这一纺织品交易市场形成于20世纪的80年代,经过40多年的长足发展,当前一成功升级为集聚原材料、服装面料、纺织机械为一体的轻纺行业全产业链产品交易市场。

1989年新业鸿成立初期,浙江绍兴的产业集群尚处于形成期,集群规模小、相关的辅助行业发展不完善,虽然可以在一定程度上降低企业的生产运营成本,但由于其集聚效应弱、国际化水平低等特点,难以带动企业实现更高质量的发展;虽然在前期阶段给予了企业低成本进入行业的机会,但却难以支撑企业更好、更快地进军国际市场。在此情况下,1993年新业鸿的发展迎来了第一次转折——在青岛投资建厂。

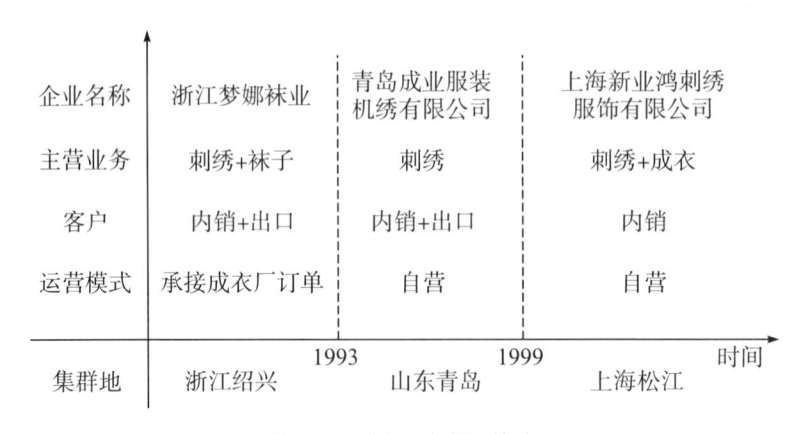

企业名称	浙江梦娜袜业	青岛成业服装机绣有限公司	上海新业鸿刺绣服饰有限公司
主营业务	刺绣+袜子	刺绣	刺绣+成衣
客户	内销+出口	内销+出口	内销
运营模式	承接成衣厂订单	自营	自营
集群地	浙江绍兴	山东青岛	上海松江
时间		1993	1999

图 9-15 新业鸿发展轨迹

青岛是我国最早的纺织产业集群地之一,其纺织业最早起源于1902年,被誉为青岛的"母亲工业"。至1993年新业鸿迁至青岛时,青岛的纺织工业的年产值累计已接近400亿元,届时的青岛纺织产业可谓是全国的纺织工业的领头羊,因而有了"上(海)青(岛)天(津)"的美誉。立足于发展成熟的产业集群,新业鸿得到了青岛纺织产业集群的强力支持。韩国客户的订单大规模涌入,企业在这一时期的年营收额增长率高达 150%,是新业鸿发展史上规模扩张最快的时期。

青岛纺织产业集群对新业鸿的帮助主要可以从以下几个方面进行概括:

第一,集群的集聚效应突出、内部相关产业链发展完善,企业的原材料采购、生产机械维护以及员工招聘等生产经营活动均可在集群内以相对较低的成本实现;第二,将企业"落户"青岛意味着新业鸿成功嵌入了青岛纺织产业集群的产业链之中,虽并非拥有绝对竞争优势的大规模企业,但新业鸿依旧可以通过承接外包订单的方式随整个集群走上市场全球化的发展道路,享受国际市场的红利。第三,青岛纺织产业集群与海外客户贸易频繁(尤其是韩国客户),在国内乃至国际市场上均具有较高的集群品牌效应,可以帮助企业更为快速地融入市场。

1999 年,韩国客户逐步趋于稳定,与此同时新业鸿的外贸客户已遍布全球各国,为了更好地服务全球客户,新业鸿企业将办公场所转移至上海,并同时在上海投资建厂、扩大生产力。谢先生介绍道,转移至上海主要是由于美国客户的订单在 2000 年前后出现爆发式的增长,上海在国际社会上的高知名度、丰富的人才资源以及开放的营商环境可以为企业的进一步扩张提供有力支持。

9.6.4 案例对比分析

对比达丽服装与信泰集团的成长轨迹可以发现,虽同样诞生于福建省纺织产业集群,诞生于集群不同生命周期内的天生全球化企业的成长路径也各不相同。

达丽服装起步于福建省纺织产业集群的形成初期,届时由于集群规模较小、内生性的优势尚未形成,集群的发展所依赖于外部因素较多,涉及的偶然性较大。从产品本身出发,这一时期的产品往往单纯地依托当地低成本的劳动力优势,不具备竞争力,附加值也相对较低。并且,家庭作坊式的生产方式很难保证产品质量,企业的国际化只是诸多偶然因素作用下的"被动选择"。从市场角度看,由于产品本身缺乏竞争力,客户往往是通过亲戚朋友介绍等这些弱连接而取得的,不具备顾客忠诚度,且极易被取代。一旦更多的供应商参与市场竞争,则极易陷入无限制压价的恶性竞争。

而信泰集团诞生于福建省纺织产业集群的形成后期,此时集群的资源聚集优势和企业间的竞争合作不断为集群发展助力,集群的集聚效应得以初步显现。从产品角度来看,这一时期的产品虽然仍处于价值链的中低端环节,附加值较低,但由于集群内部相关产业链的配套,其竞争力已由最初的低劳动力成本延伸为生产技术先进、与上下游企业相邻近等方面,产品的竞争力大大提升,企业的国际化是以有竞争优势的产品为前提的"主动出击"。从市场角度来看,集群的知名度在国外客户中逐步累积,集群内部的外贸公司、经销商等专业的营销机构开始增多,企业与国外客户的连接得到加强,用户黏性提升。

表9-8 案例对比

	达丽服装	信泰集团	上海新业鸿
主营产品	内衣鞋袜	鞋面材料	运动服装
国际创业动因	产业集群推动 企业家精神	产业集群推动 企业家精神	产业集群推动 企业家精神
首个目标市场	香港	欧洲	韩国
创业地选择	福建省纺织产业集群	福建省纺织产业集群	浙江绍兴纺织产业集群
企业成立时集群的生命周期	形成初期	成长期	形成初期
创业初期竞争优势来源	集群力量支持作用 企业家人脉	集群力量支持作用 企业家国际背景	集群力量支持作用
企业发展竞争优势来源	成本优势	营销网络优势	成本优势
发展模式变化	ODM（原始设计制造）	①OEM（贴牌加工） ②OBM（自有品牌出口）	①OEM（贴牌加工） ②ODM（原始设计制造）
客户来源	①亲戚或老客户介绍 ②经销商主动寻求	①外贸公司 ②采购商主动寻求	①集群内老客户 ②老客户介绍

可以看到，由于不同生命周期下集群所具备的资源优势不尽相同，诞生于不同生命周期下的天生全球化企业的成长路径也呈现出鲜明的特色。集群的竞争力越强，其催生出的天生全球化企业在生产技术、运营管理等方面的表现往往也更出众、更具备竞争优势。

而从新业鸿的发展轨迹中我们可以看到，随着企业的成长，企业对于集群的需求也将遵循"马斯洛需求金字塔"原则逐步转变，从最初的生产资源寻求逐渐向市场资源、创新资源倾斜，这一现象也对集群在不同阶段的发展提出了新要求。

9.7 案例 6：融资约束与雅戈尔、如意境外收购分析

9.7.1 雅戈尔境外收购分析

(1) 雅戈尔境外收购的背景

①买方主体：雅戈尔集团股份有限公司（简称"雅戈尔"）。雅戈尔成立于 1993 年，是我国服装行业的龙头企业，并于 1998 年在上交所上市。由于此次并购发生在 2008 年年初，因此本文主要介绍雅戈尔并购前即 2007 年及以前的业绩情况。公司的盈利能力较强，2007 年公司营业收入为 70.34 亿元，同比增长 14.78%，归母净利润为 24.76 亿元，同比增长 220.45%。2022 年公司营业收入为 148.21 亿元，同比增长 8.92%，归母净利润为 47.1 亿元，同比增长 18.22%。

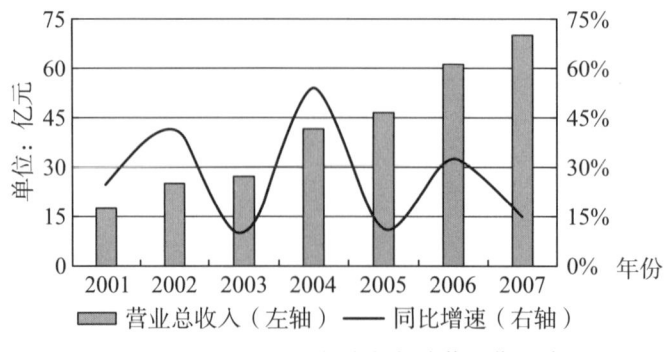

图 9-16　2001—2007 年雅戈尔的营业收入情况

数据来源：Wind。

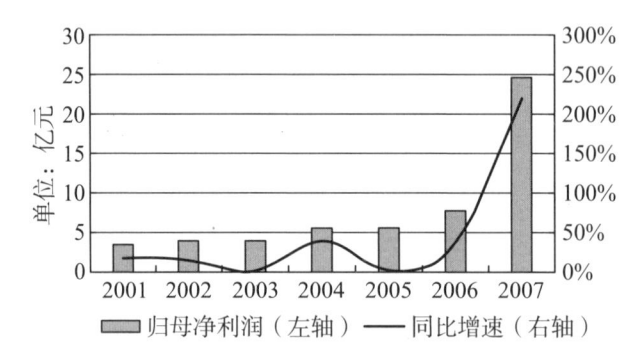

图 9-17　2001—2007 年雅戈尔的归属母公司股东的净利润情况

数据来源：Wind。

雅戈尔的主营业务为服装、纺织以及房地产旅游业务，其中 2007 年服装业务收入占比为 40.90%，房地产旅游业务收入占比为 29.58%，纺织营业收入占比为 27.02%。

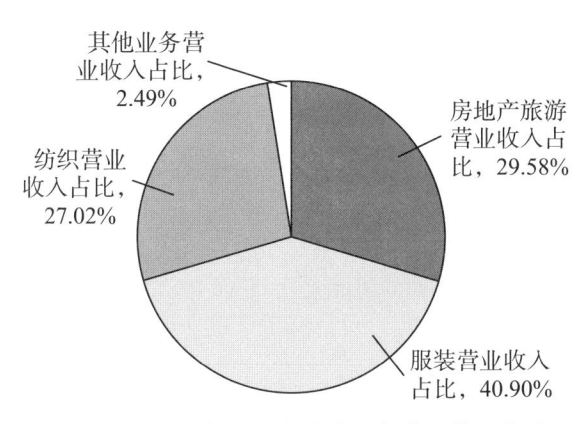

图 9-18　2007 年雅戈尔的分业务营业收入构成

数据来源：Wind。

②卖方主体：Kellwood Company 和 Kellwood Asia Limited。本次股权收购协议中的 Kellwood Company 和 Kellwood Asia Limited 为卖方主体。Kellwood Company 是美国服装销售公司，主营业务是品牌服装设计和服装销售，于纽约证券交易所上市，并在 2006 年已有近 20 亿美元的销售额。Kellwood Asia Limited 于 1972 年在中国香港成立，是 Kellwood Company 的全资子公司。

③交易标的：Smart 和 Xin Ma。一是 Smart Apparel Group Limited（简称"Smart"）的 100% 股权，Smart 是由 Kellwood Company 在股权交割前将新马服装有限公司以及多家公司股权进行资产重组形成，其中公司主要分布在斯里兰卡和中国香港地区。二是 Xin Ma Apparel International Limited（简称"Xin Ma"）的 100% 股权。Xin Ma 是由 Kellwood Company 在股权交割前将 Smart 的美国存货、应收账款等相关资产进行资产重组形成。

④交易概况：斥资 1.2 亿美金成功完成收购。

我国服装行业的龙头企业雅戈尔集团股份公司于 2008 年 1 月 23 日斥资 1.2 亿美金成功完成收购。收购成功后，有利于雅戈尔提高市场竞争力，拓宽产品销售渠道。

（2）雅戈尔境外收购完成前的融资情况

雅戈尔的融资来源主要有三个方面，一是从企业内部融资，主要为自有资金或者利润，二是通过商业信用进行企业间的融资，三是通过银行等金融机构以及民间借贷的方式获取融资。因此从这三个方面分析雅戈尔境外并购前的融资能力：

①内部融资能力。企业利润总额是企业内部资金周转的来源，是企业进一步发展和进入国际市场的动力，所以本文根据利润总额来判断雅戈尔的内部融资能力，该数值越大，则企业的内部融资能力越大。雅戈尔2001—2007年利润总额快速上升，2007年利润总额达到36.91亿元，同比增长219.07%，与其他纺织上市公司相比，雅戈尔的利润水平较高，即其内部融资能力较强。

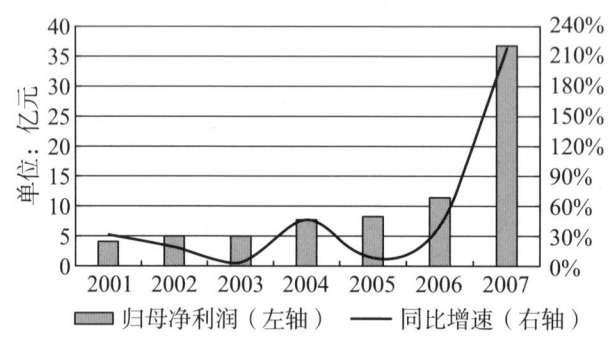

图9-19 2001—2007年雅戈尔的利润总额情况

数据来源：Wind。

②商业信用融资能力。应收账款是纺织企业作为产业链上游的商品供应商，产业链下游的其他企业授予纺织企业的商业融资额度，本文采用应收账款来衡量企业的商业信贷融资能力，应收账款的数值越大，企业在商业信贷关系中越可能为信贷的供给方，即企业的商业信贷约束越小。雅戈尔2001—2007年应收账款规模快速上升，2007年应收账款达到4.56亿元，同比增长11.95%。与其他纺织上市公司相比，雅戈尔的商业信用水平较高，即其商业信贷融资能力越强。

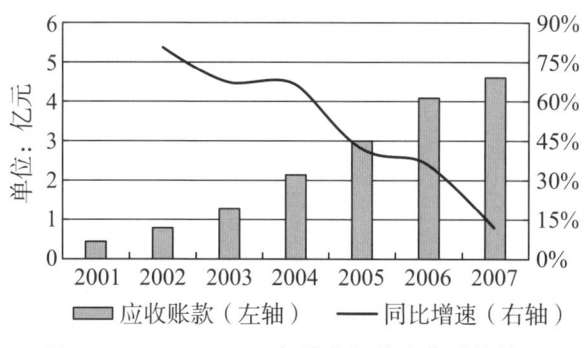

图 9-20　2001—2007 年雅戈尔的应收账款情况

数据来源：Wind。

③外部融资能力。外部融资主要分为发行股票或债券、股权融资和向银行等金融机构贷款等融资方式。企业的利息支出是指企业进行债权融资包括发行债券和贷款等方式产生的费用，体现了企业现有融资规模。其中发行股票和股权融资时，也会对企业现有的融资规模进行审核。所以本文选用企业的利息支出情况反映了企业外部融资能力大小。雅戈尔 2001—2005 年利息支出规模快速上升，2005 年利息支出达到 11 697.46 万元，同比增长 65.39%。2007 年利息支出为 1 700.17 万元，同比下降 75.29%，主要原因是金融危机环境下，银行为减少经营风险，采取紧缩银根政策，限制了企业贷款规模。

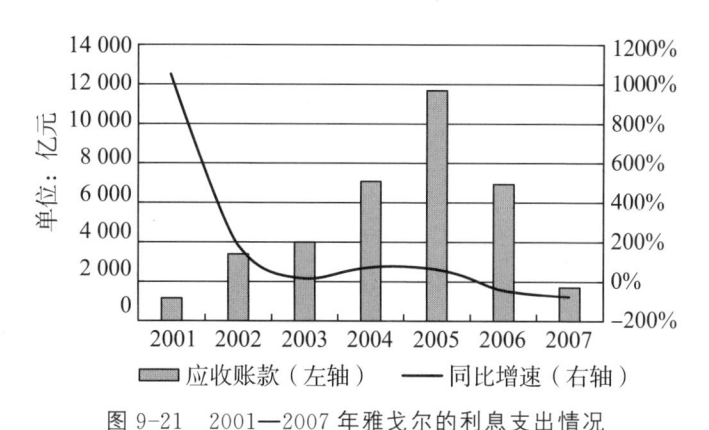

图 9-21　2001—2007 年雅戈尔的利息支出情况

数据来源：Wind。

雅戈尔并购 Smart 和 Xin Ma 共需出资 1.2 亿美元，并且要求一次性付清。

其中总价的30%出自雅戈尔自有资本，另外70%即8400万美元为银行贷款，由中国进出口银行浙江省分行提供。由于雅戈尔此次收购有利于企业提高市场竞争力和促进国家经济发展，得到了相关部门的支持，因而其在进行贷款时享受到了相应的政策福利，获得了年利率只有6%的低息贷款，这为其提供了总价的70%的低息贷款，减少了企业的融资压力，促进了境外收购的顺利进行。

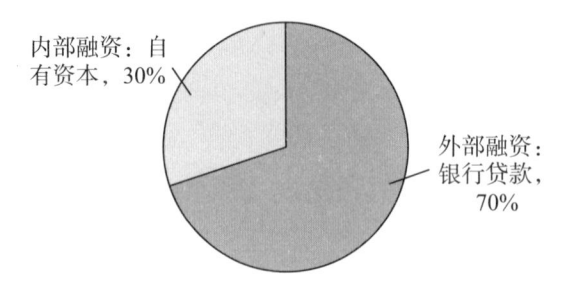

图9-22 雅戈尔收购Smart和Xin Ma的融资来源占比

(3) 雅戈尔境外收购成功的要素

①政策性银行的金融服务。雅戈尔收购Smart和Xin Ma共需出资1.2亿美元，其中收购金额的30%是雅戈尔的自有资本，收购金额的70%来自中国进出口银行浙江省分行提供的政策性贷款，有效解决了雅戈尔的融资压力，为收购顺利完成奠定了基础。

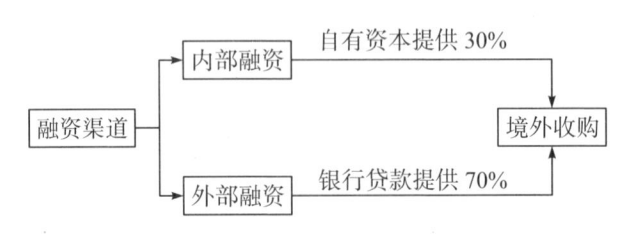

图9-23 雅戈尔融资渠道对境外并购影响机理

②政府部门的大才支持。由于雅戈尔此次并购不仅有利于其创立国际品牌，还促进纺织企业提升国际市场竞争力和国家经济的发展，因此雅戈尔在并购过程中得到了政府部门的大力支持。雅戈尔在签署并购Smart和Xin Ma的股权协议后，国内对雅戈尔此次并购的审批手续尚未完成，但并购标的资

产的价格不断变动,增加了并购风险。为了国内审批快速完成,国内政府相关部门包括商务部、发展和改革委员会以及外汇管理局等加快审批流程,使得原本需要半年的审批手续缩短到了一个月完成,促进了此次并购在股权协议规定时间内顺利完成交割。

9.7.2 山东如意境外收购案例分析

(1) 案例收购背景

①买方主体:山东如意科技集团有限公司(简称"山东如意")。山东如意旗下有多个子公司,其主营业务为纺织原料、纺织服装、纺织设备等相关产品的生产、销售和进出口业务。截至 2020 年 10 月 31 日,山东如意股东的持股情况如图 9-24 所示:

伊藤忠(中国)集团有限公司	伊藤忠商事株式会社	北京如意时尚投资控股有限公司	济宁城投控股集团有限公司	澳大利亚麦德国际贸易有限公司
2.2%	11.72%	79.48%	0.01%	6.59%

山东如意科技集团有限公司

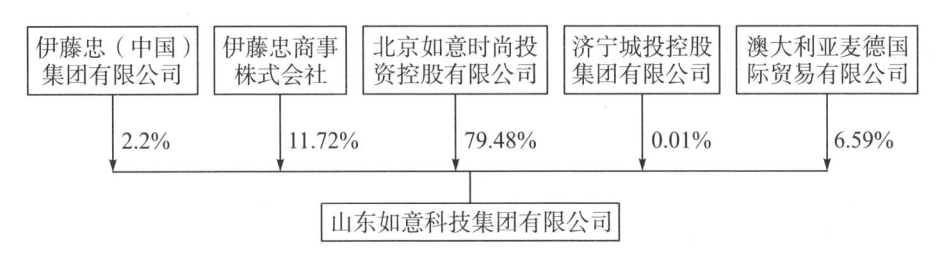

图 9-24 山东如意股东的持股比例

山东如意 2019 年营业收入为 348.00 亿元,同比增长 1.51%,但归属母公司股东的净利润只有 6.16 亿元,同比下降 67.99%。

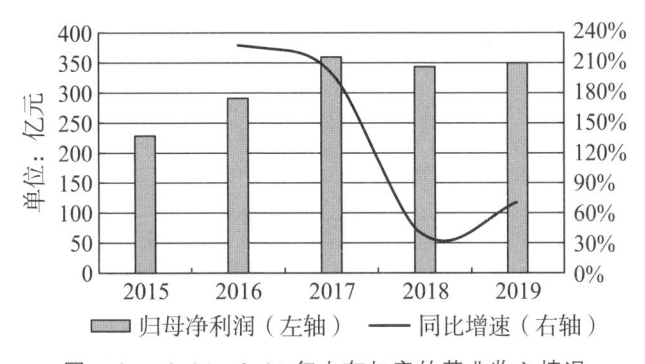

图 9-25 2015—2019 年山东如意的营业收入情况

数据来源:山东如意的年度报告整理所得。

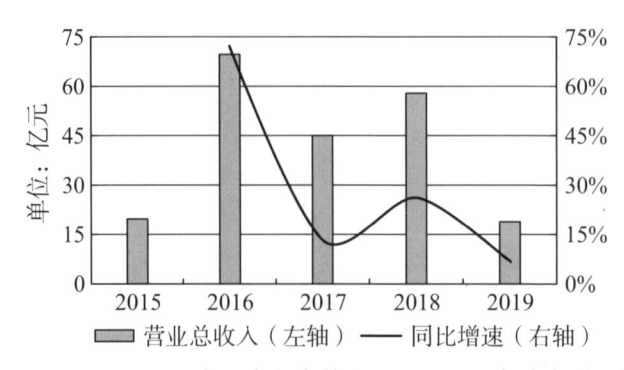

图 9-26　2015—2019 年山东如意的归属母公司股东的净利润情况

数据来源：山东如意的年度报告整理所得。

②收购标的：以色列男装 Bagir。以色列男装 Bagir 成立于 1961 年，于伦敦证券交易所上市。主营业务为服装生产、设计制造和营销，主要活跃在美国和英国市场。以色列男装 Bagir 在 2019 年上半年归母净利润为 100 万美元，由亏转盈，营业收入同比增长 32%。但进入 2020 年 3 月之后，英美地区客户取消订单，导致 Bagir 业务运转困难，并且山东如意的收购款项迟迟未到账，进一步加剧了 Bagir 的财务风险，Bagir 于 2020 年 5 月发布公告称进入清算程序。

③收购概况：尚未完成，已构成重大违约。山东如意与以色列男装 Bagir 曾在 2017 年 11 月协议约定，收购 Bagir 的 54% 股份，收购金额为 1650 万美元。除此之外，还约定在 2019 年 9 月底之前，山东如意需无偿给以色列男装 Bagir 提供约 130 万美元的生产设备。此次收购应在 2018 年年底完成，但协议约定之后，山东如意只支付了 330 万美元收购款，剩下的款项一再推迟交付，最后延期至 2020 年 3 月。2020 年 2 月，Micha Ronen（以色列男装 Bagir 的 CEO）表示山东如意仍然未履行协议约定，已构成重大违约。截至 Bagir 于 2020 年 5 月因资金问题，发布公告称进入清算程序。

（2）山东如意境外收购完成前的融资情况

根据山东如意境外收购完成前的融资情况，主要从三个方面融资：一是从企业内部融资，主要从利润总额以及盈利能力进行分析；二是通过商业信用进行企业间的融资；三是通过股权融资、银行等金融机构以及民间借贷的方式获取融资，主要从利息支出、长短期偿债能力以及股权融资情况进行分析。

①内部融资能力。第一，企业利润总额是企业内部资金周转的来源，是企业进一步发展和进入国际市场的动力，所以本文根据利润总额来判断山东如意的内部融资能力。山东如意 2019 年较 2018 年的利润总额大幅下滑，2019 年利润总额为 10.19 亿元，同比下降 67.03%。与其他纺织上市公司相比，山东如意的利润水平较低，即其内部融资能力较弱。

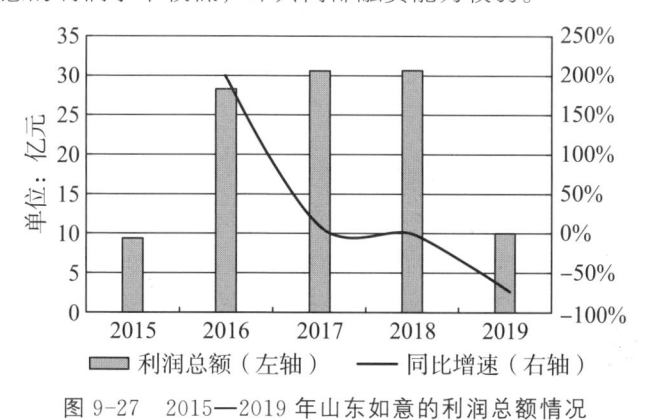

图 9-27 2015—2019 年山东如意的利润总额情况

数据来源：山东如意的年度报告整理所得。

第二，山东如意 2019 年的盈利能力大幅下滑，内部融资受阻。其中营业利润率为 3.16%，同比下降 63.55%；净资产收益率为 2.37%，同比下降 70.43%；总资产报酬率为 1.41%，同比下降 70.18%；总资产净利率为 1.01%，同比下降 71.64%。

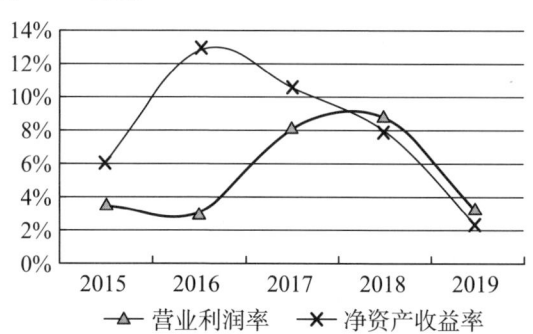

图 9-28 2015—2019 年山东如意的盈利能力情况

数据来源：山东如意的年度报告整理所得。

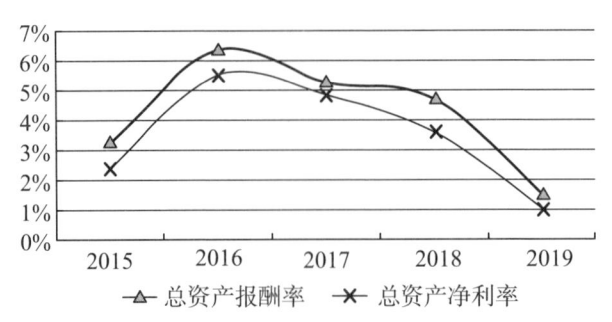

图 9-29　2015—2019 年山东如意的盈利能力情况

数据来源：山东如意的年度报告整理所得。

②商业信用融资能力。山东如意 2019 年应收账款金额为 59.54 亿元，同比增长 5.01%，维持较高水平，即山东如意在商业信贷关系中越可能为信贷的供给方，其商业信用水平较高，即其商业信贷融资能力较强。但与其他纺织上市公司相比，山东如意的应收账款金额过高，对自身的资金周转有一定的负面影响。

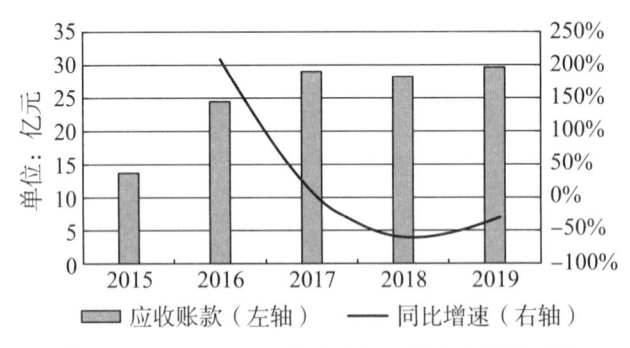

图 9-30　2015—2019 年山东如意的应收账款情况

数据来源：山东如意的年度报告整理所得。

③外部融资能力。第一，企业的利息支出是指企业进行债权融资包括发行债券和贷款等方式产生的费用，体现了企业现有融资规模。其中发行股票和股权融资时，也会对企业现有的融资规模进行审核。所以本文选用企业的利息支出情况反映了企业外部融资能力大小。山东如意 2019 年利息支出达到 10.74 亿元，同比增长 52.08%，说明山东如意 2019 年的外部融资规模较大，但可能存在一定的偿债风险。

图 9-31　2015—2019 年山东如意的利息支出情况

数据来源：山东如意的年度报告整理所得。

第二，短期偿债能力。2017 年山东如意的流动比率为 184.60%，下滑至 2019 年为 136.74%；2017 年山东如意的速动比率为 124.41%，下滑至 2019 年为 90.06%，即短期偿债能力下降。

图 9-32　2015—2019 年山东如意的短期偿债能力情况

数据来源：山东如意的年度报告整理所得。

第三，长期偿债能力。2019 年山东如意的资产负债率为 59.33%，长期负债比率为 53.30%，产权比率为 145.89%，与其他纺织上市公司相比，三个指标都处于较高水平，说明山东如意的长期偿债能力较弱。

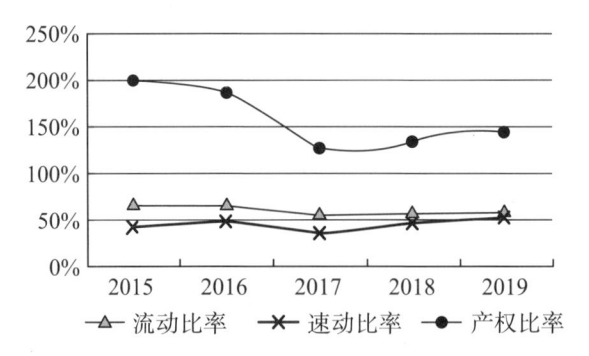

图 9-33　2015—2019 年山东如意的长期偿债能力情况

数据来源：山东如意的年度报告整理所得。

第四，股权融资失败。2019 年 10 月，济宁城投控股集团有限公司（简称"济宁城投"）拟投资 35 亿元购买山东如意 26% 的股份。但在 2020 年 6 月济宁城投决定仅保留山东如意 0.01% 的股份，放弃购买山东如意剩下的 25.99% 的股份，此次交易金额为 1 元，并表示尚未支付 35 亿元的股份收购费用。济宁城投的放弃收购使得山东如意的债务压力进一步加大。

(3) 山东如意境外收购未完成的原因

①盈利能力大幅下滑。山东如意 2019 年营业利润率为 3.16%，同比下降 63.55%；净资产收益率为 2.37%，同比下降 70.43%；总资产报酬率为 1.41%，同比下降 70.18%；总资产净利率为 1.01%，同比下降 71.64%。

②信用评级频遭下调，深陷债务危机，再融资能力受限。自 2019 年 9 月开始，山东如意的信用评级频遭包括标普全球评级、穆迪评级和大公国际资信评估有限公司等多家评级公司的下调，评级公司主要认为山东如意的法律风险、偿债风险和财务风险的不断上升，再融资能力受限。

③股权融资交易受阻，进一步加剧了财务风险。一方面，济宁城投此次放弃对山东如意的 35 亿元的股权收购，对山东如意的债务压力进一步加大。另一方面，济宁城投的放弃投资，也体现出对山东如意的盈利能力以及偿债风险的担忧。

9.7.3 雅戈尔和山东如意境外收购案例对比

```
                        ┌──────────────┐
                        │   融资约束    │
                        └──────┬───────┘
              ┌────────────────┴────────────────┐
              ▼                                 ▼
┌─────────────────────────────┐   ┌─────────────────────────────┐
│ 雅戈尔境外收购 Smart 和 Xin Ma │   │ 山东如意境外收购以色列男装 Bagir │
├─────────────────────────────┤   ├─────────────────────────────┤
│ 内部融资：利润水平高，则内部融  │   │ 内部融资：利润水平低，盈利能力大  │
│ 资能力较强。                  │   │ 幅下滑，则内部融资能力较弱。      │
├─────────────────────────────┤   ├─────────────────────────────┤
│ 商业信贷：                   │   │ 商业信贷：                     │
│（1）商业信用水平较高，则商业信 │   │（1）商业信用水平较高，则商业信   │
│ 贷融资能力较强；              │   │ 贷融资能力较强；                │
│（2）应收账款规模处于合理水平。 │   │（2）但应收账款规模过高，对自身   │
│                             │   │ 的资金周转有一定的负面影响。     │
├─────────────────────────────┤   ├─────────────────────────────┤
│ 外部融资：外部融资规模较小。   │   │ 外部融资：                     │
│                             │   │（1）外部融资规模较大，可能存在   │
│                             │   │ 一定的偿债风险；                │
│                             │   │（2）短期偿债能力下降；          │
│                             │   │（3）长期偿债能力较弱；          │
│                             │   │（4）股权融资失败。              │
└──────────────┬──────────────┘   └──────────────┬──────────────┘
               ▼                                 ▼
┌─────────────────────────────┐   ┌─────────────────────────────┐
│（1）收购前的融资能力较强。    │   │（1）盈利能力大幅下滑。          │
│（2）政策性银行的金融服务。    │   │（2）信用评级频遭下调，深陷债务   │
│（3）政府部门的大力支持。      │   │ 危机，再融资能力受限。          │
│                             │   │（3）股权融资交易受阻，进一步加   │
│                             │   │ 剧了财务风险。                 │
└──────────────┬──────────────┘   └──────────────┬──────────────┘
               ▼                                 ▼
         ┌──────────┐                      ┌──────────┐
         │ 收购成功  │                      │ 收购未完成 │
         └──────────┘                      └──────────┘
```

图 9-34　融资约束影响雅戈尔和山东如意境外收购的机理分析

资料来源：作者整理。

雅戈尔顺利完成境外收购的原因主要有三个：一是雅戈尔收购前的融资能力较强；二是政策性银行提供的贷款，雅戈尔并购 XinMa 集团共需出资 1.2 亿美元，其中收购金额的 70% 来自政策性银行提供的低息贷款，30% 来自雅戈尔自有资本，为雅戈尔减少了融资压力，保证了企业在交割时及时支付并购款；三是政府部门的大力支持，加快审批手续，使得股权协议规定时间内顺利完成交割。

山东如意境外收购未完成的原因主要是以下三个：一是山东如意的盈利能力大幅下滑；二是山东如意信用评级频遭多家评级公司的下调，深陷债务危机，再融资能力受限；三是济宁城投放弃对山东如意的 35 亿元的股权收购，对山东如意的债务压力和财务风险进一步加大。

9.8 新时期中国纺织产业对外投资与高质量发展机理

本章通过申洲国际、红豆集团、山东如意、鲁泰纺织、雅戈尔等多个典型纺织企业的案例研究，可以发现纺织产业对外投资与高质量发展的机理（图 9-35）：贸易政策和税收优惠是申洲对外投资越南的主要原因；文化距离近是红豆投资柬埔寨的主要原因之一。制度距离越大（包括正式制度距离和非制式制度距离），山东如意越倾向于并购的方式进入东道国；鲁泰纺织对外投资是呈现全球价值链投资特点，将低端制造价值链环节转移到成本更低的东南亚地区，而将销售和研发价值链环节转移到欧美发达国家，制度距离和投资动机对纺织产业对外投资模式的选择有着重要的影响，融资约束显著影响了雅戈尔和山东如意境外收购的成败。

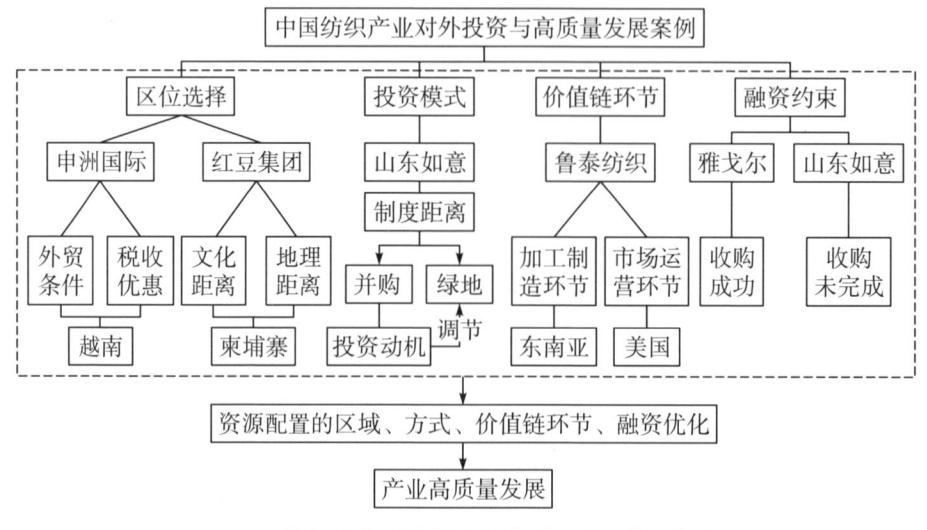

图 9-35　纺织企业对外投资与高质量发展的一般机理

资料来源：作者自绘。

通过案例研究发现，纺织企业通过选择对外投资区位、投资模式、价值链环节和融资模式，改变了资源配置方式，进而对于企业高质量发展产生了重要影响。这些结果与前面几章实证研究结论基本一致。

> 第10章

结论与政策建议

10.1 结论

纺织产业是工业革命发端和工业化的跳板的产业，是全球价值链特征比较显著的产业。作为容纳了大量就业的民生产业，中国的纺织产业的发展反映了经济转轨、产业转型，传统产业的科学发展与和谐发展。近年来，中国纺织产业出现了增速放缓的显著迹象，进入新常态。内外环境的变化迫使纺织产业重构区域价值链，纺织产业对外投资的数量和金额大幅增加。当前，中国产业对外投资的环境已发生深刻变化，面临"世界百年未有之大变局"，传统的投资逻辑被地缘政治、地缘战略等因素严重扰动，虽然中国纺织产业在全球价值链的制造环节占据中心优势地位，在全球价值链的地位不断上升，但是在智能制造核心技术、全球优质原料资源掌控、美学原创设计和时尚引领能力、国际品牌和市场渠道掌控等价值链高端环节，依然缺乏主导权。

在国际政治、贸易格局发生深刻变化的新背景下，本文以一个背景（新时期）、二个因素（投资国推力因素和东道国拉力因素，下称"双因素"），五大问题（资源配置五大问题），通过理论分析、现状梳理、实证分析、案例分析及对策分析的研究思路，基于新新贸易理论、外来者劣势理论、全球价值链理论、产业升级理论，选取产业数据、企业数据和多个典型案例，对新时期我国纺织产业对外投资与高质量发展进行了系统研究。研究了中国纺织产业进行对外投资时，异质性因素、投资动机、制度因素、价值链环节等对于对外投资的区位选择、转移模式的影响，构建纺织产业高质量发展评价指标体系，并进一步研究了对外投资与纺织产业高质量发展之间的关系。本文有助于我国纺织产业对外投资时选择更合适的区域，优化产业布局，实现与东道国包容性增长；有助于构建新区域核心，建立以科技、时尚、绿色为特色的产业新定位，提高应对全球风险能力，破解我国在投资、贸易、经济、政治等方面的困局，实现产业的高质量发展。

本文通过实证研究，回答了中国纺织产业对外投资的五大资源配置问题：

(1) 谁投资（Who）：最早开展对外投资的纺织企业聚集在棉纺产业和针织产业；在生产率悖论检验上，上市纺织业和纺织服装、服饰业企业中，生产率最高的是内销企业，其次是对外直接投资企业，再次是出口企业；企业规模、出口强度以及人力资本对纺织企业对外直接投资决策有显著的正向作用；企业性质、企业年龄以及盈利能力等对中国纺织企业对外投资选择的影响不显著。

(2) 投资什么环节（What）：纺织企业的对外投资呈现工序型转移的特点。从全球价值链布局看，纺织企业营运销售环节对外投资最多，其次是生产加工环节，研发设计环节相对较少。不同环节投资的区位选择不同，制造环节投资到成本更低的东南亚地区，销售和研发环节投资到欧美发达国家。

(3) 在哪里投资（Where）：纺织产业对外投资的区位集中在少数几个国家和地区，虽然我国纺织企业境外投资项目遍及全球100多个国家与地区，但是前20个国家占所有国家投资项目的74%。东道国的生产率阈值越高，去投资的中国纺织企业数量越少；企业更加愿意去地理距离近、市场规模大、服务业发展水平高、通信发达以及开放度高的国家投资。纺织企业倾向于投资经济制度质量好、政治制度质量差的国家和地区，存在"制度陷阱"。

文化距离对中国纺织企业"一带一路"国家和地区投资的区位选择具有抑制作用；文化距离对地理距离较远的国家产生的抑制作用大于地理距离较近的国家；地理距离对中国纺织企业"一带一路"国家和地区投资的区位选择的作用具有门槛效应，地理距离较近时表现为抑制作用，较远时表现为促进作用，即二者间呈"U"型关系。

(4) 为何对外投资（Why）：纺织产业对外投资具有市场寻求动机和效率寻求动机，战略资源的寻求动机并不明显；市场寻求动机的比例大于效率寻求动机；贸易摩擦的增加会显著增加纺织企业对外投资的概率。

(5) 怎么投资（How）：正式和非正式制度距离越大，纺织企业越倾向于并购模式，投资动机对正式制度距离具有反向调节作用，但对非正式制度距离没有明显调节作用。

此外，本成果的观点（研究结论）还有：

(6) 融资约束会抑制纺织企业 OFDI 选择，其中外部融资约束影响最大。生产率较高的纺织企业，会一定程度上减少融资约束对其 OFDI 的阻碍作用。

(7) 中国纺织产业的高质量发展水平不断提升，数字化、绿色化和产出质量在高质量发展中所扮演的角色越来越重要。

(8) 中国纺织行业对外投资规模的扩大，对产业高质量发展有显著的促进作用。作用机制检验表明，OFDI 可以通过降低生产要素成本和逆向技术溢出效应两条路径促进中国纺织产业高质量发展，但是市场化效应不显著。纺织行业 OFDI 有利于产业发展基础的巩固、数字化转型和绿色化转型，但对生产结构丰富性和出口贸易存在负面影响。同时，东道国营商成本、市场环境和双边要素禀赋结构距离对 OFDI 提升中国纺织产业高质量发展存在调节作用。

(9) 纺织产业 OFDI 作用存在区位、关税和投资阶段异质性，向"一带一路"沿线国家和地区投资有助于纺织产业高质量发展；纺织产业 OFDI 存在一定的关税规避效应；在纺织产业发展质量较低时，OFDI 对产业高质量发展的促进效应更强，产业发展质量较高后，OFDI 的正向促进作用减弱。

10.2 中国纺织产业对外投资与高质量发展的政策建议

全球产业链、供应链与价值链深度交织，全球产业分工格局正在重塑，国际竞争变得日渐激烈。但世界发展的大势依然是"开放共享，合作共赢"。要成功实现建设纺织强国的战略目标，就要以全球视野进行优势资源的跨国配置和掌控，需要一批真正的纺织跨国企业集团走出国门、在世界舞台上成长、成熟，发展成为具有持续盈利能力和创新能力的全球企业集团。通过以上分析，本研究建议如下：

10.2.1 通过企业能力的动态切换提升，破解"三明治"困境

生产率是影响企业国际化路径选择的重要因素，后发企业自身能力的

"刚性"是低端锁定困境的内因。本研究表明，纺织企业生产率水平、企业规模、人力资本水平的提高，对纺织企业对外直接投资决策具有显著的促进作用。在劳动力等比较优势弱化条件下，需要提高全要素生产率，挖掘和培育内生动力，避免陷入"追赶陷阱"。对高性能纤维材料、下游高端产业用制成品及配套装备等目前仍存在技术短板的领域加强支持，保障产业发展自主可控。纺织服装企业规模较小，自主创新能力不强，企业转型升级所需的资源和能力，尤其是技术创新能力，可通过内部研发、合作研发、委外研发、技术并购等多种方式来实现。具有规模经济的企业，一方面可利用内部规模经济降低生产成本，另一方面可利用外部规模经济如抱团出海，降低跨国投资成本，实现规模报酬递增。通过向微笑曲线两端技术、品牌等链上高附加值环节功能升级，化解压制效应；通过数字化转型等进行全链技术改造，实现全价值链条提升的链条升级，应对追逐效应，突破中国产业的"三明治"困境。

10.2.2 构建以我为主的区域价值网，重构产业的新竞争优势

当前国际政治经济环境复杂多变，地缘政治、人民币升值的影响下，出口环境恶化，中国产业转型的路径可以从原来的依赖全球价值链，转为构建区域价值链和国内价值链，利用区域贸易协定和"一带一路"倡议等，通过选择对外投资等方式，实现主动转型，促进地方性"块状"格局和国内外"链状"格局相联接，构建区域价值网。日本、韩国纺织服装产业在升级过程中，均成功建立了以自己为中心的区域价值链，与欧美国家主导企业形成均衡型治理关系，顺利完成产业升级。我国纺织企业可以借鉴日韩经验，构建以自我为主导的多元国际区域价值网络，结合我国内需巨大的"特定优势"，重构产业的新竞争优势。

10.2.3 积极从全球价值链的被治理者变为治理者

全球价值链分工的深度演进推动了中国纺织产业融入全球分工体系，但纺织产业也面临着"低端嵌入"和"低端锁定"的发展困境，纺织服装企业

整体上还不具备在全球进行布局生产的能力，仍需要不断提升生产的效率水平和研发设计能力；对外投资过程中，面临不熟悉国际市场，关系网络水平低，投资多为单一价值链环节，难创世界名牌等问题。应该看到新时期下中国部分纺织服装企业与国外企业的治理关系发生了良性逆转，如在国际合作中，一批纺织服装骨干企业通过主动进行全球垂直产业链布局和优质资源整合，致力于成为全球跨国企业集团，寻求提高全球价值链的治理能力，引导这些企业通过不断的技术创新和管理创新，逐渐转变全球价值链的治理者，提升企业国际竞争的话语权和利润分配权，是与发达国家跨国公司形成均衡型的治理关系，突破发展路径锁定的根本问题。

10.2.4 通过差异化的投资路径，促进区域价值网高质量发展

发挥中国的市场、技术优势推动区域产业链整合，也将有助于更好推动区域经济一体化，使得中国经济更加深度融入区域分工网络当中。构建多元国际区域价值网络，是拓宽我国产业发展空间、提升产业竞争力的有效途径。通过纺织产业的研究，有两条构建路径。路径之一是追求效率寻求动机和市场寻求动机企业，可以通过绿地模式，把制造环节转移到东南亚等国家。面对较大的制度差距时，对外投资动机是打开东道国市场和降低企业生产成本，绿地投资模式更能满足企业的需要。该模式以中国纺织企业对东南亚地区和非洲国家进行投资为典型代表，企业通过绿地投资模式进行跨国产能合作，打造全球快速反应制造基地，保持和提升中国纺织工业在全球供应链中的国际领先优势。路径之二是追求战略寻求动机的企业，可以通过并购模式把技术和管理等环节转移到欧美国家。当对外投资动机是获得已成熟的品牌、东道国企业的技术和管理经验时，并购模式是更好的选择。此模式以中国纺织企业对发达国家上游优质原料、技术研发、终端品牌的并购模式为代表，可以带动纺织行业整体向纺织产业全球价值链的高附加值攀升，促进产业链上优质资源的全球整合。通过差异化投资路径，构建多元的国际区域价值链，促进区域价值网质量提升。

10.2.5 深化制度改革，打通产业转型升级与高质量发展的痛点堵点

生产率悖论的重要原因是国内销售成本较高。从制度建设上，制度不完善导致无序竞争和资源配置扭曲，国内市场分割和社会信用体系缺陷使国内贸易成本高于国际贸易成本，迫使本土企业放弃"本地市场偏好""需求引致创新"无法发挥，我国巨大内需潜力无法转化为企业发展的有效支撑。因此，要针对性地深化相关制度改革，如收入分配制度、社会保障制度、商业信用体系、知识产权保护等，营造公平竞争环境，清除要素自由流动和市场化配置的障碍，为企业开拓国内市场提供有力的制度保障和政策支持。

"得标准者得天下"，加快促进制度规则升级，针对中国纺织出口遭受到的贸易保护政策，制定与国际标准相符的纺织业环境标准制度，不断塑造和提升质量技术基础领域的话语权，为产业高质量发展提供支撑。

10.2.6 构建海外投资风险防控体系，促进海外投资和产业高质量发展

加强对东道国的市场调研，构建事前事中事后一体化的海外投资风险防控体系，可以降低制度距离和文化距离，有效降低东道国生产率阈值，促进我国纺织企业有效应对国际贸易和跨境投资的风险挑战提供有力支持。一是大力发展专门从事海外投资咨询研究第三方机构，整合会计师事务所和国际化律师事务所等专业机构，鼓励成立专注于国别风险评级的评级公司。二是强化人才培养与风险防控，建立科研院所、培训机构和企业的人才培养合作平台。三是有条件的企业，还应设有专门应对各类风险的管理部门，密切跟踪各类海外投资项目进展，对可能引发投资项目风险的事件，科学评估其风险等级，并提前采取应对措施。四是持续推进本地化经营，大力招聘当地员工，了解并尊重当地的风俗文化和政策法律，通过树立良好的本地公众形象，融入东道国的经济发展中。通过以上措施，促进对外投资高质量发展，从而带动产业高质量发展。

10.3 研究不足和展望

本课题从多个比较新的角度,运用多种方法,搜集整理了大量的数据(包括产业数据、900 多家对外企业投资数据、100 多家上市公司数据),对于纺织产业对外投资与高质量发展问题进行了深入分析。但是也存在着一些不足。

10.3.1 研究不足

(1) 衡量高质量发展的方法众多,侧重点不同,有些指标(如数字化转型)不成熟,如何选取指标、客观评价纺织产业高质量发展是个难点。本研究数字化转型采用纺织类 58 家上市公司相关指标替代,一是由于数据限制指标选取,二是数字化转型的企业大多是头部企业,后期将进一步采用产业相关数据,使其评价更全面。

(2) 对外投资与产业高质量的不同组成部分的实证检验还需要进一步深化。补充双循环背景下,如何协调国外价值链和国内价值链双重价值链,助推产业高质量发展,将进一步丰富相关的研究。

10.3.2 研究展望

(1) 后期将进一步完善高质量发展的相关指标,使其评价更具有客观性和代表性。

(2) 借鉴 Wang et al. (2017),构建双重价值链嵌入增加值分解模型和嵌套式投入产出表,计算纺织服装产业的双重价值链参与度,基于产业-区域二元变量特点,构建空间杜宾计量模型,实证检验双链嵌入参与度与纺织产业高质量之间的关系。

(3) 进一步补充对外投资与产业高质量的不同组成部分的影响机理的实证检验,并增加相关的案例研究,对案例访谈资料采用定性比较分析 (Qualitative Comparative Analysis,QCA) 等方法深入分析。

参考文献

[1] Adrian T, Giannone N, Boyarchenko D. Vulnerable Growth[J]. American Economic Review, 2019, 109 (4), 1263-89.

[2] Appelbaum R P, Gereffi G. Power and Profits in the Apparel Commdity chain[M]. Global Production: The Apparel Industry in the Pacific Rim, 1994.

[3] Arceo E, Hanna R, Oliva P. Dose the Effect of Pollution on Infant Mortality Differ between Developing and Developed Countries? Evidence from Mexico City[J], Economic Journal, 2016, 126, 257-280.

[4] Arnold J M, Hussinger K. Export Behavior and Firm Productivity in German Manufacturing: A Firm—Level Analysis[J]. Review of World Economics, 2005, 141 (2): 219-243.

[5] Arslan A, Tarba A, Larimo J. FDI Entry Strategies and the Impacts of Economic Freedom Distance: Evidence from Nordic FDI in Transitional Periphery of CIS and SEE [J]. International Business Review, 2015, 24 (06): 997-1008.

[6] Arslan A, Larimo J. Greenfield Investments or Acquisitions: Impacts of Institutional Distance on Establishment Mode Choice of Multinational Enterprises in Emerging Economies[J]. Journal of Global Marketing, 2011 (04): 345-356.

[7] AW B Y, LEE Y. Firm Heterogeneity and Location Choice of Taiwanese Multinationals [J]. Journal of International Economics, 2008, 75 (1): 167-179.

[8] Auclert A. Monetary Policy and the Redistribution Channel[J]. American Economic Review, 2019, 109 (6): 2333-67.

[9] Bair J, Gereffi G. Local Clusters in Global Chains: The Causes and Consequences of Export Dynamism in Torreon's Blue Jeans Industry[J]. World Development, 2001, 29 (11): 1885-1903.

[10] Baldwin R. The Greater Trade Collapse of 2020: Learnings from the 2008-09 Great Trade Collapse, 2020, VoxEU. org, April 07.

[11] Baldwin J, GU W. Export-market Participation and Productivity Performance in Canadian Manufacturing[J]. Canadian Journal of Economics, 2003, 36 (3): 634-657.

[12] Bao, Cecilia, Justin Chen, Nicholas Fries et al. "The Federal Reserve System's Weekly

Balance Sheet since 1914", Studies in Applied Economics, 2018, no. 115. 1-16.

[13] Barney J B. Firm Resource and Sustained Competitive Advantage[J]. Journal of Management, 1991, 17 (1): 99-120.

[14] Barro R. Quantity and Quality and Economic Growth, Central Bank of Chile Working Paper, 2002, no. 168.

[15] Barro R, McCleary R. Religion and Economic Growth Across Countries[J]. American Sociological Review, 2003, 68 (5): 760-781.

[16] Benigno, Gianluca, Fornaro L, et al. The Global Financial Resource Curse, Federal Reserve Bank of New York Staff Reports, 2020, no. 915.

[17] Bernard A B, Eaton J, Jensen J B. Plants and Productivity in International Trade[J]. American Economic Review, 2003, 93 (4): 1268-1290.

[18] Bernanke B. The New Tools of Monetary Policy[J]. American Economic Review, 2020, 110 (4), 943-983

[19] Berry H, Guillen M F, Zhou N. An Institutional pproach to Cross-national Distance[J]. A Journal of International Business Studies, 2010 (9): 1460-1480.

[20] BlanchardO. Public Debt and Low Interest Rates[J]. American Economic Review, 2019, 109 (4): 1197-1229.

[21] Boisso D, Ferrantino M. Economic Distance, Cultural Distance, and Openness in International Trade: Empirical Puzzles[J]. Journal of Economic Integration, 1997 (12): 456-484.

[22] Buckley P J, Clegg L J, Cross A, et al. The Determinants of Chinese outward Foreign Direct Investment[J]. Journal of International Business Studies, 2007 (04): 499-518.

[23] Buckley P J, Casson M. The Future of the Multinational Corporation[M]. London: Macmillan. 1976. P. 69.

[24] Canan Saricam, Nancy L Cassill, Fatma Kalaoglu. Shifts in Global Textile and Apparel Industry, What is Next? [J]. Annals of the University of Oradea: Fascicle of Textiles, Leatherwork, 2012, XIII (1).

[25] Cezar R, Escobar O R. Institutional Distance and Foreign Direct Investment[J]. Review World Economic, 2015 (151): 713-733.

[26] Cheung Y, Qian X. Empirics of China's outward Direct Investment[J]. Pacific

Economic Review, 2007, 14: 312-341.

[27] Chen M, Moore M. Location Decision of Heterogeneous Multinational Firms[J]. Journal of International Economics, 2010, 80 (2): 188-199.

[28] Chen S. The Motives for International Acquisitions: Capability Procurements, Strategic Considerations, and the Role of Ownership Structures[J]. Journal of International Business Studies, 2008, 39 (03): 454-471.

[29] Colyvas J A, Powell W W. Roads to Institutionalization: The Remaking of Boundaries between Public and Private Science[J]. Research in Organizational Behavior, 2006 (27): 315-363.

[30] Conner K R, Rumelt R P. Software Piracy: An Analysis of Protection Strategies[J]. Management Science, 1991, 37 (2): 125-139.

[31] Conner K R, Prahalad C K. A Resource-based Theory of the Firm: Knowledge Versus Opportunism[J]. Organization Science, 1996, 7 (5): 477-501.

[32] Dacin M T. Isomorphism in Context: The Power and Prescription of Institutional Norms[J]. Academy of Management Journal, 1997 (40): 46-81.

[33] Damija J P, Polance S, Prasnikar J. Outward FDI and Productivity: Micro-evidence from Slovenia[J]. The World Economy, 2007, 30 (1): 135-155.

[34] Demirbag M, McGuinness M, Altay H. Perceptions of Institutional Environment and Entry Mode: FDI from an Emerging Country[J]. MIR: Management International Review, 2010 (05): 207-240.

[35] Dow D, Larimo J. Challenging the Conceptualization and Measurement of Distance and International Experience in Entry Mode Choice Research[J]. Journal of International Marketing, 2009 (02): 74-98.

[36] Dowling J, Pfeffer J. Organizational Legitimacy: Social Values and Organizational Behavior[J]. Pacific Sociological Review, 1975 (18): 122-136.

[37] Dunning J H. Toward an Eclectic Theory of International Production: Some Empirical Tests[J]. Journal of International Business Studies, 1980, 22 (3): 1-3.

[38] Dunning J H. International Production and the Multinational Enterprise[M]. George Allen&Unwin. London 1981: 102-110.

[39] Eaton J, Kramarz F. Dissecting Trade: Firms, Industries, and Export Destination[J].

American Economic Review, 2004, 94 (2): 150-154.

[40] Estrin S, Baghdasaryan D,. Meyer K. E. The Impact of Institutional and Human Resource Distance on International Entry Strategies [J]. Journal of Management Studies, 2009 (7): 1171-1196.

[41] Gaur A S., Lu J W. Ownership Strategies and Survival of Foreign Subsidiaries: Impacts of Institutional Distance and Experience [J]. Journal of Management, 2007 (01): 84-110.

[42] Gaffney N, Karst R, Clampit J. Emerging Market MNE cross-border Acquisition Equity Participation: The Role of Economic and Knowledge Distance[J]. International Business Review, 2016, 25 (1): 267-275.

[43] Gereffi G. International Trade and Industrial Upgrading in the Apparel Commdity Chain [J]. Journal of International Economics, 1999, 48: 37-70.

[44] Gereffi G. "The Organization of Buyer-Driven Global Commdity Chains: How U. S. Retailers Shape Overseas Production Networks." in G. Gereffi and M. Korzeniewicz (Eds.), Commdity Chains and Global Capitalism (Westport, CT: Greenwood Press, 1994.

[45] Girma. Outsourcing, Foreign Ownership, et al. Evidence from UK Establishment-level Data[J]. Review of International Economics, 2004, 12 (5): 817-832.

[46] Glaister K W, Buckley P J. Strategic Motives For International Alliance Formation[J]. Journal of Management Studies, 1996, 33: 301-332.

[47] Grossman G M, Helpman E. Outsourcing in a Global Economy, Review of Economic Studies, 2005, 72 (1), 135.

[48] Guadalupe, Maria, Olga Kuzmina, et al. Innovation and Foreign Ownership [J]. American Economic Review, 2012, 102 (7): 3594-3627.

[49] Guo, R X. How Culture Influence Foreign Trade: Evidence from the U. S. and China[J]. The Journal of Socio-Economics, 2004, 33 (6): 785-812.

[50] Guiso L, Sapienza P, Zingales L. Cultural Biases in Economic Exchanges? [J]. Quarterly Journal of Economics, 2009, 124 (3): 1095-1131.

[51] Hannan M, Freeman J. The Population Ecology of Organizations[J]. American Journal of Sociology, 1977 (83): 929-984.

[52] Hayter R. The Dynamics of Industry Location: the Factory, the Firm and the Production system[M]. New York: Wiley, 1997.

[53] Head K, Ries J. Heterogeneity and the FDI Versus Export Decision of Japanese Manufacturers[J]. Journal of the Japanese and International Economies, 2003, 17 (4): 448-467.

[54] Helpman E, Melitz M J, Yeaple S R. Export Versus FDI with Heterogeneous Firms [J]. American Economic Review, 2004, 94 (1): 300-316.

[55] Hennart J F, Larimo J. The Impact of Culture on the Strategy of Multinational Enterprises: Dose National Origin Affect Ownership Decisions? [J]. Journal of international Business Studies, 1998 (29): 515-538.

[56] Hofstede G. Culture's Consequences: International Differences in Work Related Values [M]. Beverly Hills, CA: Sage, 1980.

[57] Holburn G L F, Zelner B A. Political Capabilities, Policy Risk and International Investment Strategy: Evidence from the Global Electric Power Generation Industry[J]. Strategic Management Journal, 2010, 31 (12): 1290-1315.

[58] Humphrey J, Schmitz Hubert. How Does Insertion in Global Value Chains Affect Upgrading in Industrial Clusters? [J]. Regional Studies, 2002, 36 (9): 1017-1027.

[59] Hummels. Dabid, Jun Ishii, et al. The Nature and Growth of Vertical Specialization in World Trade[J]. International Economics, 2001, 54: 75-96

[60] Hymer S H. The International Operations of National Firms: A Study of Foreign Direct Investment[J]. Cambridge, MA: MIT Press. 1976.

[61] Isard W. Location and Space Economy[M]. Cambridge: MIT Press, 1956.

[62] Kang Y, Jiang F. FDI Location Choice of Chinese Multinationals in East and Southeast Asia: Traditional Economic Factors and Institutional Perspective[J]. Journal of World Business, 2012, 47 (1): 45-53.

[63] Kano L, Tsang E W K, Yeung W C. Global value chains: A review of the multi-disciplinary literature[J]. Journal of International Business Studies, 2020, 6 (5): 57-98.

[64] Keith D Brouthers, Eliot L Brouthers. Acquisition or Greenfield Start-up? Institutional, Cultural and Transaction Cost Influences[J]. Strategic Management Journal, 2000, 21 (1): 89-97.

[65] Kenyon G N, Meixell M J. Production Outsourcing and Operational Performance[J]. International Journal of Production Economics, 2016, 171 (01): 336-349.

[66] Kilduff P. Patterns of Adjustment in the US Textile and Apparel Industry since 1979 [J]. Journal of Fashion Marketing and Management, 2005, 9 (2), 180-194.

[67] Kolstad I, Wiig A. What Determines Chinese outward FDI? [Z]. CMI Working Papers, 2009.

[68] Kojima K A. Macroeconomic Approach to Foreign Direct Investment[J]. Hitotsubashi Journal of Economics, 1973, 14 (1).

[69] Kogut B, Zander U. What Firms Do? Coordination, Identity, and Learning [J]. Organization Science, 1996, 7 (5): 502-518.

[70] Kogut B. Designing Global Strategies: Comparative and Competitive Value-added Chains[J]. Sloan Management Review, 1985, 26, 15-28.

[71] Kogut B, Singh H. The Effect of National Culture on the Choice of Entry Mode[J]. Journal of International business studies, 1988 (19): 411-432.

[72] Kolstad I, Wiig A. What determines Chinese outward FDI? [Z]. CMI working papers, 2009.

[73] Kostova T. Success of the Transnational Transfer of Organizational Practices within Multinational Companies [D]. Unpublished Doctoral Dissertation, University of Minnesota, Minneapolis, 1996.

[74] Kostova T, Zaheer S. Organizational Legitimacy under Conditions of Complexity: The Case of the Multinational Enterprise[J]. The Academy of Management Review, 1999 (24): 64-81.

[75] Koopman R, Powers W, Wang Z. Give Credit Where Credit is due: Tracing Value Addedin Global Production Chains[R]. National Bureau of Economic Research, 2010.

[76] Koopman R, Wang Z, Wei S J. Tracing Value-Added and Double Counting in Gross Exports[J]. American Economic Review, 2014, 104 (2): 459-494.

[77] Lee S H, Shenkar O, Li J. Cultural Distance, Investment Flow, and Control in Cross-Border Cooperation[J]. Strategic Management Journal, 2008 (10): 1117-1125.

[78] Le Bas C, Sierra C. Location Versus Home Country Advantages in R&D Activities: Some Further Results on Multinationals' Location Strategies[J]. Research Policy, 2002

(03): 589-609.

[79] Li J, Lam K, Qian G. Does Culture Affect Behavior and Performance of Firms? The Case of Joint Ventures in China[J]. Journal of International Business Studies, 2001 (32): 115-131.

[80] Liou R, Chao M C, Monica Y. Emerging Economies and Institutional Quality: Assessing the Differential Effects of Institutional Distances on Ownership Strategy[J]. Journal of World Business, 2016 (04): 600-611.

[81] Lucas R E. Why Doesn't Capital Flow from Rich to Poor Countries? [J]. The American Economic Review, 1990, 80 (2): 92-96.

[82] Martin R. The New 'Geographical Turn' in Economics: Some Critical Reflections[J]. Cambridge Journal of Economics, 1999 (1): 197-205.

[83] Makino S, Beamish P, Zhao N. The Characteristics and Performance of Japanese FDI in less Developed and Developed Countries[J]. Journal of World Business, 2004 (04): 377-392.

[84] Meyer, Klaus E, Estrin S, et al. W. Institutions, Resources, and Entry Strategies in Emerging Economies[J]. Strategic Management Journal, 2009, 30 (1): 61-80.

[85] Meyer J, Rowan B. Institutionalized Organizations: Formal Structure as Myth and Ceremony[J]. American Journal of Sociology, 1977 (83): 340-363.

[86] Melitz M J. The Impact of Trade on Intra-industry Reallocations and Aggregate Industry Productivity[J]. Econometrica, 2003, 71 (6): 1695-1725.

[87] Nayyar R, Mukherjee J, Varma S. Institutional distance as a determinant of outward FDI from India[J]. International Journal of Emerging Markets, 2022, 17 (10): 2529-2557.

[88] North D C. Institutions, Institutional Change, and Economic Performance[M]. Cambridge: Cambridge University Press, 1990.

[89] Penrose E. The Theory of the Growth of the Firm (1959) [J]. Long Range Planning, 1995, 29 (4): 151.

[90] Phillips N, Tracey P, Karra N. Rethinking Institutional Distance: Strengthening the Tie between New Institutional Theory and International Management[J]. Strategic Organization, 2009 (3): 339-348.

[91] Podda P A. The Impact of Institutional Distance on FDI Inflows in the Czech Republic [J]. Acta Oeconomica Pragensia, 2016, 2016 (01): 3-14.

[92] Porter M E. On Competition, Updated and Expanded Edition[M]. Boston: Harvard Business School Publishing Corporation, 2008. 75-76.

[93] Pred A R. Behavior and Location: Foundings for Geographic and Dynamic Location Theory[M]. Royal University of Lund Press, 1967.

[94] Ramasamy B, Yeung M, Laforet S. China's outward Foreign Direct Investment: Location Choice and Firm Ownership[J]. Journal of World Business, 2010, 47 (1): 17-25.

[95] Reus T H, Lamont B T. The Double-Edged Sword of Cultural Distance in International Acquisitions[J]. Journal of International Business Studies, 2009 (40): 1298-1316.

[96] Root F R. Entry Strategies for International Market[M]. Jossey-Bass: San Francisco, CA, 1998.

[97] Rottig D. Institutional Distance, Social Capital, and the Performance of Foreign Acquisitions in the United States[D]. Florida: Florida Atlantic University, 2008.

[98] Salomon R, Wu Z. Institutional Distance and Local Isomorphism Strategy[J]. Journal of International Business Studies, 2012 (43): 343-367.

[99] Scott W R. Institutions and Organizations[M]. Thousand Oaks, CA: Sage, 1995.

[100] Seyoum B. Formal Institutions and Foreign Direct Investment [J]. Thunderbird International Business Review, 2009 (02): 165-181.

[101] Tihanyi L, Griffith D A, Russell G J. The Effect of Cultural Distance on Entry Mode Choice, International Diversification, and MNE Performance: A Meta-Analysis[J]. Journal of International Business Studies, 2005 (36): 270-283.

[102] Vernon R. International Investment and International Trade in the Product Cycle[J]. International Executive, 1966, 8 (4): 307-324.

[103] Zhang W Q, Zhao J L, Digital transformation, environmental disclosure, and environmental performance: An examination based on listed companies in heavy-pollution industries in China[J]. International Review of Economics & Finance, Volume 87, 2023 (09), 87: 505-518.

[104] Witt M, Lewin A Y. Outward Foreign Direct Investment as Escape Response to Home

Country Institutional Vonstraints[J]. Journal of International Business Studies, 2007, (38): 579-594

[105] Wenerfelt B. Resource Based View of the Firm[J]. Strategy Management Journal, 1984 (5): 171-180.

[106] Xu D, Shenkar D. Institutional Distance and the Multinational Enterprise[J]. The Academy of Management Review, 2002 (4): 608-618.

[107] Yeaple S R. Firm Heterogeneity and the Structure of U. S. Multinational Activity[J]. Journal of International Economics, 2009, 7, 8 (2): 206-215.

[108] Yiu Daphne, Makino S. The Choice between Joint Venture and Wholly Owned Subsidiary: An Institutional Perspective[J]. Organization Science, 2002 (06): 667-683.

[109] Yuan Q, Yang D, Yang F, et al. Green industry development in China: An index based assessment from perspectives of both current performance and historical effort [J]. Journal of Cleaner Production, 2019, 70 (1): 186-213.

[110] Zanfei D, Castellani. Internationalization, Innovation and Productivity: How do Firms Differ in Italy[J]. World Economy, 2007, 30 (1): 156-176.

[111] Zhang J H, Zhou C H, Ebbers, et al. Completion of Chinese Overseas Acquisitions: Institutional Perspectives and Evidence[J]. International Business Review, 2011, 20 (20): 226-238.

[112] Zhao J L, Ding J L, Wang M. The Location Choice of OFDI in China's Textile and Apparel Enterprises: Global Value Chain Perspective[M]. Beijing: China Textile Publish House, 2019.

[111] 白重恩, 张琼. 中国生产率估计及其波动分解[J]. 世界经济, 2015 (12).

[112] 蔡昉. 中国经济增长如何转向全要素生产率驱动型[J]. 中国社会科学, 2013 (01).

[113] 蔡昉. 中国经济改革效应分析——劳动力重新配置的视角[J]. 经济研究, 2017 (07).

[114] 蔡昉, 王德文. 中国经济增长的可持续性与劳动贡献[J]. 经济研究, 1999 (10).

[115] 程大中. 中国参与全球价值链分工的程度及演变趋势[J]. 经济研究, 2015 (09).

[116] 陈景华. 企业异质性、全要素生产率与服务业对外直接投资——基于服务业行业和企业数据的实证检验[J]. 国际贸易问题, 2014 (7): 112-122. C

[117] 崔远淼, 方霞, 沈璐敏. 出口经验能促进中国对"一带一路"国家的直接投资吗——

基于微观企业面板数据的实证检验[J]. 国际贸易问题, 2018 (09): 66-79.

[118] 道格拉斯·欧文. 贸易的冲突: 美国贸易政策 200 年[M]. 余江, 刁琳琳, 陆殷莉, 译, 北京: 中信出版集团, 2019.

[119] 邓明. 制度距离"示范效应"与中国 OFDI 的区位分布[J]. 国际贸易问题, 2012 (02): 123-135.

[120] 范剑勇, 冯猛. 中国制造业出口企业生产率悖论之谜: 基于出口密度差别上的检验[J]. 管理世界, 2013 (8): 16-29.

[121] 范剑勇, 冯猛, 李方文. 产业集聚与企业全要素生产率[J]. 世界经济, 2014 (05).

[122] 范毓婷, 刘卫东. 中国纺织企业海外直接投资空间格局[J]. 地理科学进展, 2018, 37 (03): 418-426.

[123] 方慧, 赵甜. 中国企业对"一带一路"国家国际化经营方式研究[J]. 管理世界, 2017 (07): 17-23.

[124] 葛顺奇, 罗伟. 中国制造业企业对外直接投资和母公司竞争优势[J]. 管理世界, 2013 (6): 28-42.

[125] 盖庆恩, 朱喜, 程名望等. 要素市场扭曲、垄断势力与全要素生产率[J]. 经济研究, 2015 (05).

[126] 干春晖, 郑若谷, 余典范. 中国产业结构变迁对经济增长和波动的影响[J]. 经济研究, 2011 (05).

[127] 高培勇. 理解、把握和推动经济高质量发展[J]. 经济学动态, 2019 (08).

[128] 高培勇, 杜创, 刘霞辉. 高质量发展背景下的现代化经济体系建设: 一个逻辑框架[J]. 经济研究, 2019, 54 (04): 6-19.

[129] 高培勇, 袁富华, 胡怀国等. 高质量发展的动力、机制与治理[J]. 经济研究, 2020 (04).

[130] 郭克莎, 彭继宗. 制造业在中国新发展阶段的战略地位和作用[J]. 中国社会科学, 2021 (05): 128-149.

[131] 郭克莎. 中国产业结构调整升级趋势与"十四五"时期政策思路[J]. 中国工业经济, 2019 (07): 24-41.

[132] 郭苏文, 黄汉民. 制度距离对中国外向 FDI 的影响——基于动态面板模型的实证研究[J]. 国际经贸探索, 2010, 26 (11): 21-26.

[133] 国家发展改革委经济研究所课题组. 推动经济高质量发展研究[J]. 宏观经济研究,

2019,(02):5-17+91.

[134] 黄新飞,舒元,徐裕敏.制度距离与跨国收入差距[J].经济研究,2013,48(09):4-16.

[135] 黄永明,何伟,聂鸣.全球价值链视角下中国纺织服装企业的升级路径选择[J].中国工业经济,2006(05):56-63.

[136] 胡立君,薛福根,王宇.后工业化阶段的产业空心化机理及治理——以日本和美国为例[J].中国工业经济,2013(08).

[137] 江小涓,孟丽君.内循环为主、外循环赋能与更高水平双循环[J].管理世界,2021(01).

[138] 蒋冠宏,蒋殿春.中国工业企业对外直接投资与企业生产率进步[J].世界经济,2014(9):53-76.

[139] 蒋冠宏.企业异质性和对外直接投资——基于中国企业的检验证据[J].金融研究,2015(12):81-96.

[140] 金碚.关于"高质量发展"的经济学研究[J].中国工业经济,2018,(04):5-18.

[141] 简新华,聂长飞.中国高质量发展的测度:1978—2018[J].经济学家,2020(06):51-60.

[142] 梁静波.中国纺织业对外直接投资的区位视角分析[J].技术经济与管理研究,2011(10):117-120.

[143] 李春顶,尹翔硕.中国出口企业的"生产率悖论"及其解释[J].财贸经济,2009(11):84-90+137.

[144] 李春顶.中国企业"出口—生产率悖论"研究综述[J].世界经济,2015(5):148-175.

[145] 李春顶.中国出口企业是否存在"生产率悖论":基于中国制造业企业数据的检验[J].世界经济,2010,33(7):64-81.

[146] 李德辉,范黎波.从"外来者"到"局内人":中国企业跨国并购中的文化摩擦[J].南开管理评论,2022,25(03):35-50.

[147] 李伟,隆国强,张琦等.未来15年国际经济格局变化和中国战略选择[J].管理世界,2018.34(12):1-12.

[148] 李雪灵,万妮娜.跨国企业的合法性门槛:制度距离的视角[J].管理世界,2016(05):184-185.

[149] 刘军. 企业异质性与 FDI 行为：理论研究进展综述[J]. 国际贸易问题，2015（5）：124-132.

[150] 刘易斯，Lewis，乔依德. 国际经济秩序的演变[M]. 北京：商务印书馆，1984.

[151] 刘友金，胡黎明，赵瑞霞. 基于产品内分工的国际产业转移新趋势研究动态[J]. 经济学动态，2011（03）：101-105.

[152] 刘莉亚，何彦林，王照飞等. 融资约束会影响中国企业对外直接投资吗？——基于微观视角的理论和实证分析[J]. 金融研究，2015（08）：124-140.

[153] 刘云海，聂飞. 中国 OFDI 动机及其对外产业转移效应——基于贸易结构视角的实证研究[J]. 国际贸易问题，2015（10）：73-86.

[154] 刘志彪. 理解高质量发展：基本特征、支撑要素与当前重点问题[J]. 学术月刊，2018（7）：39-45.

[155] 刘志彪，凌永辉. 结构转换、全要素生产率与高质量发展[J]. 管理世界，2020（07）：15-28.

[156] 刘伟，范欣. 中国发展仍处于重要战略机遇期——中国潜在经济增长率与增长跨越[J]. 管理世界，2019（01）.

[157] 吕铁，刘丹. 制造业高质量发展：差距、问题与举措[J]. 学习与探索，2019（01）：111-7.

[158] 吕越，谷玮，包群. 人工智能与中国企业参与全球价值链分工[J]. 中国工业经济，2020（05）：80-98.

[159] 倪红福，夏杰长. 中国区域在全球价值链中的作用及其变化[J]. 财贸经济，2016（10）.

[160] 欧阳艳艳，蔡宏波，李子健. 企业对外直接投资的避税动机、机制和规模：理论与证据[J]. 世界经济，2022，45（03）：106-133.

[161] 裴长洪，刘洪愧. 中国外贸高质量发展：基于习近平百年大变局重要论断的思考[J]. 经济研究，2020（05）.

[162] 潘镇，殷华方，鲁明泓. 制度距离对于外资企业绩效的影响——一项基于生存分析的实证研究[J]. 管理世界，2008（07）：104-115.

[163] 钱进，王庭东. "一带一路"倡议、东道国制度与中国的对外直接投资[J]. 国际贸易问题，2019（03）：101-114.

[164] 钞小静，任保平. 中国经济增长质量的时序变化与地区差异分析[J]. 经济研究，2011

(04).

[165] 邱斌,刘修岩,赵伟. 出口学习抑或自选择:基于中国制造业微观企业的倍差匹配检验[J]. 世界经济, 2012, 35 (4):23-40.

[166] 邱立成,杨德彬. 中国企业OFDI的区位选择——国有企业和民营企业的比较分析[J]. 国际贸易问题, 2015 (06):139-147.

[167] 任兵,郑莹,外来者劣势研究前沿探析与未来展望[J]. 外国经济与管理, 2012 (02):27-34.

[168] 任保平. 新时代中国经济从高速增长转向高质量发展:理论阐释与实践取向[J]. 学术月刊, 2018 (3).

[169] 邵新建,巫和懋,肖立晟等. 中国企业跨国并购的战略目标与经营绩效:基于A股市场的评价[J]. 世界经济, 2012, 35 (05):81-105.

[170] 沈国兵,袁征宇. 企业互联网化对中国企业创新及出口的影响[J]. 经济研究, 2020, 55 (01):33-48.

[171] 盛斌,苏丹妮,邵朝对. 全球价值链、国内价值链与经济增长:替代还是互补,世界经济, 2020 (04).

[172] 史丹. 绿色发展与全球工业化的新阶段:中国的进展与比较[J]. 中国工业经济, 2018 (10):5-18.

[173] 田巍,余淼杰. 企业生产率和企业"走出去"对外直接投资:基于企业层面数据的实证研究[J]. 经济学(季刊), 2012, 11 (2):383-408.

[174] 王碧珺,谭语嫣,余淼杰等. 融资约束是否抑制了中国民营企业对外直接投资[J]. 世界经济, 2015, 38 (12):54-78.

[175] 王碧珺. 对外投资要坚持高质量发展[N]. 金融时报, 2018-02-22.

[176] 王碧珺,李冉,张明. 成本压力,吸收能力与技术获取型OFDI[J]. 世界经济, 2018 (04):99-121.

[177] 王飞,郭孟珂. 中国纺织服装业在全球价值链中的地位[J]. 国际贸易问题, 2014 (12):14-24.

[178] 王一鸣,百年大变局、高质量发展与构建新发展格局[J]. 管理世界, 2020 (12).

[179] 王永钦,杜巨澜,王凯. 中国对外直接投资区位选择的决定因素:制度、税负和资源禀赋[J]. 经济研究, 2014 (12):126-142.

[180] 文东伟,冼国明. 企业异质性、融资约束与中国制造业企业的出口[J]. 金融研究,

2014 (4): 98-113.

[181] 吴先明, 黄春桃. 中国企业对外直接投资的动因: 逆向投资与顺向投资的比较研究[J]. 中国工业经济, 2016 (1): 99-113.

[182] 小岛清. 对外贸易论[M]. 天津: 南开大学出版社, 1991.

[183] 谢红军, 吕雪. 负责任的国际投资: ESG 与中国 OFDI[J]. 经济研究, 2022, 57 (03): 83-99.

[184] 解学梅, 朱琪玮. 企业绿色创新实践如何破解"和谐共生"难题?[J]. 管理世界, 2021, 37 (01): 128-49+9.

[185] 徐康宁, 陈健. 跨国公司价值链的区位选择及其决定因素[J]. 经济研究, 2008 (03): 138-149.

[186] 徐迎新. 中国纺织业对外投资版图[J]. 中国外汇, 2019 (17): 58-60.

[187] 阎大颖. 中国企业对外直接投资的区位选择及其决定因素[J]. 国际贸易问题, 2013 (07): 128-135.

[188] 严成樑. 现代经济增长理论的发展脉络与未来展望[J]. 经济研究, 2020 (07).

[189] 袁富华. 长期增长过程的结构性加速与结构性减速: 一种解释[J]. 经济研究, 2012 (03).

[190] 杨连星, 铁瑛. 区域贸易协定、投资条款差异性深化与跨国并购意愿[J]. 管理世界, 2023, 39 (09): 36-59.

[191] 杨俊, 陈彩霞, 熊鸿军. 情景—结构—行为—绩效范式下的纺织产业转移动因分析[J]. 纺织学报, 2016 (09): 156-161.

[192] 杨建清. 对外直接投资的区域差异及决定因素研究[J]. 管理世界, 2015 (05): 172-173.

[193] 杨耀武, 张平. 中国经济高质量发展的逻辑、测度与治理[J]. 经济研究, 2021 (05): 26-42.

[194] 尹艳林. 切实推动高质量发展: 经验、要求与任务[J]. 经济研究, 2023, 58 (08): 32-42.

[195] 易靖韬. 企业异质性、市场进入成本、技术溢出效应与出口参与决定[J]. 经济研究, 2009, 44 (09): 106-115.

[196] 易靖韬, 傅佳莎. 企业生产率与出口: 中国浙江省企业层面的证据[J]. 世界经济, 2011 (05): 74-92.

[197] 张宏,王建.东道国区位因素与中国OFDI关系研究——基于分量回归的经验证据[J].中国工业经济,2009 (06):151-160.

[198] 张军扩,侯永志,刘培林等.高质量发展的目标要求和战略路径[J].管理世界,2019 (07):1-7.

[199] 张辉.全球价值链动力机制与产业发展策略[J].中国工业经济,2006 (1):40-48.

[200] 张杰,李勇,刘志彪.出口促进中国企业生产率提高吗?[J].管理世界.2009 (12):11-26.

[201] 张洁.新常态下中国纺织产业对外直接投资的区位选择问题研究[D].上海:东华大学,2017.

[202] 张明,肖立晟.国际资本流动的驱动因素:新兴市场与发达经济体的比较[J].世界经济,2014 (8):151-172.

[203] 张会清,王剑.企业规模、市场能力与FDI地区聚集——来自企业层面的证据[J].管理世界,2011 (01):82-91.

[204] 张少军,刘志彪.全球价值链模式的产业转移——动力、影响与对中国产业升级和区域协调发展的启示[J].中国工业经济,2009 (11):5-15.

[205] 张涛.高质量发展的理论阐释及测度方法研究[J].数量经济技术经济研究,2020 (05).

[206] 张伟,李虎林,安学兵.利用FDI增强我国绿色创新能力的理论模型与思路探讨[J].管理世界,2011 (12):170-71.

[207] 赵君丽.国际金融危机下中国纺织产业升级研究——基于日韩产业升级的经验借鉴[M].上海:上海财经大学出版社,2015.

[208] 赵君丽.日本纺织服装产业升级及中日比较[J].现代日本经济,2011 (01):72-79.

[209] 赵君丽,丁洁丽.投资国货币因素对纺织产业对外直接投资的影响研究[J].武汉纺织大学学报,2019 (10).

[210] 赵君丽,童非.并购经验:企业性质与海外并购的外来者劣势[J].世界经济研究,2020 (02).

[211] 赵君丽,闫园园.企业异质性与对外直接投资选择——基于中国纺织类上市公司的实证[J].东华大学学报(自然科学版),2018,44 (06):988-994.

[212] 赵君丽,王敏.我国纺织服装企业OFDI区位选择的影响因素研究[J].内蒙古科技与经济,2019 (03).

[213] 赵君丽, 高雨筠. 独立转型还是合作转型——基于纺织印染企业绿色转型的研究[J]. 丝绸, 2023, 60 (02): 1-13.

[214] 赵君丽, 张文秋. 对外直接投资与中国纺织产业高质量发展[J/OL]. 丝绸, 2023 (11): 1-12.

[215] 赵君丽, 张文秋. 中国纺织产业高质量发展评价体系的构建及测度[J]. 毛纺科技, 2023, 51 (01): 130-136.

[216] 赵君丽, 王子嫣. 贸易摩擦、异质性与企业的国际化选择——基于纺织企业的实证[J]. 丝绸, 2022, 59 (10): 10-19.

[217] 赵张耀, 汪斌. 网络型国际产业转移模式研究[J]. 中国工业经济, 2005 (10): 14-21.

[218] 中国社会科学院宏观经济研究中心课题组. 未来15年中国经济增长潜力与"十四五"时期经济社会发展主要目标及指标研究[J]. 中国工业经济, 2020 (04).

[219] 中国社会科学院经济研究所课题组, 黄群慧, 原磊等. 新征程推动经济高质量发展的任务与政策[J]. 经济研究, 2023, 58 (09): 4-21.

[220] 宗芳宇, 路江涌, 武常岐. 双边投资协定、制度环境和企业对外直接投资区位选择[J]. 经济研究, 2012 (5).

[221] 周经, 张利敏. 制度距离、强效制度环境与中国跨国企业对外投资模式选择[J]. 国际贸易问题, 2014 (11): 99-108.

[222] 朱子云. 中国经济增长质量的变动趋势与提升动能分析[J]. 数量经济技术经济研究, 2019 (05).

附录：对外投资的问卷调研和访谈

尊敬的先生/女士：

您好！感谢您在百忙之中抽出时间填写问卷！

本次调查是东华大学关于《中国纺织产业对外投资问题研究》的重要组成部分。中国纺织服装产业对外转移大幅增加，伴随投资的发展，相关理论和实践问题凸显，推动中国纺织服装产业对外转移的主要因素是什么？如何利用对外投资更好地对全球各种优质资源进行优化配置，从而实现与东道国合作共赢？本课题就这些问题展开深入研究，以期为纺织服装企业更好的走出去和政府制定政策提供参考依据。

主题词：纺织服装；对外投资；调研

本问卷是开放式答题，请您选择您认为合适的选项即可，非常感谢您的支持！

顺颂商祺！

东华大学课题组

1. 企业的性质是什么？

    A. 国有企业　　B. 集体企业　　C. 私营企业　　D. 合资企业

    E. 外资企业

2. 企业的人数是多少？

    A. 10人以下　　B. 10—30人　　C. 30—100人　　D. 100—500人

    E. 500人以上

3. 企业的职工中，以下各个水平的职工占总人数的百分比

    A. 大学以上占＿＿＿%

    B. 高中生以上，大学以下占＿＿＿%

    C. 初中生以上，高中以下占＿＿＿%

    D. 初中以下占＿＿＿%

4. 企业经营的产品有哪些?

   A. 纺织品　　　B. 服装　　　　C. 其他 _____

5. 企业的产品中 OEM、ODM，自有品牌占比是?

   A. OEM（贴牌生产）占 ____ %

   B. ODM（委托设计与贴牌生产）占 ____ %

   C. 自有品牌占 ____ %

6. 企业的经营环节有哪些?（多选）

   A. 面料加工　　B. 成衣生产　　C. 供应链的协调　D. 研究与开发

   E. 设计　　　　F. 品牌营销　　G. 纺织设备　　　F. 原料生产

   G. 印染　　　　H. 纺纱织造　　I. 针织

7. 企业国内的制造厂商主要集中于哪些地区?（多选）

   A. 长三角　　　B. 珠三角　　　C. 山东　　　　　D. 福建

   E. 中部　　　　F. 西部　　　　G. 无国内制造厂

8. 企业产品的销售市场有哪些地区?（可多选）

   A. 美国市场　　B. 欧盟区　　　C. 亚洲其他地区　D. 国内

   E. 其他

9. 企业自 2013 年以来的经营状况

   A. 100% 负荷运营　　　　　　 B. 80%－100% 运营

   C. 50%－80% 运营　　　　　　 D. 不到 50%。

10. 贵公司进行对外直接投资的区域是?（多选）

    A. 东南亚　　　B. 东北亚　　　C. 南亚　　　　　D. 中东欧

    E. 西亚　　　　G. 非洲　　　　F. 中亚

11. 贵公司对外投资的模式是?（多选）

    A. 独资（100% 股权）　　　　 B. 合资

    C. 投资新建　　　　　　　　　D. 并购

12. 贵公司进行对外投资的主要原因?（多选）

    A. 避免贸易壁垒

    B. 寻求更大的市场规模

C. 成本低（比如劳动力成本）

D. 寻求战略资源（即看重设计、技术研发和管理人才等资源）

E. 其他_____

13. 贵公司在进行对外直接投资主要是哪个环节？（多选）

    A. 研发设计（服装设计、服装款式开发、纺织机械设计研发等）

    B. 生产加工（毛绒、面料等纺织品的生产加工、服装的加工制造、纺织机械生产）

    C. 营运销售（面料、服装、皮革等各类纺织品以及纺织机械销售）

    D. 驻外机构（开发市场、收集信息、联络客户、承接订单等）

    E. 其他_____

14. 贵公司对外投资的优势有哪些？（多选，最多选 3 个）

    A. 生产率水平高　　　　B. 企业规模大

    C. 产品品牌知名度高　　D. 管理水平高

    F. 研发及科技水平高　　G. 政府支持政策

    H. 其他_____

15. 贵公司在进行对外投资过程中主要遇到哪些困难？（请选择 3 个主要影响因素）

    A. 基础设施不健全　　　B. 信用环境不稳定

    C. 政治风险　　　　　　D. 科技水平低

    E. 劳工问题　　　　　　F. 税负水平较高

    G. 文化差异较大　　　　H. 其他_____

16. 贵公司在进行对外投资时，使用的资金主要来源于哪里？（多选）

    A. 自有资金（即经营活动结果所产生的资金（留存收益和折旧））

    B. 投资伙伴参股提供资金

    C. 银行贷款

    D. 资本市场融资（即发行股票或债券）

    E. 政府拨款补助

    F. 民间非官方渠道融资（即民间借贷）

    G. 其他_____

17. 贵公司在进行对外投资时是否遇到过融资问题？（即筹集资金难或筹集资金成本高）（单选）

   A. 有 　　　　　　　　　　B. 无

18. 如果有融资问题，主要原因是什么？（多选）

   A. 内源融资约束（即经营活动结果所产生的资金（留存收益和折旧）不足）

   B. 商业信贷融资约束（即企业间的信用低或信用体系不健全，用延期付款或者预收货款形成的商业信贷难）

   C. 外部融资约束（即银行信贷、股权融资、商业信用和民间借贷困难）

   D. 其他＿＿＿＿＿＿

19. 政府在贵公司对外投资中重要的作用是什么？（多选）

   A. 提供信息化平台和推介会

   B. （中小企业）信用担保体系建设

   C. （创新、培训）服务体系建设

   D. 设立专项资金

   E. 技术创新

   F. 优惠政策

   G. 没有作用

20. 公司对未来"走出去"发展战略有哪些？（多选）

   A. 扩大现有海外投资规模，降低成本，提高效益

   B. 缩小海外投资规模或区域

   C. 增加海外投资的国家和区域

   D. 放弃现有海外投资，转向其他国家和地区投资

   E. 放弃现有海外投资，转回国内生产和销售

   F. 其他

21. 您在公司是以下哪类人员？

   A. 基层管理人员 　　　　　B. 中层管理人员

   C. 高层管理人员 　　　　　D. 专业技术人员

访谈问题

1. 贵公司在进行对外直接投资时，政府或金融机构提供了哪些有利于纺织企业"走出去"的政策？融资方面有哪些优惠政策？

2. 贵公司在对外投资过程中资金链是否出现问题？若出现问题时解决的对策什么？

3. 对外投资时面临的文化差异有哪些（如这些国家与我国的用工制度、宗教差异等问题）？

4. 劳工、宗教等文化差异问题对纺织服装企业投资的区位选择、企业运营造成什么样的影响？如何克服不利影响？

5. 企业对未来"走出去"有哪些规划？